Rollo

KENDİNİ ARAYAN İNSAN

okuyan us

okuyan us

Psikoloji / Psikiyatri - 54

Kendini Arayan İnsan
Rollo May

ISBN: 978-605-5134-02-0
Yayıncı Sertifika No. 40123

1. Baskı: İstanbul, Mart 2013
12. Basım: İstanbul, Temmuz 2018

Yayın Yönetmeni: Cem Mumcu
İngilizceden Çeviren: Kerem Işık
Editör: Ömer Erte

Dizi ve Kapak Tasarımı: Ebru Demetgül
Grafik Uygulama: Zeynep Erim

Baskı ve Cilt: Karist Baskı Çözümleri, Yeşilköy Mh. AHVL Cd.,
EGS Business Park, B2 Blok,No:8/20, 34149 Bakırköy/İST. Tel: 0212 465 92 48
Matbaa Sertifika No. 22827

Orijinal adı: *Man's Search for Himself*

Eser, 55 gr kâğıt üzerine 10,5 puntoluk Palatino fontuyla dizilmiştir.

Kurucu: Cem Mumcu
Genel Müdür: Elif Çakırlı

Özgür ve Ebru, hep bizimlesiniz...

Adres: Fulya Mah. Mehmetçik Cad. No: 30B
Fulya, Şişli, İstanbul Tel.: (0212) 272 20 85 - 86

okuyanus@okuyanus.com.tr
www.okuyanus.com.tr

Rollo May

KENDİNİ ARAYAN İNSAN

İngilizceden Çeviren:
Kerem Işık

okuyan us

Yazar hakkında:

Dünyanın en ünlü psikiyatrlarından biri olan Rollo May (1909-1994), "Varoluşçu Felsefe"nin yanı sıra hümanist psikolojinin de önemli isimlerinden biri olarak tanınır. Psikoterapi çalışmalarına Viyana'da başlayıp psikoloji doktorasını ve psikanaliz eğitimini New York'ta tamamlamıştır. Amerikan Psikoloji Cemiyeti tarafından yazılarının "zarafetini, zekâsını ve üslubunu" onurlandıran Altın Madalya Ödülü'ne layık görülmüştür. 1994 yılında hayatını kaybeden May'in *Özgürlük ve Kader, Aşk ve İrade, Mite Çağrı, Yaratma Cesareti* **ve** *Kendini Arayan İnsan* gibi eserleri bulunmaktadır. Eserlerinin en büyük özelliği, psikiyatri/psikoloji okurlarını aşıp genel okuyucuya ulaşabilmesidir. Örneğin, herkesçe bilinen ve sıkça kullanılan, "Sevginin karşıtı nefret değil, kayıtsızlıktır." sözü ona aittir.

Rollo May'in yayımladığımız diğer kitapları: *Aşk ve İrade* (Okuyan Us Yayın, 2008), *Özgürlük ve Kader* (Okuyan Us Yayın, 2011), *Varoluşun Keşfi* (Okuyan Us Yayın, 2012)

İçindekiler

Önsöz

Endişe çağında yaşamanın ender nimetlerinden biri, bizi kendimizin farkında olmaya zorlamasıdır. Standartlar ve değerler altüst olduğunda, içinde yaşadığımız toplum, Matthew Arnald'ın deyişiyle, "ne olduğumuz ve ne olmamız gerektiği" hakkında bize net bir tablo sunamadığında kendimize dair arayışımıza geri döneriz. Dört bir yanımızı saran acı verici güvensizlik duygusu, bize şu soruyu sormak için yeni bir dürtü sağlar: Acaba gözden kaçırdığımız önemli bir rehber ve güç kaynağı var mı?

Elbette ki bunu genellikle bir nimet olarak adlandırmadığımızın farkındayım. Aksine, insanlar şu soruyu yöneltiyor: Böylesine parçalanmış bir dünyada içsel bütünlük nasıl sağlanabilir? Ya da: Ne geçmiş ne de gelecek açısından hiçbir şeyin kesin olmadığı bir dönemde kendini gerçekleştirmeye giden o uzun gelişme sürecine nasıl girişilebilir?

Düşünen insanların çoğu bu sorulara kafa yormuştur. Psikoterapistin sihirli yanıtları yoktur. Olduğumuz gibi düşünüp, hissedip davranmamıza neden olan gömülü dürtülere farklı bir ışık tutan derinlik psikolojisinin kişinin kendini arama sürecinde çok önemli bir destek sağlayacağına şüphe yok. Ancak aldığı teknik eğitim ve kişisel anlayışının yanı sıra, bir yazara meleklerin dahi çekindiği konulara el atıp bu kitap boyunca yüzleşeceğimiz zorlu sorular hakkındaki görüş ve deneyimlerini bizlere sunma cesaretini veren başka bir şey daha var.

İşte bu, psikoterapistin kendi sorunlarını aşmaya çabalayan insanlarla birlikte çalışırken edindiği bilgeliktir.

Yeni bir bütünlük oluşturmak için kişisel ve derin çabalar gösterdikleri süreçte insanlara eşlik etmek gibi muazzam ancak zorlu bir ayrıcalığa sahiptir. Ve günümüzde insanları kendilerine körleştiren, arkasında durabilecekleri değer ve amaçlar bulmalarını engelleyen şeyleri bir anlığına dahi olsa göremeyen terapistler gerçekten çok sıkıcı kimselerdir.

Viyana'da kurduğu çocuklara yönelik okulla ilgili olarak Alfred Adler bir keresinde şöyle demişti: "Öğrenciler öğretmenlerini eğitiyor." Psikoterapide bu daima böyledir. Ve bir terapist, 'hastaları' olarak adlandırılan ve kendisine hayattaki önemli meselelere dair her gün yeni bir şey öğreten insanlara derin bir minnet duygusundan başka ne hissedebilir doğrusu bilemiyorum.

Tüm bu mevzular hakkında bana çok şey öğreten meslektaşlarıma ve bu kitapta bahsi geçen bazı fikirler üzerine Kaliforniya'daki Mills College'da verdiğim *Endişe Çağında Kişisel Bütünsellik* başlıklı Centennial derslerinde yaptığımız tartışmalarda çok değerli ve uyarıcı tepkiler veren öğrenci ve öğretmenlere minnettarım.

Bu kitap bir psikoterapi alternatifi değildir. Bir gecede etki edecek basit ve kolay çözümler öneren bir kişisel gelişim kitabı da değildir. Ancak değerli ve derinlikli bir görüşe göre her iyi kitap aslında bir kişisel gelişim kitabıdır; kendini ve kendi deneyimlerinin yansımalarını kitapta görerek kişisel bütünlük sorunlarına yeni bir ışık altında bakmalarını sağlayarak okuyucuya yardım eder.

Bu kitapta, benliğin gizli katmanlarının psikolojisine dair yeni görüşlere değinmekle kalmayıp çağlar boyunca edebiyat, felsefe ve etik alanlarında insanların kişisel güvensizlik ve krizleriyle en iyi nasıl yüzleşip onları yapıcı bir hale getirebileceklerini anlamaya çalışanların bilgeliklerine başvuracağız. Amacımız, çağımızın güvensizliğine karşı durabilmemizi sağlayacak yöntemler bulmak, içimizdeki güç merkezini ortaya çıkarmak ve çok az şeyin güvende olduğu günümüzde, itimat edebileceğimiz değer ve amaçlara ulaşabilmemizi sağlayacak yolu elimizden geldiğince işaret edebilmektir.

ROLLO MAY
NEW YORK

Yola çıkmak kaygıyı çoğaltmaktır; yola çıkmamaksa kendini kaybetmektir... Ve en üst anlamıyla yola çıkmak kendi benliğinin farkına varmaktır

\- Kierkegaard

Kimi komşusuna kendisini aradığı için gider, kimi de kendisini yitirmek istediğinden. Kendinizi kötü sevmeniz yalnızlığı size zindan eder.

\- Nietzsche

Bölüm 1

VAZİYETİMİZ

1

Modern İnsanın Yalnızlığı ve Endişesi

Günümüz insanının en büyük içsel sorunları nelerdir? Savaş tehdidi, askere alınma, ekonomik belirsizlik gibi insanları rahatsız eden dışsal durumları eşelediğimizde ne gibi çatışmalarla karşılaşırız? Şimdiye dek hep olageldiği gibi, içinde bulunduğumuz çağda da insanlar psikolojik bozuklukları mutsuzluk, evlilik yahut meslek seçimi konusundaki kararsızlıklar, hayata dair genel bir umutsuzluk ve anlamsızlık hissi gibi çeşitli belirtilerle tanımlamaktadırlar. Peki ama bu belirtilerin altında yatan şey nedir?

Yirminci yüzyılın başlangıcında, bu tür sorunların en yaygın nedeni Sigmund Freud tarafından çok iyi bir şekilde tanımlanmıştı: kişinin hayatın içgüdüsel, cinsel boyutuyla bunların sonucunda ortaya çıkan cinsel dürtüler ve sosyal tabular arasındaki çatışmaları kabullenme güçlüğü. Daha sonra, 1920'li yıllarda Otto Rank insanların o dönemde yaşadığı psikolojik sorunların kökeninde aşağılık, yetersizlik ve suçluluk duyguları olduğunu yazdı. 1930'lu yıllardaysa psikolojik çatışmanın odağı bir kez daha kaydı: o dönemdeki ortak payda, Karen Horney'nin de belirttiği gibi, genellikle kimin kimi geçtiğine dair hislere bağlı rekabet duygusunun bireyler ve gruplar arasında yarattığı düşmanlıktı. Peki, içinde bulunduğumuz yirminci yüzyılın ortasında kök sebepler neler?

İçi Boş İnsanlar

Klinik çalışmalarımın yanı sıra psikoloji ve psikiyatri alanındaki meslektaşlarımın deneyimlerine dayanarak yirminci yüzyılın ortasında insanların en büyük sorununun boşluk duygusu olduğunu belirtmem size şaşırtıcı gelebilir. Bunu söylerken insanların yalnızca ne istediklerini bilmemelerini değil, ne hissettiklerine dair de hiçbir fikirleri olmayışını kastediyorum. Özerklikten bahsettiklerinde yahut karar verememekten yakındıklarında -her çağda var olan- tüm bu sorunların altında kendi arzu yahut istekleriyle ilgili kesin görüşlere sahip olmayışlarının yattığı görülüyor. Böylelikle anlamsızlık ve boşluk gibi acı verici duygularla sağa sola yalpalayıp durdukları hissine kapılıyorlar. Onları destek almaya sevk eden şey duygusal ilişkilerinin sürekli olarak ayrılıkla noktalanması, evlilik planlarını bir türlü gerçekleştirememeleri yahut eşlerinin onları tatmin etmemesi gibi şikâyetler olabilir. Ne var ki konuşmaya başladıktan sonra çok geçmeden ister gerçek isterse hayalini kurdukları eşlerinden aslında kendi içlerindeki bir eksikliği gidermesini yahut bir boşluğu doldurmasını bekledikleri ve bu gerçekleşmediği için endişeye ya da öfkeye kapıldıklarını açığa vuruyorlar.

Genelde ne istemeleri gerektiği -üniversiteden başarılı bir şekilde mezun olmak, iş bulmak, âşık olup evlenmek ve bir aile kurmak- hakkında çok rahat konuşabilirler ama kısa sürede onlar bile anlattıkları şeylerin aslında kendi istedikleri şeyler değil de başkalarının, ebeveynlerin, profesörlerin, işverenlerin onlardan bekledikleri şeyler olduğunun farkına varıyorlar. Bundan yirmi yıl önce bu tür hedefler ciddiye alınabilirdi; fakat artık kişi konuşma sırasında bile ebeveynlerinin ve toplumun ondan beklenen tüm bu şeyleri aslında yapmayacağını anlıyor. Teoride olsa bile, ebeveynleri ona karar verme özgürlüğü tanıdıklarını defalarca söylemiştir. Ve dahası, kişi bu tür dışsal hedeflerin peşinde koşmanın kendisine bir fayda sağlamayacağının farkına varır. Ancak bu farkındalık içinde bulunduğu durumu güçleştirmekten başka işe yaramaz, zira kendi hedeflerine dair bir fikre yahut gerçeklik hissine sahip değildir. Birinin dediği gibi, "İnsanların benden beklentilerini yansıtan bir aynalar toplamından ibaretim".

Geçmiş yıllarda psikolojik destek almaya gelen bir kişi ne istediğini yahut ne hissettiğini bilmediğinde bu durum genellikle cinsel doyum gibi çok kesin bir şey istediği ancak bunu kendisine dahi itiraf etmeye cesareti olmadığı şeklinde yorumlanabilirdi. Freud'un açık bir şekilde ortaya koyduğu gibi, arzu oradaydı; asıl gerekli olan şey baskıları ortadan kaldırarak arzuyu bilince ulaştırıp en nihayetinde hastanın arzusunu gerçekliğe uygun bir şekilde gidermesine yardımcı olmaktı. Fakat günümüzde cinsel tabular çok daha zayıf; bu konuda hâlâ şüphesi olan varsa Kinsey Raporu duruma açıklık kazandırabilir. Belirgin başka sorunları olmayan kimseler cinsel tatmin fırsatlarına fazla zorlanmadan ulaşabilirler. Günümüz insanının terapiye getirdiği cinsel sorunlar çoğu zaman sosyal baskılardan ziyade cinsel partnere yönelik güçlü duygulardan kaynaklanan iktidar ya da kapasite eksikliği gibi içsel sorunlardır. Bir başka deyişle, günümüzde en sık rastlanan sorun cinselliğe dair sosyal tabular yahut cinsellikle ilintili suçluluk duygusu değil de cinselliğin çoğu kimse için boş, mekanik ve manasız bir deneyim halini almasıdır.

Genç bir kadının gördüğü rüya "ayna" benlik ikilemini açıklamaktadır. Bu kadın cinsel açıdan son derece özgürdü ancak evlenmek istiyor ve iki aday arasında bir türlü seçim yapamıyordu. Adaylardan biri ekonomik durumu iyi olan kendi ailesinin onaylayabileceği sağlam, orta sınıf mensubu bir adamdı; diğeriyse kadının sanatsal ve bohem ilgilerini daha iyi anlayan biriydi. Gerçekte nasıl bir insan olduğuna ve nasıl bir hayat sürmek istediğine dair kararsızlık nöbetleri geçirdiği o acı dolu süreçte, kalabalık bir grup insanın hangi adamla evlenmesi gerektiği konusunda bir ankete katıldığına dair bir rüya gördü. Rüya esnasında kendini rahatlamış hissediyordu; bu kesinlikle uygun bir çözümdü! Tek sorun uyandığında çoğunluğun kimi seçtiğini anımsayamamasıydı.

Pek çok kişi T. S. Eliot'ın 1925 yılında yazdığı aşağıdaki dizeleri kendi içsel deneyimlerine dayanarak tekrarlayabilir:

Bizler içi oyuk adamlarız
Bizler içi doluk adamlarız
Birlikte eğilen
Kafaları saman tıkılı. Yazık!
(...)

Görünüş biçimsiz, gölge renksiz
Kötürüm güç, jest kımıltısız[1]

Belki kimi okurlar bu boşluğun, hissedilen yahut istenenlerin bilinmeyişinin bir belirsizlikler çağında yaşamamıza bağlı olduğunu düşünüyordur: savaş, askerlik, ekonomik değişim ve neresinden bakarsak bakalım geleceğe dair güvensizlik. Yani insanın nasıl bir plan yapacağını bilmemesi ve kendini çaresiz hissetmesine şaşmamalı! Fakat bu çok yüzeysel bir sonuç. İlerleyen sayfalarda göstereceğimiz gibi, sorunlar onları işaret eden durumlardan çok daha derinde yatıyor. Üstelik savaş, ekonomik dengesizlik ve sosyal değişim de aslında tıpkı tartıştığımız psikolojik sorunlar gibi, toplumumuzun temelinde yatan bu koşulun belirtileri.

---

1) Çev. Suphi Aytimur, "Oyuk Adamlar" *Çorak Ülke, Dört Kuartet ve Başka Şiirler*, T. S. Eliot, Adam Yayınları, Eylül 1990. Şiirin orijinal adı "The Hollow Men"dir. İçi boş, oyuk, delik gibi anlamlara gelen "Hollow" sözcüğü okuduğunuz ara bölümün orijinal başlığında da bulunmaktadır. (edn)

Diğer okurlar farklı bir soru yöneltebilir: "Psikolojik destek almaya gelen insanların kendilerini içi boş ve anlamsız hissettikleri doğru olabilir, ama bunlar çoğunluk için geçerli sayılamayacak sinirsel sorunlar değil mi?" Buna yanıt olarak elbette ki psikoterapist ve psikanalistlerin muayenehanelerine gelen kişilerin nüfusun tamamını temsil eden bir kesit olmadığını belirtmeliyiz. Genelde bu kimseler toplum tarafından kabul gören alışılagelmiş bahane ve savunmaların işe yaramadığı kişilerdir. Sıklıkla da toplumun daha duyarlı ve yetenekli bireyleridirler; desteğe ihtiyaç duyarlar çünkü içsel çatışmalarının üstünü geçici olarak örtebilen "uyum sağlamış" bireylere kıyasla rasyonel düşünme konusunda daha başarısızdırlar. 1890'lı yıllar ve içinde bulunduğumuz yüzyılın başında Freud'un daha sonra ayrıntılı bir şekilde aktaracağı cinsel semptomlarla kendisine başvuran hastaları Viktoryen kültürü temsil etmiyordu: onların etrafındaki çoğu insan dönemin alışılmış tabu ve mantığına uygun şekilde yaşamaya devam ederek tiksinti verici olduğuna inandıkları cinselliğin üzerinin mümkün olduğunca örtülmesi gerektiğini düşünüyorlardı. Ancak Birinci Dünya Savaşı'nın ardından 1920'li yıllarda bu cinsel sorunlar alenileşip bir tür salgın haline geldi. Dönemin Avrupa ve Amerika'sında yaşayan entelektüel kesimin neredeyse tamamı on yahut yirmi yıl öncesine kadar yalnızca az sayıda insanın mücadele ettiği cinsel arzularla sosyal tabular arasındaki çatışmayı hisseder oldu. Freud hakkındaki düşünceleriniz ne kadar olumlu olursa olsun, bu gelişmeyi yalnızca onun yazdıklarına bağlamak toyluk olur; Freud bu durumu yalnızca öngördü. Dolayısıyla toplumun psikolojik yüzeyinin altında yatan çatışma ve gerginlikler bağlamında kayda değer bir barometre işlevi görerek bunları ortaya çıkaran kesim aslında nispeten az sayıda insandan -içsel bütünlüğe erişme çabaları esnasında psikoterapik destek almaya karar verenlerden- oluşuyordu. Bu barometre ciddiye alınmalıdır, çünkü henüz ortaya çıkmamış fakat yakın zamanda toplumun geniş bir bölümünü etkileyebilecek bozukluk ve sorunların en iyi göstergelerinden biridir.

Bununla birlikte, modern insanın içsel boşluğuna yalnızca psikolog ve psikanalistlerin muayenehanelerinde rastlamıyoruz. Bahsi geçen bu "boşluğun" şimdiden toplumda farklı şekillerde ortaya çıktığına dair birçok sosyolojik veri mevcut. Bu satırları yazarken rastladığım *Yalnız Kalabalık* adlı harika kitabında David Riesman günümüz Amerikan bireyine dair yaptığı çarpıcı analiz sonucunda aynı boşlukla karşılaşıyor. Birinci Dünya Savaşı öncesinde, diyor Riesman, tipik Amerikan bireyi "iç yönelimliydi". Öğretilen standartları benimsemişti, geç Viktorya döneminin ahlakına sahipti ve her ne kadar dış kaynaklı olsalar da güçlü dürtü ve hırsları vardı. İçsel bir jiroskop tarafından dengeleniyormuş gibi yaşıyordu. Bu, güçlü bir süperegonun yönlendirdiği duygusal anlamda bastırılmış insanın psikanalitik tanımına uyuyordu.

Fakat günümüzün tipik Amerikan karakteri, diye devam ediyor Riesman, "dış yönelimli". Göze çarpmak değil "uyum sağlamak" istiyor; kafasında başka insanların kendisinden neler beklediğini tekrarlayıp duran bir radarla dolaşıyor gibi. Bu radar dürtü ve talimatları başkalarından alıyor; tıpkı kendini bir aynalar toplamı olarak tanımlayan adam gibi tepki verebiliyor ama seçim yapamıyor; kendine özgü etkin bir dürtüsü yok.

Elbette ki biz -ne de Riesman- geç Viktorya döneminin iç yönelimli bireylerine karşı bir hayranlık beslenmesi gerektiğini söylemiyoruz. Bu insanlar dış kuralları içselleştirerek, irade güçleri ve kavrayışlarını bölmelere ayırıp hislerini bastırarak güçlenebildiler. Bu gibi bireyler iş yaşamında başarı kazanmaya uygunlardı, çünkü tıpkı on dokuzuncu yüzyılın demiryolu kodamanları gibi insanları kömür vagonu ya da borsaymışçasına ellerinde oynatabiliyorlardı. Tamamen mekanik bir denge merkezini temsil ettiğinden, jiroskop bu insanlar için mükemmel bir sembol. William Randolph Hearst bu tip insanlara bir örnekti: muazzam bir güç ve zenginliğe sahipti ancak bu güçlü dış görünüşün altında özellikle ölümle ilgili derin endişeler yaşayan bir adam yatıyordu, hatta bu durum öyle bir hal almıştı ki yanındayken kimsenin "ölüm" kelimesini kullanmasına izin vermiyordu. Fikrisabitlik, dogmatiklik ve öğrenip değişme konusundaki beceriksizlikleri nedeniyle jiroskop adamların, çocukları üzerinde genelde korkunç etkileri olmuştur. Kanımca bu tip insanların tutum ve davranışları, çökmek üzere olan toplumlarda bazı tavırların nasıl belirginleştiğine dair örnek teşkil etmektedir. "Demir adamlar" döneminin çöküşüyle birlikte bir boşluk döneminin başlayacağını kestirmek güç değildir; jiroskobu çıkardığınızda içleri boşalıverir.

Bu yüzden jiroskop adamın yok oluşuna gözyaşı dökmeyiz. Mezar taşına şöyle yazabiliriz: "Tıpkı dinozorlar gibi değişme becerisi olmadan değişme gücüne, öğrenme kapasitesi olmadan öğrenme yetisine sahipti." On dokuzuncu yüzyılın bu son temsilcilerini anlamanın bize katacağı en büyük değer, sonrasında bu yalancı "içsel güçlerin" bizi artık cezbedemeyecek olmasıdır. Psikolojik güç kazanmak için uyguladıkları jiroskop yönteminin tehlikesini ve önünde sonunda bize zarar verdiğini ve iç yönelimlerinin yalnızca bir bütünlük ikamesi olduğunu gördüğümüzde içimizde yeni bir güç merkezi bulma gerekliliğine daha çok inanacağız.

Aslında toplumumuz henüz jiroskop adamın katı kurallarına bir alternatif bulabilmiş değil. Riesman, günümüzün "dış yönelimli" insanlarının genellikle pasiflik ve duyarsızlıkla nitelendirilebileceklerini vurguluyor. Günümüz genç insanı üstün olma, zirveye ulaşma hırsından büyük ölçüde vazgeçmiş durumda; yahut böyle bir hırsları varsa bile bunu bir kusur olarak nitelendirerek babalarından böyle bir kalıntı değer aldıkları için çoğu zaman özür dilemeye hazır oluyorlar. İçinde bulundukları grup tarafından yutulmuş, önemsiz biri haline gelmek pahasına akranları tarafından kabul görmek istiyorlar. Bu sosyolojik tablo genel hatlarıyla bireylerle yapılan psikolojik çalışmalarda elde edilen tabloya benziyor.

Bundan on yahut yirmi yıl önce, orta sınıf tarafından daha geniş çapta hissedilmeye başlanan boşluk duygusuna banliyö hastalığı gözüyle bakılarak gülünüyordu. Boş geçen bir hayata dair en belirgin imge hafta içi her gün aynı saatte uyanıp kent merkezindeki işyerine gitmek için aynı saatteki trene binen, ofiste her gün aynı işleri yapan, aynı yerde öğle yemeği yiyip garsona her gün aynı bahşişi bırakan, her akşam eve aynı trenle dönen, 2-3 çocuğu olan, küçük bahçesiyle ilgilenen, hoşlanmadığı halde her yaz deniz kıyısında iki haftalık bir tatil yapan, her Noel ve Paskalya günü kiliseye giden ve altmış beş yaşında emekli olduktan kısa bir süre sonra bastırılmış öfke nedeniyle kalp krizi geçirerek ölen banliyö insanıdır. İçten içe hep sıkıntıdan öldüğüne dair şüphelerim olmuştur.

Fakat içinde bulunduğumuz on yıllık süreçte boşluk ve sıkıntı duygularının çoğu insan için ciddi bir hal aldığına dair belirtiler görmekteyiz. Bundan kısa bir süre önce New York gazetelerinde oldukça tuhaf bir olaya dair haberler çıktı. Bronx'ta görev yapan bir otobüs şoförü günün birinde boş otobüsüyle çekip gitmiş ve birkaç gün sonra polis tarafından Florida'da yakalanmış. Her gün aynı güzergâhta gidip gelmekten sıkılarak bir yolculuğa çıkmaya karar verdiğini söylemiş. Şoför geri getirilirken otobüs firması yetkilileri ona nasıl bir ceza verilmesi gerektiğine karar verememişler. Bronx'a vardığında artık bir "cause célèbre"[2] olmuştu ve maceraperest otobüs şoförünü şahsen tanımayan bir grup insan onu karşılamak üzere hazır bekliyor-

2) Bire bir çevirisi 'ünlü olay' olan ve kamuoyunda büyük tartışmalara yol açan olaylara verilen ad, Fr. (çn)

du. Firma yetkililerinin şoförü dava etmek yerine, bir daha gezintiye çıkmama sözü vermesi şartıyla eski işine devam edebileceğini açıklaması üzerine Bronx'ta hem gerçek hem de mecazi anlamda sevinç çığlıkları atılmıştı.

Kentin basmakalıp orta sınıf banliyö hayatıyla ilişkilendirilebilecek bir kesiminde yaşayan bu insanlar neden kendi hayat görüşlerine göre aslında araba hırsızlığı yapıp işinde bulunması gereken saatte mesaiden kaçan bir adamı kahramanlaştırdılar? Belirli bir rotada her gün aynı yollardan geçerek aynı duraklarda duran otobüs şoförü bu orta sınıf mensubu insanların boşluk ve anlamsızlık hislerinin simgesi, nafileliğine rağmen bu davranışıysa Bronx'ta yaşayan vatandaşların bastırdığı bir ihtiyacın eşdeğeri olabilir miydi? Bu olay daha küçük bir ölçekte bize, Paul Tillich'in belirttiği gibi, bundan birkaç on yıl önce Fransa'da üst orta sınıfa mensup kentsoyluların ticari ve sınai çalışmaların boğucu ve mekanik rutinine ancak yanı başlarında yer alan bohem ortamlar sayesinde katlanabilmelerini hatırlatıyor. "İçi boş insanlar" monotonluğa ancak ara sıra gerçekleşen bu tip boşalmalarla -ya da en azından kendilerini bir başkasının boşalmasıyla özdeşleştirerek- dayanabilirler.

Bazı çevrelerdeyse boşluk, "alışılabilirlik" kisvesi altın da erişilmek istenen bir amaç haline getirilir. Bu duruma verilebilecek en iyi örnek Life dergisinde yayımlanan *Eş Sorunu*[3] başlıklı makaledir. Şirket yönetici eşlerinin üstlendikleri rollerle ilgili olarak yürütülen araştırmaları özetleyen ve ilk olarak Fortune dergisinde yayımlanan makale, terfilerle ilgili kararlar alınırken eşlerin "şablona" uyup uymamasının önemli bir kriter olduğunu ortaya koymakta. Bir zamanlar yalnızca vaiz eşleri kocaları işe alınmadan önce kilise mütevelli heyeti tarafından denetimden geçirilirken artık çoğu firma yönetici eşlerini hammadde olarak kullandığı çelik, yün ve diğer malzemelerle bir tutarak ale-

3) 7 Ocak 1952.

nen yahut gizlice denetimden geçirmekte. Yönetici eşleri sosyal olmalı, dikkat çekici ya da entelektüel olmamalı ve sonsuza dek uyum sağlayabilsin diye son derece "hassas antenlere" (işte şu radar yine karşımızda!) sahip bulunmalı.

"İyi eş bazı şeyleri yapmadığı için iyidir - kocası geç vakte kadar çalıştığında şikâyet etmediği için, herhangi bir tartışmaya yol açacak davranışlarda bulunmadığı için." Dolayısıyla başarısı, becerilerini aktif kullanmasına değil de ne zaman ve ne şekilde pasif kalması gerektiğini bilmesine bağlıdır. Ama her şeyden önce gelen kurala göre, "Hayatta fazla iyi olmayın. Jones ailesine ayak uydurmak hâlâ önemli. Fakat daha saldırgan ve ilkel dönemlerde bu söylem Jones ailesini geride bırakmak anlamına gelirken günümüzde herhangi bir gizli anlamı yok: sadece ayak uydurun. Bazıları öne çıkabilir, evet, ama çok az ve doğru zamanda"... Sonunda eş yapacağı hemen her şeyi şirketin koşullandırması altında yapar: edinebileceği arkadaşlardan süreceği arabaya ve neyi ne kadar içip hangi kitapları okuyacağına varıncaya dek. Tabii şirket bunun karşılığında çalışanlarına ek sosyal güvence, sigorta, planlı tatiller vs. vererek onlara "iyi bakar". Life dergisi "Şirket"in Orwell'in *1984* başlıklı romanındaki "Büyük Birader" haline geldiğini belirtir.

Fortune dergisinin editörleri bu sonuçları "biraz korkutucu" bulduklarını itiraf ediyorlar. "Görünüşe bakılırsa konformizm neredeyse dinsel bir mertebeye yükseltilmekte... Belki de Amerikalılar bir diktatörün buyruğuyla değil de dizginlenemez bir birbirleriyle iyi geçinme arzusu yüzünden bir tür karınca toplumuna dönüşecekler..."

İnsanların bundan on yahut yirmi yıl önceki anlamsız sıkıntıları şimdi alay konusu olabilirken aslında çoğu kimse için boşluk duygusu sıkıntıdan evrilerek çeşitli tehlikelere gebe olan bir tür anlamsızlık ve çaresizlik halini almıştır. New York'ta lise öğrencileri arasında giderek artan uyuşturucu madde bağımlılığı, çok isabetli bir şekilde, ergenlik dönemini yaşayan bu gençlerin askerlik ve dengesiz ekonomik koşullar dışında beklentileri ve pozitif, yapıcı amaçları olmamasıyla ilişkilendirilmiştir. İnsanoğlu böylesi bir boşluk halinde uzun süre yaşayamaz: eğer bir şeye doğru ilerlemiyorsa sadece durgunlaşmakla kalmaz, biriken gizilgüç hastalık hali ve çaresizliğe, önünde sonundaysa yıkıcı eylemlere dönüşür.

Bu boşluk duygusunun psikolojik kökeni nedir? Sosyolojik ve bireysel olarak gözlemlediğimiz boşluk ya da hiçlik duygusu insanların sahiden boş oldukları veya duygusal bir gizilgüce sahip olmadıkları şeklinde yorumlanmamalıdır. İnsanoğlu sanki şarj edilmeye gereksinim duyan bir pil gibi kelimenin gerçek anlamıyla boş değildir. Boşluk duygusu genellikle insanların, hayatlarına yahut içinde yaşadıkları dünyaya ilişkin etkili bir şey yapmaktan aciz olmalarını hissetmelerinden kaynaklanır. İçsel boşluk duygusu, kişinin yılların birikimiyle hayatına yön verme, başka insanların ona olan davranışlarını değiştirme yahut içinde bulunduğu dünyayı etkileme gücünün olmadığına dair inancının bir sonucudur. Böylelikle günümüzde pek çok insan gibi derin bir çaresizlik ve anlamsızlık hissine kapılır. Ve istekleriyle hisleri gerçek anlamda bir fark yaratamayacağı için çok geçmeden istemek ve hissetmekten vazgeçer. Duyarsızlık ve hissizlik de endişeye karşı birer savunma yöntemidir. Kişi sürekli olarak üstesinden gelemeyeceği tehlikelerle yüzleştiğinde nihai savunması bu tehlikeleri hissetmekten kaçınmaktır.

Çağımızı hassas bir şekilde inceleyenler bu gelişmeleri önceden kestirmişlerdi. Erich Fromm, günümüz insanının artık kilise yahut ahlaki kuralların yetkesi altında değil de kamuoyu gibi "anonim otoriteler"e bağlı yaşadıklarını belirtmiştir. Otorite halkın kendisidir fakat bu halk aslında yalnızca başkalarının kendisinden neler beklediğini öğrenmek için kendi radarını kullanmaya çalışan çok sayıda bireyden oluşmaktadır. Life dergisindeki şirket yöneticisi en tepededir çünkü -karısıyla birlikte- kamuoyuna "uyum sağlamayı" başarabilmiştir. Dolayısıyla halk da aslında kamuoyunun yetkesine esir olan Tom'lar, Mary'ler, Dick'ler ve Harr'ylerden oluşur! Bunun üzerine Riesman son derece isabetli bir noktaya parmak basarak halkın aslında bir hayalet, bir öcü, bir canavardan korktuğunu söyler. Otorite, bireysel özlerimizden uzak bir karışım olduğunda büyük harf "O" ile yazılan anonim bir otoriteden başka bir şey değildir. Uzun vadede aslında kendi kolektif boşluğumuzdan korkmaktayız.

Ve tıpkı Fortune dergisi editörleri gibi, bu konformizmle bireysel boşluktan korkmak için sağlam nedenlerimiz var. Bundan yirmi otuz yıl önce Avrupa toplumunda beliren etik ve duygusal boşluğun bundan faydalanmak isteyen faşist diktatörlere açık bir davetiye çıkardığını anımsamamız yeterli olacaktır.

Durumu düzeltmek için bir şey yapılmadığı takdirde boşluk ve güçsüzlük halinin yarattığı en büyük tehlikelerden biri de er ya da geç acı verici bir endişe ve çaresizliğe dönüşerek amaçsızlığa ve insan olmanın getirisi olan o çok değerli özelliklerin önünün kapanmasına yol açacak olmasıdır. Bunun sonuçları kişilerin psikolojik olarak küçülüp yoksullaşmaları yahut yıkıcı bir otoriter rejime boyun eğmeleridir.

Yalnızlık

Modern insanın bir başka özelliği de yalnızlıktır. Bu duyguyu bir tür "dışarıda" olma, soyutlanma şeklinde tarif ederler, daha entelektüel olanlarsa dışlandıklarını ifade edebilirler. Şu ya da bu parti yahut akşam yemeğine davet edilmelerinin öneminin aslında gerçekten gitmek istemeleri (ki genelde giderler) yahut bu buluşmadan keyif alarak arkadaşlık, deneyimlerin paylaşılması ve samimiyet duygularını yaşamak (çoğu zaman bu duyguları hissetmez hatta sıkılırlar) olmadığının altını çizerler. Yalnız olmadıklarının bir kanıtı olarak davet edilmek önemlidir. Yalnızlık çoğu insan için öylesine güçlü ve acı verici bir tehdittir ki tek başına olmanın pozitif yanlarını algılayamazlar ve hatta kimi zaman yalnız kalma ihtimalinden korkarlar. Çoğu insan "yalnız olduklarını anlama korkusundan" mustariptir der André Gide, "ve bu yüzden kendilerini asla bulamazlar".

Boşluk ve yalnızlık duyguları el ele ilerler. Örneğin insanlar duygusal bir ilişkideki ayrılıktan bahsettiklerinde kahrolduklarını yahut kendilerini küçük düşmüş hissettiklerini değil de "boşluk" duygusuna kapıldıklarını söylerler. Bir kimse ötekinin kaybının içinde "esneyen bir boşluk" yarattığını söylemişti.

Yalnızlık ve boşluk duygularının arasındaki bu yakın ilişkinin nedenlerini kestirmek güç değildir. Zira insan ne istediğine yahut ne hissettiğine dair içsel bir tutarlılığa sahip değilse travmatik değişikliler yaşadığı bir dönemde kendisine öğretilmiş olan arzu ve amaçların artık bir güvence yahut yön bulma becerisi sağlamadığını, yani toplumun kargaşasının ortasında içsel bir boşluk duygusuna kapıldığını hissederek bir tehlikenin farkına vardığında doğal tepkisi durup çevresindeki insanlara bakmaktır. Onların kendisine bir yön duygusu, ya da en azından bu korkuya kapılan tek kişi olmadığını bilmenin rahatlığını sağlamalarını umar. Dolayısıyla boşluk ve yalnızlık temel endişe deneyiminin iki ayrı evresidir.

Belki bazı okurlar Hiroşima'ya atılan ilk atom bombası patladığında üstümüze çöken endişe dalgası ve hissettiğimiz o korkunç tehlikeye -yani dünya yüzeyindeki son nesil olabileceğimiz duygusuna- rağmen ne yöne döneceğimizi bilemediğimizi anımsayabilirler. Tuhaf bir şekilde o esnada çok sayıda insanın tepkisi aniden ortaya çıkan derin bir yalnızlık duygusuydu. Norman Cousins o sarsıcı tarihi anı yaşayan kavrayışı yüksek insanların en derin duygularını ifade etmeye çalıştığı *Modern İnsanın Köhneliği* başlıklı makalesinde yalnızca atomik radyasyondan nasıl korunabileceğini, politik sorunlarla nasıl yüzleşilebileceğini yahut insanın kendi kendini yok etme trajedisini yazmamıştır. Makalesi yalnızlık üstüne derin bir düşünme sürecinin ürünüdür. "İnsanoğlunun tarihi" der Cousins, "yalnızlığını paramparça etme çabasından ibarettir".

Yalnızlık duygusunun insanın kendini boş hissedip korkuya kapıldığında ortaya çıkmasının nedeni yalnızca sürünün içinde güvende olan vahşi bir hayvan gibi kalabalık tarafından korunma isteği değildir. Başkalarına duyulan özlem de kişinin kendi içindeki boşluğu doldurma çabasından ibaret değildir. Tabii kişinin kendini boş yahut endişeli hissettiğinde bir insanın arkadaşlığına gereksinim duymasının nedenlerinden biri de budur. Bunun daha temel nedeni insanın birey olma deneyimini yalnızca kendini başka insanlarla ilişkilendirdiğinde yaşaması ve yalnız kaldığında bu birey olma deneyimini yitirmekten korkmasıdır. Biyososyal bir memeli olan insanoğlu uzun süren çocukluk döneminde anne ve babasının yalnızca bakımına muhtaç olmakla kalmaz; kendini hayatın içinde yönlendirme becerisinin temelini oluşturan benlik bilincini de erken dönemdeki bu ilişkiler sayesinde edinir. Bu önemli noktaları kitabın ilerleyen bölümlerinden birinde daha detaylı bir şekilde tartışacağız. Burada sadece yalnızlık hissinin bir parçasının da insanın kendini yönlendirebilmesi için başka insanlarla ilişki kurmaya ihtiyaç duyması olduğunu belirtmek istiyoruz.

Ancak yalnızlık hissinin bir başka önemli nedeni de toplumumuzun sosyal kabul görmeye verdiği değerdir. Bu, endişemizi azaltmak için yahut bir prestij işareti olarak başvurduğumuz başlıca yöntemlerden biridir. Dolayısıyla, sonsuza dek aranan ve asla yalnız kalmayan biri olarak "toplumsal başarıya" ulaştığımızı kanıtlamamız gerekir.

Kişi beğeniliyorsa, yani toplumsal anlamda başarılıysa nadiren yalnız kalır (ya da böyle düşünülür) beğenilmemek yarışta kaybetmek anlamına gelir. Jiroskop adamın yaşadığı dönemde ve daha öncesinin başlıca prestij göstergesi mali başarıydı: şimdiyse kişi beğenildiği takdirde mali başarı ve prestije de ulaşacağına inanılıyor. Satıcının Ölümü'nde, "Beğenilin" diye öğütler Willie Lomanoğullarına: "Başka hiçbir şeye ihtiyacınız kalmaz!"

Modern insanın yalnızlığının diğer yüzüyse yalnız kalmaktan duyduğu derin korkudur. Bizim kültürümüzde yalnız olduğunu söylemek hoş görülebilir, çünkü bu aynı zamanda yalnız kalmanın iyi bir şey olmadığını itiraf etmenin bir başka yoludur. Melankolik romantik şarkılar da bu düşünceyi uygun bir nostalji duygusuyla aktarır:

Ben ve gölgem,
Dertlerimizi anlatacak kimse yok...
Sadece ben ve gölgem,
Yalnızız ve kederli.[4]

Geçici bir süreliğine de olsa "her şeyden uzaklaşmak" için yalnız kalmayı istemek de hoş görülebilir. Ama kişi katıldığı bir partide dinlenme ya da kaçış yöntemi olarak değil de sadece keyfini çıkarmak için yalnız kalmak istediğini söylerse insanlar onda bir tuhaflık olduğunu, dışlanmışlara özgü bir aurayla dolaştığını ya da bir tür hastalığa yakalandığını düşünürlerdi. Ve eğer bir kimse zamanının çoğunu yalnız geçiriyorsa insanlar onun başarısız olduğunu düşünme eğilimindedirler, çünkü akılları yalnız kalmayı seçebileceğini almaz.

Günümüz toplumunda insanın birtakım yerlere davet edilme ya da çağırdıkları kişinin davete katılmasını isteme ihtiyaçlarının altında da yalnız kalma korkusu yatar.

---

4) *Me and My Shadow*, Billy Rose, Al Jolson ve Dave Dreyer.

"Güncel kalma" baskısı; insanların başkalarıyla bir arada olduklarında aldıkları keyif ve hissettikleri samimiyet, edindikleri duygu, düşünce ve deneyim zenginliği gibi gerçekçi dürtülerden çok daha baskın çıkıyor. Hatta bu tür dürtülerin davet edilme isteğiyle ilgisi azdır. Daha entelektüel kişilerin çoğu bunların farkındadır ve "Hayır" diyebilmeyi ancak gidebilme şanslarının da bulunmasını isterler ve sosyal hayatın gündelik rutininde bu tür davetlerin sürekli olarak geri çevrilmesi er ya da geç bir gün davet edilmemek anlamına gelir. Bunun sonucundaysa insanın karanlık derinliklerden yükselen buz gibi bir dışlanma korkusu belirir.

Elbette ki insanlar her çağda yalnızlıktan korkup ondan kurtulmaya çabalamıştır. On yedinci yüzyılda Pascal insanların kendilerini meşgul etme çabalarını fark etmiş ve bu meşguliyetlerin büyük çoğunluğunun insanların kendilerine dair düşüncelere kapılmamasını sağlamak için ortaya çıktığını belirtmiştir. Bundan yüz yıl önce Kierkegaard kendi çağıyla ilgili şunları yazmıştır: "Nasıl ki Amerika'nın ormanlarında vahşi hayvanları uzak tutmak için meşaleler, çığlıklar ve zil seslerine başvuruluyorsa insanlar da yalnızlığa dair düşünceleri uzaklaştırmak için çeşitli oyalayıcılar ve gürültülü teşebbüslerin Yeniçeri marşlarına başvurmaktadır." Ancak günümüzdeki fark yalnızlık korkusunun çok daha yoğun olması ve ona karşı geliştirilen savunmaların (oyalayıcılar, sosyal etkinlikler ve "beğenilme") daha katı ve zorlayıcı olmalarıdır.

Şimdi, yazlık mekânlardaki sosyal faaliyetlerden yola çıkarak yalnızlık korkusuna dair aşırı ancak alışılmadık olmayan izlenimci bir resim çizelim. Deniz kenarında insanların yaz tatillerini geçirdiği ve dolayısıyla bir kaçış yahut destek aracı olarak işlerinden uzak oldukları tipik bir site düşünelim. Her gün aynı insanların buluşmasına, aynı kokteyllerin içilip aynı konulardan konuşulmasına yahut aynı boş lafların edilmesine rağmen bu atlıkarınca gibi ardı arkası kesilmeyen partilerin sürdürülmesi son derece önemlidir. Önemli olan şey söylenenler değil, herhangi bir sohbetin sürekli devam ediyor olmasıdır. Sessizlik büyük suçtur, çünkü sessizlik yalnızlığı anıştırır ve korkutucudur. İnsan söylediklerine kafayı fazla takmamalı yahut onlara fazla anlam yüklememelidir: sanki anlamaya çalışmadığınızda söyledikleriniz daha etkili olur. Bu insanların hepsinin bir şeyden korktuğu hissine kapılırsınız. Peki ama bu nedir? Sanki "yatata" ilkel bir seremoni, tanrılardan birini memnun etmek için gerçekleştirilen bir tür cadı dansıdır. Memnun etmeye çalıştıkları bir tanrı ya da şeytan vardır: denizden yaklaşan sis gibi havada asılı bekleyen yalnızlığın hayaletidir bu. İnsan zaten uyandıktan sonraki ilk yarım saat içinde bu hayaletin dehşetiyle yüzleşecektir, o yüzden bari şimdilik onu uzak tutmak için elinden geleni yapsın. Mecazi olarak söylemek gerekirse, memnun etmeye çalıştıkları şey -ayrılık, yalnızlık ve diğer insanlardan uzak kalmanın sembolü olarak- ölümün hayaletidir.

Yukarıda verilen örneğin abartılı olduğunu itiraf etmek gerekir. Çoğumuzun gündelik hayatında yalnız kalma korkusu sık sık böyle yoğun bir şekilde ortaya çıkmayabilir. Genelde "yalnızlığa dair düşünceleri" uzak tutmak için yöntemlerimiz vardır ve endişemiz ise yalnızca sabah uyanır uyanmaz unutmaya çalıştığımız kâbuslarda ara sıra belirebilir. Fakat yalnızlık korkusunun yoğunluğundaki farklılıklar ve ona karşı geliştirdiğimiz savunmaların göreceli başarısı temel sorunu değiştirmez. Yalnızlık korkumuz endişeyle değil de bilmem kimin partisine davet edilmediğimizi öğrendiğimizde, sözkonusu kişi bizden hoşlanmıyor olsa bile bizden hoşlanan bir başkası olduğunu öğrendiğimizde ya da geçmişte bir dönem şu veya bu konuda başarılı yahut popüler olduğumuz söylendiğinde zihnimizde beliriveren düşüncelerle ortaya çıkar. Bu rahatlatıcı süreç çoğu zaman öylesine otomatik bir şekilde gerçekleşir ki sürecin kendisini değil de sonrasında özsaygımızdaki ferahlamayı hissederiz. Yirminci yüzyılın ortasında yaşayan kişiler olarak dürüstçe içimize bakıp alışılagelmiş rollerin altını görmeyi başarabildiğimizde taktığı tüm maskelere rağmen bu yalnızlık korkusunun bizim neredeyse daimi eşlikçimiz olduğunu görmüyor muyuz?

Yalnız kalma korkusunun temelinde kendimize dair farkındalığımızı yitirme endişesi vardır. İnsanlar uzun süre boyunca etraflarında konuşacak kimse yahut boşluğa ses çıkaran bir radyo olmadan yalnız kaldıklarında kendilerini "boşlukta" hissetmekten, sınırlarını yitirmekten ve kendilerine yön vermelerini sağlayacak hiçbir şey bulamamaktan korkar. Uzun süre yalnız kaldıklarında kendilerini yoracak kadar çalışamayacaklarını ya da eğlenemeyeceklerini ve dolayısıyla uyuyamayacaklarını belirtmeleriyse ilginçtir. Ve genellikle açıklamakta güçlük çekmelerine rağmen, tıpkı öznel benlikleriyle etraflarındaki nesnel dünya arasındaki fark gibi uykuyla uyanıklık halini de ayırt edememeye başlarlar.

Her insan kendi gerçekliğine dair hislerin çoğunu başkalarının kendisi hakkında söyledikleri yahut düşündüklerinden edinir. Fakat çoğu modern insanın gerçeklik duygusu konusunda başkalarına olan bağımlılıkları öyle bir noktaya varmıştır ki onlar olmadan var olma hissini yitireceklerini düşünürler. Kumda akan su gibi "dağılacaklarını" hissederler. İnsanların çoğu hayatlarını sürdürebilmek için başkalarına dokunmak zorunda olan körlerden farksızdır.

Kişinin çevresiyle uyumunu yitirme korkusunun en uç noktası psikozdur. Psikozun eşiğine gelen insanlar çoğunlukla başkalarıyla acilen iletişime geçme ihtiyacı hissederler. Bu akıllıca bir davranıştır, zira insanlarla ilişki kurmak gerçeklikle aralarında bir köprü oluşturabilir.

Fakat burada tartıştığımız konunun çıkış noktası daha farklı. Dört yüz yıldır akılcılık, tekbiçimlilik ve mekanik eğitiminden geçen modern Batılı insan, bu tektip ve mekanik standartlara uymayan özelliklerini talihsiz bir başarısızlıkla bastırmaya çabalamıştır. Kendi içsel boşluğunun farkına varan modern insanın her zamanki arkadaşlarını çevresinde göremediğinde gündelik programı ve çalışma rutininin tılsımını yitirmekten korktuğunu yahut saatin kaç olduğunu unuttuğunda açıklanamaz bir şekilde psikozun eşiğindeki bireylerin hissettiği endişeye kapıldığını söylersek fazla mı ileriye gitmiş oluruz? Kişinin uyum sağlama yöntemleri tehdit altına girdiğinde ve çevresinde başka insanlar olmadığında o kişi kendi içsel kaynaklarına ve içsel gücüne başvurmak zorundadır ve işte modern insanların geliştirmeyi es geçtikleri şey de budur. Bu yüzden yalnızlık çoğu insan için hayal mahsulü değil başlı başına gerçek bir tehdittir.

Sosyal kabul görmek, bir başka deyişle "beğenilmek", yalnızlık hissini uzak tuttuğu için son derece güçlüdür. Kişi tanıdık bir sıcaklıkla çevrilidir; gruba uyum sağlamıştır. Psikanalizdeki sembollerin en uç noktası ana rahmine dönüşte olduğu gibi emilmiştir sanki. Yalnızlığını geçici bir süreliğine de olsa unutmuştur; fakat bunun bedeli başlı başına bir benlik olarak varlığından vazgeçmektir. Ve onu uzun vadede yalnızlıktan yapıcı bir şekilde kurtarabilecek tek şeyi, yani kendi içsel kaynaklarını, gücünü ve yönelim duygusunu geliştirerek başkalarıyla ilişkilerini bu temelin üzerine oturtmayı reddeder. Ne kadar "birbirlerine yaslansalar" da bu "doldurulmuş insanlar" önünde sonunda daha da yalnızlaşmaya mahkûmdurlar; ne de olsa içi boş insanlar sevmeyi öğrenmelerini sağlayacak bir temelden mahrumdurlar.

Endişe ve Benliğe Tehdit

Modern insanın bir diğer özelliği olan endişe boşluk ve yalnızlıktan çok daha temeldir. Bizi endişe adı verilen o tuhaf psikolojik acı ve karmaşaya yem yapmasa "içi boş" ve yalnız olmak bizi rahatsız etmezdi.

Sabahları gazete okuyan insanların bir endişe çağında yaşadığımıza inanmak için ikna edilmeye ihtiyaçları yoktur. Otuz beş yıl içinde iki dünya savaşı, ekonomik çalkantılar ve buhranlar, faşist barbarlığın patlaması ve komünist totalitarizmin yükselişi ve şimdi de bitmek bilmeyen yarım yamalak savaşların yanı sıra atom bombalarının kullanılacağı bir Üçüncü Dünya Savaşı'na doğru sürüklenirken soğuk savaşların on yıllar boyunca sürme ihtimali, herhangi bir günlük gazetede okunabilecek bu basit gerçekler, dünyamızın temelinin nasıl sarsıldığını göstermek için yeterlidir. Bertrand Russell'ın, "Günümüzün en büyük sorunu; aptalların kendilerinden son derece emin, zekilerin ise sürekli şüphe içinde olmalarıdır." diye yazması boşuna değil.

Daha önceki kitaplarımdan birinde (Endişenin Anlamı) belirttiğim gibi, içinde bulunduğumuz yirminci yüzyılın ortasında, ortaçağın çöküşündekinden bile daha derin bir endişe içindeyiz. İçinde yaşadığımız dönem ile ancak ölüm korkuları, hayatın anlamı ve değerine dair şüphelerin getirdiği acılar, batıl inançlardan kaynaklanan ve şeytanlarla büyücülere karşı duyulan korkulara gark olan on üçüncü ve on dördüncü yüzyıl Avrupa'sı kıyas kabul edebilir. Ortaçağ karanlığında tarihçilerin kullandığı "ölüm korkusu" tabirini nükleer savaş korkusu, "şüphe etmenin verdiği acıları" ise inanç ve etik değerlerin kaybıyla değiştirmemiz yeterlidir. Bizim de uçan daireler ve Mars'tan gelen küçük insanlarla birlikte Nazi ve diğer totaliter rejimlerin kötücül süper adamlarının vücut bulduğu "şeytan ve büyücülerimiz"e dair batıl inançlarımız vardır. Modern endişeye dair daha detaylı kanıtlar isteyenler (ki bu durum kendini gitgide artan duygusal ve zihinsel bozukluklar, boşanma ve intihar vakalarının yanı sıra politik ve ekonomik çalkantılarla ortaya koymaktadır) yukarıda bahsi geçen kitaba başvurabilirler.

Gerçekten de "endişe çağı" tabiri neredeyse daha şimdiden yavan bir klişe haline gelmiş durumda. Sürekli bir yarı endişe hali içinde yaşamayı öyle kanıksamışız ki, yüzleştiğimiz asıl tehlike gözlerimizi bir devekuşu gibi toprağa gömmek. Önümüzdeki yirmi ya da otuz yıl boyunca ayaklanmalar, çarpışmalar, savaşlar ve savaş dedikoduları arasında yaşayacağız ve "hayal gücü ve idrak" insanı bu kargaşalarla yüzleşip cesaret ve sezgisi sayesinde endişesini yapıcı bir şekilde kullanıp kullanamayacağını görmek için mücadele edecek.

Günümüzdeki savaş, buhranlar ve politik tehditleri endişemizin asıl nedeni olarak görmek yanlıştır, zira bizim endişelerimiz de bu yıkımlara neden olabilir. Günümüzde hüküm süren endişe ve dünyamızda süregelen ekonomik, politik yıkımlar altta yatan aynı nedenin belirtileri, yani Batı toplumunda meydana gelen sarsıcı değişimlerin. Örneğin Faşist ya da Nazi totalitarizminin ortaya çıkmasının nedeni bir Hitler ya da bir Mussolini'nin iktidarı ele geçirmeye karar vermesi değil. Uluslar dayanılmaz bir ekonomik talep sürecine girdiğinde ve hem psikolojik hem de tinsel anlamda içleri boşaldığında totalitarizm oluşan bu boşluğu doldurur ve insanlar artık katlanılmaz bir hal alan endişeden kurtulabilmek için özgürlüklerini satmaya hazırdırlar.

Ulusumuzdaki karmaşa ve şaşkınlık bu endişeyi daha geniş bir ölçekte gösteriyor. Bu savaş ve savaş tehditleri çağında neyle karşı karşıya olduğumuzu biliyoruz: insanın özgürlük ve onurunun totaliter gaspı. Askeri gücümüzden kuşku duymuyoruz, ama yine de kendimizi koruyarak dövüşüyoruz; köşeye sıkıştırılmış vahşi bir hayvan gibi saldırıya geçsek mi yoksa beklesek mi bilemeden sağa sola dönüp duruyoruz. Ulus olarak Kore'de ne kadar ilerleyeceğimize, orada burada savaş çıkarıp çıkarmayacağımıza ya da totalitarizme karşı sınırı nerede çekeceğimize dair karar alma konusunda büyük güçlük çektik. Biri bize saldıracak olsa tamamen birleşmemiz gerekir. Fakat yapıcı hedefler konusunda dahi aklımız karışık. (Savunma dışında başka ne için uğraş veriyoruz?) Üstelik Marshall Planı gibi yeni bir dünya için ümit vaat eden hedefler bile bazı gruplarca sorgulanıyor.

Bireyler uzun bir süre boyunca aralıksız endişeye maruz kaldıklarında bedenleri psikosomatik hastalıkların hedef tahtası halini alır. Gruplar atılacak ortak ve yapıcı adımlar konusunda kararsız bir şekilde aralıksız endişeye maruz kaldığında, grup üyeleri önünde sonunda birbirlerine düşeceklerdir. Benzer şekilde, ulusumuz da karmaşa ve şaşkınlık içine düştüğünde kendimizi McCarthyizm cadı avlarında olduğu gibi küçük düşürücü iftiralar, kişiliğe suikast girişimleri ve insanları komşularından bile şüphe eder hale getiren yaygın baskılar türünden zehir zemberek durumlara maruz bırakırız.

Bakışımızı toplumdan bireye çevirdiğimizde, endişenin bariz bir dışavurumu olarak nevroz ve diğer duygusal bozuklukların yaygınlaştığını görürüz (ki Freud'dan bu yana neredeyse herkes bu tür sorunların kökeninde endişenin yattığı konusunda hemfikirdir). Benzer şekilde endişe, birçok psikosomatik rahatsızlığın da (ülser, birçok kalp rahatsızlığı vs.) psikolojik ortak noktasıdır. Kısacası endişe, büyük veba salgınının (insan sağlığı ve refahının en büyük düşmanı) günümüze uyarlanmış halidir.

Bireysel endişemizin yüzeyinin altına baktığımızda bunun savaş ve ekonomik belirsizlikten çok daha derin bir nedeni olduğunu görürüz. Endişeliyiz çünkü hangi rolü üstleneceğimizi, hangi ilkelere inanacağımızı bilmiyoruzdur. Bireysel endişemiz de tıpkı ulusumuzun endişesi gibi nereye gittiğimizi bilmemenin yarattığı şaşkınlık ve karmaşanın bir sonucudur. İnsan bir zamanlar bize öğretildiği gibi ekonomik anlamda başarı kazanıp refaha ulaşmak için rekabetçi mi olmalıdır, yoksa herkes tarafından sevilen iyi biri mi olmalıdır? Her ikisi birden olamaz. Toplumun cinsellik konusunda dayattığı öğretiye uyup tek eşli mi olmalıdır, yoksa Kinsey Raporu'nda belirtildiği gibi ortalamaya mı uymalıdır?

Bunlar kitabın ilerleyen sayfalarında derinlemesine inceleyeceğimiz modern insanın amaçlar ve değerler hakkında hissettiği şaşkınlığa dair iki örnek. 1930'lu yıllarda orta batıdaki bir Amerikan kasabasına dair yürüttükleri *Değişim Sürecindeki Middletown* başlıklı çalışmada Dr. ve Bayan Lynd bu tipik toplumun "hiçbiri gerçek anlamda kınanmamış, öte yandan hiçbiri de açıklığa kavuşturularak karmaşadan kurtarılmamış çelişkili yapıların karmaşasına düştüğünü" belirtmiştir. Kanımca 1930'lu yılların Middletown'ı ile günümüzdeki durum arasındaki temel fark, karmaşanın derinleşerek duygu ve arzular düzeyine inmesidir. Böylesi bir şaşkınlık içine düşen kişilerin çoğu, Auden'in *Endişe Çağı* başlıklı şiirindeki genç adamı içten içe kemiren o kaygıyı hisseder,

... Geç oluyor.
Bizi soran olacak mı? Yoksa basitçe,
Hiç istenmiyor muyuz?

Bu soruların basit yanıtları olduğuna inanan kimse ne soruları ne de içinde yaşadığımız zamanı anlamıştır. Hermann Hesse'nin deyişiyle, "bütün bir kuşağın insanlarının iki ayrı yaşam biçimi arasında sıkışıp kalarak kendini anlama yetisini yitirdiği ve her türlü standardın, korunmuşluk duygusunun ve kabullenmenin elden çıkıp gittiği" zamanlarda yaşıyoruz.

Fakat endişenin aynı zamanda bir çatışmanın işareti olduğunu da kendimize hatırlatmakta fayda vardır ve çatışmalar sürdüğü müddetçe yapıcı bir çözüm her zaman olasıdır. Gerçekten de ilerleyen sayfalarda göreceğimiz gibi, halen içinde bulunduğumuz kafa karışıklığı felaketin olduğu kadar geleceğe dair yeni olasılıkların da habercisidir. Endişenin yapıcı bir şekilde kullanılabilmesi için öncelikle hem bireysel hem de toplumsal düzlemde vahim durumumuzu kabullenerek onunla yüzleşmemiz gerekir. Bunu yapabilmemize yardımcı olabilmesi için şimdi endişenin anlamını daha net bir şekilde açıklamaya çabalayacağız.

Endişe Nedir?

Endişeyi nasıl tanımlayalım ve endişenin korkuyla ilişkisi nedir?

Karşıdan karşıya geçerken bir arabanın üzerinize doğru geldiğini gördüğünüzde kalbiniz daha hızlı çarpmaya başlar, bakışlarınızı arabayla aranızdaki mesafeye ve yolun güvenli tarafına geçmek için daha ne kadar yürümeniz gerektiğine odaklar, adımlarınızı hızlandırırsınız. Korkuya kapıldınız ve bu da sizi bir an önce güvenliğe ulaşmanız için harekete geçirdi. Ama adımlarınızı hızlandırdığınızda karşı taraftan tam ters istikamette gelen başka arabalar olduğunu görüp kendinizi bir anda yolun ortasında ne yöne gitmeniz gerektiğini bilmez vaziyette buluyorsunuz. Kalp atışlarınız daha da hızlanıyor fakat az önce hissettiğiniz korkudan farklı olarak bu kez paniğe kapılıyorsunuz ve görüşünüz aniden bulanıklaşabiliyor. Rasgele bir yöne doğru koşma içgüdüsüne kapılıyorsunuz ki bu dürtüyü bastırabilmenizi umuyoruz. Arabalar hızla yanınızdan geçip gittiğinde belli belirsiz bir baygınlıkla beraber midenizde bir boşluk hissine kapılıyorsunuz. İşte bu endişedir.

Korktuğumuzda bizi neyin tehdit ettiğini biliriz, içinde bulunduğumuz durum bizi harekete geçirir, algılarımız keskinleşir ve tehlikenin üstesinden gelmek için kaçmayı ya da başka uygun yöntemlere başvurmayı deneriz. Endişeye kapıldığımızdaysa yüzleştiğimiz tehlikeyi atlatabilmek için nasıl adımlar atmamız gerektiğini bilmeyiz. Endişe "yakalanma", "şaşkına dönme" hissidir ve algılarımız keskinleşmek yerine daha bulanık ve belirsiz bir hal alır.

Endişenin yoğunluğu az ya da çok olabilir. Bu önemli biriyle buluşma öncesinde ortaya çıkan hafif bir gerginlik hissi ya da geleceği belirleyecek bir sınav öncesinde kişinin başarılı olmaya yetecek kadar hazırlanıp hazırlanmadığından emin olamadığında kapıldığı korku olabilir. Ya da düşen bir uçakta yakınlarınızdan birinin ölüp ölmediği haberini veya çocuğunuzun göldeki büyük fırtınadan sağ salim dönmesini beklerken alnınızda boncuk boncuk terler oluşturan dehşet duygusu da olabilir. İnsanlar endişeyi farklı şekillerde deneyimler: bu içinizin "kemirilmesi", göğsünüzün sıkışması, genel bir şaşkınlık hali olabilir; kimileriyse sanki tüm dünya aniden kararmış veya üzerlerinde büyük bir ağırlık varmış ya da kaybolduğunu fark eden bir çocukmuş gibi hissederler.

Gerçekten de endişe her türlü biçime bürünüp farklı yoğunluklarda ortaya çıkabilir ne de olsa insanın varlığının ya da varlığıyla bütünleştirdiği bir değerin tehlikeye girmesi durumunda verdiği tepkidir. Korku, benliğin bir tarafının tehlikeye girmesidir. Çocuk kavgaya karıştığında yaralanabilir fakat bu varlığını tehdit altına sokacak bir durum değildir ya da bir üniversite öğrencisi vize sınavından ürküyor olabilir; ama sınavı geçememenin dünyanın sonu olmadığını bilir. Gelgelelim yüzleşilen tehdit benliğin tamamını etkilediğinde kişi endişe duyar. Endişe bizi benliğimizin "özünden" vurur: birey olarak varlığımız tehdit altına girdiğinde hissettiğimiz duygudur.

Deneyimin niceliği değil niteliği onu endişeye dönüştürür. Bir arkadaşı yolda ona selam vermeden yanından geçtiğinde kişi içinin hafiften kemirildiğini hissedebilir fakat yoğun bir tehdit olmamasına rağmen bu içinin kemirilme hissi devam ettiğinde kişi kendini aklı karışmış bir vaziyette arkadaşının onu neden görmezden geldiğine dair "açıklamalar" ararken bulursa bu durum aslında tehdidin ondaki çok temel bir noktayı hedef aldığını gösterir. Yoğun endişe, insan hayvanına miras kalmış en acı verici duygudur. Shakespeare'in dediği gibi, "Şimdiki tehlikeler geleceğe dair kurgulardan daha az tehlikelidir" (Macbeth, Oyun 1, Sahne 3) ve insanların kurtarılıp kurtarılmayacaklarını bilmemenin yarattığı şüphe ve belirsizlik duygularıyla sürekli yüzleşmektense cankurtaran filikasından atlayıp boğuldukları görülmüştür.

Ölüm tehdidi endişenin en sık karşılaşılan simgesidir, ancak yaşadığımız "modern" çağda kendimizi bir namlunun ucunda ya da başka bir şekilde ölüm tehdidi altında bulduğumuz pek olmuyor. Endişemizin büyük bir kısmı birey olarak varlığımıza ilişkin önem verdiğimiz değerlerimizin tehdit altına girmesinden kaynaklanıyor. New York Hastanesi'ndeki doktorların endişelendiğinde, korktuğunda ve diğer stresli anlarda verdiği psikosomatik tepkileri inceleyebilmek için midesinde bir delikle yaşayarak bilim tarihine geçecek olan Tom bu duruma iyi bir örnek teşkil ediyor. Hastanedeki işine devam edip edemeyeceği konusunda endişeye kapıldığı bir dönemde Tom şöyle bağırıyordu: "Ailemi geçindiremezsem öleyim daha iyi." Yani onurlu bir çalışan olarak yarattığı değer tehdit edildiğinde Tom da tıpkı satıcı Wille Loman ve toplumumuzdaki sayısız diğer insan gibi kendi olarak artık var olamayacağını hissettiğinde ölmek isteyebiliyordu.

Bu da gerçekte tüm insanlar için öyle ya da böyle geçerli olan bir durumu örnekliyor. Başarı, birine duyulan sevgi ya da Sokrates örneğindeki ifade özgürlüğü veya Jeanne d'Arc'ın "iç sesine" sadık kalması gibi bazı değerlerin kişinin yaşama amacının "temel"ini oluşturduğuna inanılır ve bu tür bir değer yok olduğunda kişi kendi varoluşunun artık bir anlamı kalmadığını hisseder. "Ya istiklal ya ölüm!" ne yalnızca etkili olsun diye sarf edilmiş bir sözdür ne de patolojiktir. Günümüz toplumunda çoğu insan için baskın değerler beğenilmek, kabul görmek ve onaylanmak olduğuna göre, çağımızda en büyük endişe kaynakları beğenilmemek, dışlanmak ya da onaylanmamaktır.

Yukarıda bahsi geçen endişeye dair örneklerin çoğu "normal endişedir", yani tehlikeli durumun gerçek tehdidiyle orantılıdır. Bir yangında, savaşta ya da önemli bir sınav öncesinde herkes az ya da çok endişelenebilir; hatta bunun aksi pek gerçekçi değildir. Her insan hayatı boyunca karşılaştığı krizlerde bu türden normal endişeyi farklı biçimlerde deneyimler. Bu "normal krizler" ile yüzleşip aştıkça (sütten kesilme, okula gitme ya da önünde sonunda kendi mesleği yahut evlilik kararıyla ilgili sorumluluk alma) nevrotik endişesi de o ölçüde azalacaktır. Normal endişe kaçınılmazdır; içtenlikle kabullenilmesi gerekir. Bu kitapta çoğunlukla içinde bulunduğumuz geçiş çağında yaşayan insanın normal endişesinden ve bu endişeyle yüzleşmenin yapıcı yöntemlerinden bahsedilecek.

Ancak elbette ki endişelerin büyük çoğunluğu nevrotiktir ve bunu en azından tanımlamamız gerekir. Diyelim ki genç bir adam, bir müzisyen, ilk buluşmasına giderken anlam veremediği nedenlerden ötürü kızdan çok korkuyor ve onunla oldukça kötü vakit geçiriyor. Sonrasında diyelim ki bu sorundan kurtulmak için hayatından kadınları tamamen çıkarmaya yemin edip kendini müziğine adıyor. Birkaç yıl sonra başarılı bir müzisyen olduğunda kadınların yanında tuhaf bir şekilde tutuklaştığını, yüzü kızarmadan onlarla konuşamadığını, sekreterinden çekindiğini ve konser programını ayarlarken iletişim kurması gereken komite başkanı kadınlardansa ölesiye korktuğunu fark ediyor. Bu denli korkmasını gerektirecek nesnel bir sebep bulamıyor, zira bu kadınların kalkıp onu vurmayacaklarını, hatta aslında onun üzerinde hemen hiç etkilerinin olmadığını biliyor. Yaşadığı bu his nevrotik endişe, yani yüzleştiği gerçek tehlikeyle orantısız bir endişe hali ve bunun nedeni bilinçaltında kendi kendiyle yaşadığı çatışma. Bu noktada okuyucu muhtemelen genç müzisyenin kendi annesiyle arasında ciddi bir çatışma bulunduğundan ve bu çatışmanın bilinçaltına taşınarak tüm kadınlardan korkmasına neden olduğundan şüphelenmiştir.

Nevrotik endişenin büyük çoğunluğu bilinçaltına yerleşen bu tür psikolojik çatışmalardan kaynaklanır. Kişi kendini tehdit altında hisseder ancak bu tehdit sanki bir hayaletten gelmektedir; düşmanının nerede olduğunu, onunla nasıl mücadele edeceğini, ondan nasıl kaçacağını bilmez. Bilinçaltındaki bu çatışmalar genellikle kişinin geçmişinde kalan ve kendini yüzleşecek kadar güçlü hissetmediği bir tehdit sonucunda ortaya çıkar; çocuklukta baskıcı ve sahiplenici bir ebeveynle mücadele etmek ya da kendisini sevmeyen anne babayla karşı karşıya gelmek zorunda kalınması gibi. Nevrotik endişeyle başa çıkmanın yolu kişinin korktuğu o asıl deneyimi ortaya çıkarıp ardından normal endişe yahut korku hisleriyle mücadeledeki yöntemleri uygulamaktır. Ağır nevrotik endişe vakalarında atılacak en mantıklı ve doğru adım profesyonel psikoterapi desteği almaktır.

Ancak bu bölümlerdeki asıl amacımız normal endişeyi nasıl yapıcı bir şekilde kullanabileceğimizi anlayabilmek. Ve bunu yapabilmek için çok önemli bir noktayı açıklığa kavuşturmamız gerekiyor: kişinin endişesiyle özfarkındalığı arasındaki ilişki. Savaş ya da yangın gibi dehşet verici bir deneyimin ardından insanlar çoğu zaman şöyle der: "Kendimi sersemlemiş gibi hissediyordum." Bunun nedeni endişe duygusunun deyim yerindeyse kendimize dair farkındalığımızın ayağını kaydırmasıdır. Endişe tıpkı bir torpido gibi kişiliğimizin derinlerine ya da bir başka deyişle kendimizi bir birey ya da nesnelerle dolu dünyada harekete geçebilecek bir özne olarak gördüğümüz "merkez"imize saldırır. Dolayısıyla endişe az ya da çok kendimize dair farkındalığımızı yok etme eğilimindedir. Örneğin bir savaş esnasında düşman ön hatlara saldırdığı sürece savunma halindeki orduya mensup askerler savaşmaya devam eder. Ne zaman ki düşman cephenin gerisindeki iletişim merkezini havaya uçurmayı başarır, işte o zaman askerler sağa sola dağılmaya başlar ve ordu artık savaşan bir birim olduğunun farkında değildir. Askerler bir endişe yahut panik haline girer. İşte endişe insana bunu yapar: aklını karıştırarak geçici bir süre nerede ve kim olduğunu unutmasına neden olarak gerçekliğe dair algısını bulandırır.

Bu şaşkınlık (kim olduğumuz ve ne yapmamız gerektiğine dair bu karmaşa) endişenin en acı verici yönüdür. Fakat bu durumun olumlu ve umut verici bir yanı da vardır: nasıl ki endişe özfarkındalığımızı yok ediyorsa, kendimize dair farkındalığımız da endişeyi yok edebilir. Bir başka deyişle, kendimize dair algımız güçlendikçe endişeye karşı durup onu altetme olasılığımız da o denli artar. Endişe de tıpkı yüksek ateş gibi içsel bir mücadelenin sürdüğünün işaretidir. Nasıl ki ateşlenmek bedenin fiziksel güçlerini toplayarak enfeksiyona, örneğin ciğerlerdeki tüberküloza karşı bir mücadeleye giriştiğinin göstergesiyse, endişe de psikolojik ya da tinsel bir mücadelenin kanıtıdır. Az önce nevrotik endişenin kendi içimizde çözümleyemediğimiz bir çatışmanın belirtisi olduğundan ve bu çatışma sürdüğü müddetçe nedenlerinin farkına vararak ona bir çözüm bulma olasılığımızın bulunduğundan bahsetmiştik. Nevrotik endişe doğanın bize çözmemiz gereken bir sorunumuz olduğunu gösterme yöntemidir. Aynı şey normal endişe için de geçerlidir; bu da bizi içsel gücümüzü toplayıp karşılaştığımız tehditle savaşmaya zorlayan bir kalk borusudur.

Nasıl ki az önce verdiğimiz örnekteki yüksek ateş bedensel gücümüzle enfeksiyona neden olan mikroplar arasında süren mücadelenin belirtisiyse, endişe de bir tarafta birey olarak gücümüzle diğer tarafta birey olarak varlığımızı silip atmak isteyen tehdit unsuru arasındaki mücadeledir. Bu tehdit galip geldikçe özfarkındalığımız kuşatılır, teslim olur, yiter. Ancak içsel gücümüz ne kadar çoksa -

yani hem kendimize hem de etrafımızdaki nesnel dünyaya dair farkındalığımızı koruma becerimiz ne kadar yüksekse tehditten de o denli az etkileniriz. Bir tüberküloz hastası için ateşi yüksek olduğu sürece umut vardır; fakat hastalığın son evrelerinde beden tabiri caizse "pes ettiğinde" ateş düşer ve çok geçmeden hasta ölür. Benzer şekilde, birey ve ulus olarak günümüzde karşılaştığımız güçlüklerin üstesinden gelme umudumuzun yittiğine işaret edecek tek şey umursamazlığa teslim olarak endişemizle yapıcı bir şekilde yüzleşmeyi beceremeyişimiz olur.

O halde görevimiz kendimize dair algımızı güçlendirip çevremizdeki karmaşa ve şaşkınlığa rağmen ayakta durmamızı sağlayacak içsel güç merkezlerimizi bulmaktır. Bu kitabın yönelttiği soruların temel amacı budur. Ancak öncelikle bugün içinde bulunduğumuz vaziyete nasıl düştüğümüze daha yakından bakmaya çalışacağız.

2

Hastalığımızın Kökenleri

Sorunları aşmanın ilk adımı nedenlerini anlamaktır. Batı Dünyası'nda neler olup bitti ki bireyler ve uluslar yoğun bir karmaşa ve şaşkınlık dalgasıyla bu denli hırpalandı? Öncelikle -tarihsel geçmişimize şöyle bir göz atarak- kendimize şu soruyu soralım: bu çağı bir endişe ve boşluk çağı yapan temel değişiklikler nelerdir?

İçi Boşalan Toplumsal Değerler

Tarihin içinde yaşadığımız dönemindeki temel gerçeklik yaşama biçimlerinden biri can çekişirken bir başkasının doğmakta olduğudur. Yani Batı toplumunun değer ve amaçları bir değişim sürecinden geçmekte. Peki kaybettiğimiz bu değerler tam olarak hangileri?

Rönesans'tan sonraki modern dönem boyunca süregelen iki temel inanıştan ilki bireysel rekabete verilen değerdir. Buna göre kişinin kendi ekonomik çıkarları ve zengin olmak için ne kadar çok mücadele verirse içinde yaşadığı toplumun maddi gelişimine de o denli katkıda bulunduğuna inanılıyordu. Ekonomideki bu meşhur laissez-faire[1] teorisi birkaç yüzyıl işe yaradı. Modern sanayileşme ve kapitalizmin erken dönemleriyle gelişme evrelerinde yaptığımız ticareti artırarak veya daha büyük bir fabrika

1) "Serbest piyasa" anlamına gelen Fransızca bir tabir. (-ÇN)

inşa ederek zengin olma yolunda verdiğimiz uğraşların önünde sonunda toplum için daha fazla meta üretilmesiyle sonuçlanacağı doğruydu. Rekabetçi girişim arayışı altın çağında gerçekten harika ve cesur bir fikirdi. Ama on dokuzuncu ve yirminci yüzyıllarda önemli değişimler oldu. Günümüzde dev şirketlerle çevrili tekelci kapitalizm ortamında kaç kişi bireysel rekabette başarılı olabilir? Doktorlar, psikoterapistler ve bazı çiftçiler gibi ekonomik anlamda hâlâ kendi kendinin patronu olma lüksüne sahip çok az grup kaldı ve onlar bile diğer herkes gibi bir inip bir çıkan fiyatlarla dalgalanıp duran pazar koşullarından etkileniyor. İşçilerle kapitalistlerin, profesyonel çalışanlarla işadamlarının artık dernekler ya da sanayi veya üniversite toplulukları gibi büyük gruplara dahil olmaları gerekiyor, zira aksi takdirde ekonomik anlamda hayatta kalmalarının imkânı yok. Bize yanımızdaki kişinin önüne geçmeye çabalamak öğretildi, ancak günümüzde başarı daha ziyade iş arkadaşlarımızla uyumlu çalışmayı öğrenme becerimize bağlı. Az önce okuduğum bir makalede dolandırıcıların bile artık tek başlarına idare edemeyerek haraççıların yanında çalışmaya başladıkları yazıyor!

Bireysel çaba ve inisiyatifin kötü bir şey olduğunu söylemiyoruz. Hatta bu kitabın temel argümanlarından biri de bireylerin kendilerine özgü güç ve becerilerinin kolektivist bir uyum çanağında yitip gitmektense yeniden keşfedilerek topluma fayda sağlayacak çalışmalara temel oluşturabilmesini sağlamaktır.

Söylemeye çalıştığımız şey, bilim ve diğer alanlardaki gelişmelerin hem kendi ulusumuzda hem de tüm dünyada bizi birbirimize çok daha bağımlı hale getirdiği yirminci yüzyılda bireyselliğin "Her koyun kendi bacağından asılır" deyiminin ötesine geçmesi gerektiğidir. Bundan iki yüz yıl öncesinin ormanlık arazilerinin arasında kendimize bir çiftlik yapabilseydik ya da geçtiğimiz yüzyılda bir fabrika kuracak paramız olsaydı "her koyun kendi bacağından asılır" felsefesi bizi en iyisini yapmaya zorlayarak topluma faydalı olmamızı sağlardı. Ama şirket çalışanlarının eşlerinin bile incelenerek "kalıba" uyup uymadığının kontrol edildiği günümüz dünyasında bu tür rekabetçi bireysellikler nasıl işliyor?

Kısacası, bireyin toplumsal refaha da eşit düzeyde önem vermeden yalnızca kendi çıkarları için çabalamasının artık topluma faydası olmuyor. Hatta sizin başarısızlığınız beni merdivende bir üst basamağa çıkaracağından en az kendi başarım kadar önem taşır ve böylesi bir bireysel rekabetçilik ortamı pek çok psikolojik soruna yol açar. İnsanları komşularının potansiyel düşmanı haline getirir, kişiler arasında düşmanlık ve öfkeye neden olur ve endişemizi yoğunlaştırırken bizi birbirimizden daha da uzaklaştırır. Son yıllarda yüzeye iyice yaklaşan bu düşmanlığı örtbas etmek için farklı yollara başvurduk. 1920'li ve 1930'lu yıllardaki Rotary ve Optimist kulüplerinden başlayarak çeşitli organizasyonların "katılımcısı" olmaya ve herkes tarafından sevilmeye çabaladık. Fakat çatışmalar er ya da geç ortaya çıktı.

Bu durum en iyi ve trajik şekilde Arthur Miller'ın *Satıcının Ölümü* başlıklı oyununun başkarakteri Willie Loman aracılığıyla ortaya konmuştur. Willie'ye de tıpkı onun kendi oğullarına öğrettiği gibi çevresindeki insanların önüne geçip zengin olması ve bunu başarmak için de inisiyatif alması gerektiği öğretilmişti. Oğulları top ve kereste çaldığında Willie her ne kadar onları azarlaması gerektiği fikrine katılıyormuş gibi görünse de içten içe onların "korkusuz bireyler" olmalarından hoşnuttur ve "Koçları muhtemelen inisiyatif aldıkları için onları kutlayacaktır." der. Dostları ona hapishanelerin "korkusuz bireyler" ile dolu olduğunu hatırlattıklarında Willie "Borsa da öyle" diye karşılık verir.

Bundan yirmi ya da otuz yıl önce yaşayan çoğu erkek gibi Willie de rekabetçiliğini "sevilen" biri olarak gizlemeye çalışır. Yaşlandığında firmasının değişen politikaları gereği "tekmeyi yediğinde" Willie şaşkınlığa kapılır ve kendi kendine durmadan, "Ama ben çok sevilen biriydim" diye tekrarlar. Bu değer çatışması karşısında yaşadığı karmaşa (Bana öğretilenler neden işe yaramadı?) intiharına neden oluncaya dek artıp durur. Oğullarından biri mezarının başında ısrarla aynı şeyleri yinelemeye devam eder: "Güzel bir rüyası vardı, birinci olmak istiyordu." Fakat diğer oğlu değer yargılarının bu şekilde altüst olmasının neden olduğu karmaşayı görerek, "Kim olduğunu asla bilemedi."[2] der.

Yaşadığımız modern çağın temel inanışlarından biri de bireysel akla olan inançtır. Rönesans'la birlikte ortaya çıkan bu inanç da tıpkı az önce bahsi geçen bireysel rekabetçiliğin değerine olan inanç gibi on yedinci yüzyıldaki felsefi aydınlanma arayışı için çok önemliydi ve hem bilimsel alandaki ilerlemeler hem de evrensel eğitime doğru atılan adımlar anlamında bir mihenk taşı görevi gördü. Yaşadığımız çağın bu ilk yüzyıllarında bireysel akıl aynı zamanda "evrensel akıl" anlamına da geliyordu; insanlığın mutlu bir şekilde yaşamasını sağlayacak o evrensel ilkeleri keşfetmek tüm zeki bireyler için bir meydan okumaydı.

Fakat on dokuzuncu yüzyılda bir değişim daha oldu. Akıl psikolojik olarak "duygu" ve "irade"den ayrıldı. Descartes'ın o meşhur beden ve zihin dikotomisi (kitap boyunca bize yol gösterecektir) kişiliğin ikiye ayrılmasına önayak olduysa da bu dikotominin sonuçları geçtiğimiz yüzyıla kadar tam anlamıyla ortaya çıkmamıştı. On dokuz ve erken yirminci yüzyıl insanı için akıl tüm sorulara yanıt vermeli, irade gücü bu çözümleri hayata geçirmeli ve genellikle araya giren duygularsa mümkün olduğunca bastırılmalıydı. Tüm bunların sonucunda aklın (ki artık entelektü-

---

2) *Satıcının Ölümü*, Arthur Miller, Mitos Boyut Yayınları, çev. Aytuğ İz'at, Emre İz'at.

el ussallaştırmaya dönüşmüştür) kişiliği kompartımanlara bölerek Freud'un yetkin bir şekilde betimlediği baskılar ve içgüdü, ego ve süperego arasındaki çatışmalara yol açtığını görüyoruz. Spinoza on yedinci yüzyılda akıl kelimesini kullandığında hayata karşı takınılan ve zihnin duygularla etik amaçlar ve "insanın bütününün" diğer yönlerini birleştirdiği bir tavrı kastetmişti. Oysa günümüzde insanlar bu terimi kullandıklarında neredeyse her zaman bir kişilik bölünmesini kastediyorlar. Öyle ya da böyle şu soruyu soruyorlar: "Akılcı bir yol mu izlemeliyim, yoksa duyusal tutku ve ihtiyaçlarıma boyun eğmeli ya da etik görevlerime sadık mı kalmalıyım?"

Hakkında tartıştığımız bireysel rekabet ve akla dair inançlar aslında modern Batı dünyasının gelişimine yön vermiştir ve ideal değerler olmaları gerekmez. Çoğu insanın ideal olarak kabul ettiği değerlerin etik hümanizm ve Yahudi-Hıristiyan geleneklerinin birleşimiyle ortaya çıkan ve 'komşunu sev', 'toplumuna hizmet et' gibi ahlaki kurallar olduğu şüphe götürmeyen bir gerçek. Bu ideal değerler okul ve kiliselerde genellikle rekabet ve bireysel akla vurgu yapılarak öğretilmektedir. (Sulandırılmış etkileriyle "hizmet etmek" ve "sevgi" gibi değerlerin "beğenilmeye" verilen önemle birlikte "hizmet kulüpleri"nde[3] pişirilip pişirilip önümüze sürüldüğünü görebiliriz.) Gerçekten de bu iki değer dizisi (ilki eski Filistin ve Yunanistan'daki etik, dini geleneklerimizin kaynağına dayanan ve diğeri Rönesans'ta ortaya çıkan) önemli ölçüde birleşmiştir. Örneğin, Rönesans'ta başlayan kültürel devrimin dini yansıması olan Protestanlık, bu yeni bireyselliği her insanın kendisi için dini gerçekliği bulma hakkı ve becerisine önem vererek ortaya koyuyordu.

---

3) Hizmet kulüpleri, üyelerin düzenli olarak toplanarak hayır işleri yapan yahut hayır işleri yapılması için para toplayan topluluklardır. (çn)

Bu birleşme büyük ses getirdi ve taraflar arasındaki anlaşmazlıklar yüzyıllar boyunca giderildi. İnsanların kardeş olduğu fikri ekonomik rekabet sayesinde önemli ölçüde ilerleme kaydetti; inanılmaz bilimsel kazanımlar, yeni fabrikalar ve gitgide daha hızlı dönmeye başlayan sanayi çarkları insanoğlunun refah düzeyini yükseltti, fiziksel sağlığını iyileştirdi; tarihimizde ilk kez fabrikalarımız ve bilimimiz öylesine üretken ki kıtlık ve maddi talepleri yeryüzünden silip atmak mümkün. Bilim ve rekabetçi sanayinin insanoğlunu etik ideali olan evrensel kardeşliğe bir adım daha yaklaştırdığı söylenebilirdi.

Fakat son yıllarda bu birleşmenin çatışmalara gebe olduğu ve esaslı bir revizyona yahut ayrılmaya doğru yol alındığı açık seçik görülmekte. Şimdilik gerek okulda daha iyi notlar almak, gerek Pazar Okulu'nda adının arkasına daha fazla yıldız koydurmak gerekse de ekonomik anlamda başarılı olarak refaha erişmek şeklinde olsun, diğer insanların bir adım önüne geçme fikrine verilen önem, komşularımızı sevme olasılığımızı büyük ölçüde ortadan kaldırmakta. Ve hatta ilerleyen sayfalarda göreceğimiz gibi aynı ailedeki kardeşlerle eşlerin dahi arasına girmekte. Ayrıca dünyamız bilim ve sanayi alanındaki gelişmelerle artık kelimenin tam manasıyla "tek dünya" halini almışken bize atalarımızdan miras kalan bireysel rekabetçiliğe bu denli önem vermek insanların mektuplarını kendi at arabalarıyla iletmeleri kadar saçma bir durum. Toplumumuzun altında yatan çatışmaları ortaya çıkaran nihai patlamaysa Yahudi-Hıristiyan değerlerinin, özellikle de bireye verilen değerin şiddetle yükselen barbarlığın altında kalması sonucu ortaya çıkan faşist totalitarizmdi.

Bazı okurlar yukarıda yöneltilen soruların hatalı bir şekilde ifade edildiğini düşünebilirler. Ekonomik kalkınma neden insanların karşısında yer almak zorunda ve akıl neden duyguların karşısında duruyor? Bunlar doğru, fakat içinde bulunduğumuz dönem gibi değişimlere gebe zamanların karakteristik özelliği herkesin yanlış soruları yöneltmesidir. Eski amaçlar, kıstaslar, ilkeler hâlâ zihinlerimiz ve "alışkanlıklarımız"ın bir parçasıdır ama artık uygun düşmüyorlardır ve böylelikle çoğu insan onları asla doğru yanıta ulaştırmayacak sorular sorarak hüsrana uğruyordur ya da birbiriyle çelişen yanıtların arasında kayboluyorlardır. "Akıl" sınıfta, "duygular" sevgiliyle vakit geçirirken, "irade gücü" sınava hazırlanırken, dinsel görevlerse cenaze ve Paskalya günlerinde devreye girer. Değer ve amaçların bu şekilde kompartımanlara ayrılması kişiliğin bütünlüğünü son derece hızlı bir şekilde baltalar ve hem içsel hem de dışsal anlamda "paramparça" olan kişi ne yöne gideceğini bilemez.

On dokuzuncu yüzyılın sonu ve yirminci yüzyılın başında yaşamış bazı büyük insanlar kişiliğin bölünmeye başladığını gördüler. Edebiyatta Henrik Ibsen neler olup bittiğini fark etti. Sanatta Paul Cézanne, insan doğasına dair bilimlerdeyse Sigmund Freud. Bu insanların her biri hayatlarımızı bir arada tutacak yeni bir şey bulmamız gerektiğini söylediler. *Bir Bebek Evi* başlıklı oyununda Ibsen, kocanın sadece çalışıp iyi bir on dokuzuncu yüzyıl bankeri gibi işiyle ailesini farklı kompartımanlara yerleştirerek karısına oyuncak bebek gibi davrandığında evin önünde sonunda çökeceğini gösterdi. Cézanne on dokuzuncu yüzyılın yapay ve duygusal sanatına saldırarak sanatın hayatın dürüst gerçeklikleriyle ilgilenmesi gerektiğini ve güzelliğin dış görünüşten ziyade bütünlükle ilgili olduğunu gösterdi. Freud ise insanların duygularını bastırıp cinsellik ve öfke yokmuş gibi davrandıkları takdirde nevroza kapılacaklarını işaret etti. Ve kişilikte bastırılarak derinlerde kalan bilinçaltına dair o "usdışı" katmanları açığa çıkarmak için yepyeni bir yöntem geliştirerek insanın düşünen-hisseden-arzulayan bir bütün haline gelmesine yardımcı oldu.

Ibsen, Cézanne ve Freud'un çalışmaları o denli çığır açıcıydı ki çoğumuz onların modern zamanların peygamberleri olduğuna inanıyorduk. Gerçekten de her birinin yaptığı katkılar kendi alanlarında gelmiş geçmiş en önemli gelişmelerin gerçekleşmesine önayak oldu. Ama bir bakıma onlar yeni çağın ilk büyük adamları değil de eski çağın son büyük adamları değil miydi? Ne de olsa son üç yüz yılın değer ve hedeflerine bağlıydılar; geliştirdikleri yeni yöntemler ne kadar önemli ve kalıcı olursa olsun içinde bulundukları dönemin hedeflerine ulaşmaya çabalıyorlardı. Onlar boşluk çağından önce yaşamışlardı.

Şimdi yirminci yüzyılın ortasındaysa gerçek peygamberler maalesef Søren Kierkegaard, Friedrich Nietzsche ve Franz Kafka. "Maalesef" diyorum çünkü bu bizim işimizin çok daha güç olduğu anlamına geliyor. Bu isimlerin her biri içinde bulunduğumuz çağda değerlerin altüst olacağını ve yirminci yüzyılda yalnızlık, boşluk ve endişenin bizi sarıp sarmalayacağını öngördü. Her biri geçmiş zamanın hedefleri peşinde koşamayacağımızı anladı. Kitap boyunca bu üç isimden sık sık alıntılar yapacağız ancak bunun nedeni tarihte gelmiş geçmiş en bilge kişiler olmaları değil, günümüzde hemen her zeki insanın yüzleştiği ikilemleri son derece güçlü bir sezgiyle öngörebilmeleri.

Örneğin Friedrich Nietzsche on dokuzuncu yüzyılda bilimin bir fabrikaya dönüştüğünü ve teknik konulardaki bu ilerleyişin etik ve özkavrayışa da yansımadığı takdirde insanın nihilizme kapılacağını söyledi. Yirminci yüzyılda neler olacağına dair kehanetler mırıldanarak "Tanrı'nın ölümü" üzerine bir öykü yazdı. Bu çarpıcı hikâyede deli bir adam köy meydanına inip, "Tanrı nerede?" diye bağırıyordu. Etrafındaki insanlar Tanrı'ya inanmıyorlardı; ona güldüler ve hatta 'Tanrı yolculuğa çıktı ya da göç etti' dediler. Bunun üzerine deli adam şöyle bağırdı: "Nereye gitti Tanrı?"

> Ben söyleyeyim! Onu öldürdük: siz ve ben...ama nasıl yaptık bunu? ... Tüm ufku silebileceğimiz süngeri kim

tutuşturdu elimize? Ne yaptık dünyayı güneşine bağlayan zincirlerinden koparınca? Nereye doğru gidiyoruz şimdi? Bütün güneşlerden öteye mi? Hiç durmadan düşüp durmuyor muyuz? Geri, ileri, sağa, sola, dört bir yana? Yine de var mı aşağı ya da yukarı? Sonsuz bir boşluktan geçer gibi düşmüyor muyuz hataya? Daha soğuk değil mi artık? Karanlık ve sürekli daha fazla karanlık gelmiyor mu üzerimize? ... Tanrı öldü! Tanrı hâlâ ölü! ... ve onu biz öldürdük!..." Burada deli adam sessizleşip onu dinleyenlere yeniden baktı. ... "Çok erken gelmişim" dedi sonra. ... "Bu muazzam olay hâlâ gerçekleşmemiş."

Nietzsche alışılagelmiş Tanrı inancına geri dönüş çağrısı yapmıyor, fakat özündeki değerleri yitiren bir toplumda neler olacağına işaret ediyor. Yirminci yüzyılın ortasındaki katliamlar, soykırımlar ve zorbalıklar kehanetinin doğru çıktığının birer kanıtı. Bu muazzam olay yola koyulmuştu bile; çağımızın hümanist ve Yahudi-Hıristiyan değerleri bu denli hor görüldüğünde barbarlığın o korkutucu karanlığı gece gibi üzerimize çöktü.

Çıkış yolu, diyor Nietzsche, yeni merkezi değerler yaratmak - kendi deyişiyle değerlerin "yeniden değerlendirilmesi". "İnsanoğlunun yapacağı nihai özinceleme için formülüm" diyor Nietzsche, "Değerlerin yeniden değerlendirilmesidir".

Bunun sonucundaysa önceki yüzyıllarda birleştirici bir merkez rol üstlenen tüm değer ve amaçlar modern çağda inandırıcılıklarını yitirir. Hedeflerimizi yapıcı bir şekilde seçerek ne yöne gitmemiz gerektiğini bilmemenin yarattığı acı verici şaşkınlık ve endişenin üstesinden gelmemize olanak sağlayacak yeni merkezi henüz bulabilmiş değiliz.

Benlik Bilincinin Yitimi

Hastalığımızın kökenlerinden bir diğeri de insanoğlunun değer ve saygınlığına dair hislerimizi yitirmemiz. Nietzsche bireyin sürü tarafından yutulduğunu ve "köle ahlakı"na göre yaşadığımızı söylediğinde bunu öngörüyordu. Modern insanın "insandışılaştırıldığını" söylediğinde Marx'la benzer bir kehanette bulunuyordu ve Kafka o harika hikâyelerinde insanların birey olarak kişiliklerini nasıl yitirebildiklerini gösterdi.

Fakat benlik bilinci bir gecede yitirilmedi. Aramızda 1920'li yıllarda yaşamış olanlar benliğin giderek daha yüzeysel ve basitleştirilmiş terimlerle ifade edilmesi eğilimini hatırlayacaklardır. O günlerde "kendini ifade etmek" aklına ne eserse yapmak demekti, sanki benlik rasgele bir itkiyle eşdeğermiş gibi ve yine sanki kişinin hayata dair felsefi tutumunu tayşıyan kararları aceleyle yenen bir öğle yemeğinin neden olduğu hazımsızlık sonrası ortaya çıkan ani bir güdüyle veriliyormuş gibi. Bu durumda "kendi olmak" eğilimin en küçük ortak paydasının parçası olmayı kabullenmek için bir bahaneydi. "Kendini bilmenin" çok zor olduğu düşünülmüyordu ve kişilik sorunları daha iyi bir "uyum sağlamayla" kolayca çözülebilirdi. Bu görüşler John B. Watson'ın geliştirdiği davranışçılık gibi aşırı basitleştirilmiş psikolojik yaklaşımlarla daha da ilerletiliyordu. Böylelikle köpeklerin ağızlarının yemek çanı her çaldığında sulanmasından farksız bir koşullamayla çocukların korkularının, batıl inançlarının ve diğer sorunlarının da üstesinden gelinebileceği görüşüne alkış tutmaya başladık. İnsanoğlunun içinde bulunduğu duruma dair bu yüzeysel görüşlerin bir adım daha ileriye gitmesine neden olan şey otomatik ekonomik gelişmeye olan inançtı. Hepimiz fazla çaba sarf etmeden ve acı çekmeden sürekli zenginleşmeye devam edecektik. Ve bu görüşlere dair son onay 1920'li yıllarda ortaya çıkan ve Pazar Okulu seviyesini aşamayarak, tarihe geçmiş etik ve dini liderlerin çığır açıcı sezgilerinden ziyade buram buram Couéizm ve Pollyannacılık kokan dinsel ahlakçılıktan geldi. O dönemde neredeyse eli kalem tutan herkes insanoğluna dair aynı aşırı basitleştirilmiş görüşte birleşiyordu: Bertrand Russell (ki kendisinin bugün çok daha farklı bir görüş belirteceğine inanıyorum) 1920'li yıllarda bilim bu hızla ilerlemeye devam ettiği takdirde kimyasal enjeksiyonlar sayesinde kişiye istediği mizacı vererek onu fevri ya da ürkek, cinselliğe düşkün ya da cinsellikten uzak kılabileceğimizi yazmıştı. Bu türden bir aç-kapa psikolojisi Aldous Huxley'nin Cesur Yeni Dünya gibi bir yergi yazmasının önünü açtı.

Her ne kadar 1920'li yıllarda bireyin gücüne dair sağlam bir inanç varmış gibi görünse de aslında durum tam tersiydi: insanoğluna değil yöntemler ve aletlere duyulan inanç sağlamdı. Benliğe dair aşırı basitleştirilmiş mekanik görüş gerçekte bireyin haysiyeti, karmaşıklığı ve özgürlüğüne dair bir inanç eksikliğinin işaretiydi.

1920'li yıllardan sonraki yirmi yıl içinde kişinin gücü ve haysiyetine dair inanç eksikliği daha alenen kabul görür oldu, zira bireysel benliğin önemsiz olduğu ve kişisel seçimlerin bir fark yaratmadığı yolunda epey sağlam "kanıtlar" ortaya çıktı. Totaliter akımlar ve Büyük Buhran gibi kontrol dışı ekonomik depremler karşısında kendimizi birey olarak giderek daha ufak ve önemsiz hissetmeye başladık. Bireysel benlik okyanustaki dalgaların savurup durduğu o meşhur kum tanesininkinden bile daha önemsiz bir konuma mahkûm edildi:

Devam ediyoruz
Çarkın isteğine göre; ve o döndükçe
Her şeyi kaydediyor, artışı ve düşüşü
Maaşlarla fiyatların[4]

---

4) W. H. Auden, *The Age of Anxiety* (*Endişe Çağı*), Random House, s. 45.

Dolayısıyla günümüzde artık çoğu insan önemsiz ve güçsüz benliklere sahip olduklarına dair inançları için iyi dış "nedenler" bulabiliyor. Çağımızın o devasa ekonomik, politik ve sosyal hareketlerinin karşısında insan ne yapabilir ki, diye soruyorlar. Otoriterizmin bırakın politikayı, din ve bilimde dahi giderek kabul görmesinin nedeni çok sayıda insanın bu fikre inanması değil de kendilerini birey olarak güçsüz ve endişe içinde hissetmesidir. Bu mantık, o halde (tıpkı Avrupa'da olduğu gibi) kitlesel politik liderlerin ya da ülkemizdekine benzer şekilde gelenek göreneklerin otoritesi kamuoyu ve sosyal beklentilerin peşine düşmekten başka ne yapılabilir ki, diye uzayıp gidiyor.

Böylesi bir "uslamlamada" unutulan şey elbette ki bireyin değerine dair inancın kaybolmasının kısmen bu tür sosyal ve politik hareketlerin nedeni olduğudur. Ya da daha doğru bir deyişle, benliğin kaybı ve kolektivist hareketlerin yükselişi, az önce işaret ettiğimiz üzere toplumumuzdaki aynı tarihi değişimlerin sonucudur. Dolayısıyla her iki cephede de savaş vermek zorundayız: Bir yanda totalitarizm ve bireyin insandışılaştırılmasına dair diğer eğilimlere karşı, diğer yandaysa birey olma deneyimimiz ve bireyin değeriyle haysiyetine olan inancımızı yeniden elde edebilmek için mücadele etmeliyiz.

Modern Fransız yazar Albert Camus'nün *Yabancı* başlıklı romanı toplumumuzda benlik bilincinin yitirilmesine dair çarpıcı bir anlatıdır. Hiçbir bakımdan olağandışı olmayan -hatta "ortalama" bir modern insan diye nitelendirilebilecek- bir Fransız adamın öyküsüdür. Annesi ölür ve o kendi adına belli bir karar almadan yahut farkındalık yaşamadan işe gider, rutin hayatına devam eder, bir ilişki ve cinsel deneyimler yaşar. Sonrasında bir adam vurur ve zihninde bunu kazara mı yoksa kendini korumak için mi yaptığı bile net değildir. Cinayetten yargılanır ve idam edilir, tüm bunları da korkunç bir gerçekdışılık hissi içinde yaşar; sanki her şey onun başına gelmiştir: kendisi bir şey yapmamıştır. Kitap tıpkı Kafka'nın hikâyelerinde olduğu gibi baştan sona sinir bozucu ve şaşırtıcı bir belirsizlikle, pusla örülmüştür. Her şey sanki rüyada gerçekleşir, başkarakterin ne dünyayla, ne kendisinin yaptıkları ne de kendisine yapılanlarla ilişkisi vardır. Yaşadığı görünüşte trajik olaylara rağmen cesaret göstermez yahut çaresizlik hissetmez, çünkü kendisine dair herhangi bir farkındalığı yoktur. Kitabın sonunda idam edilmeyi beklerken George Herbert'ın aşağıdaki dizelerinde ifade edildiği gibi belli belirsiz bir farkındalık yaşar:

Fırlatıp atılmış hastalıklı bir tekne...
Tanrım, kendimi kastediyorum.

Neredeyse, ama tam değil; bunu dahi idrak etmesini sağlayabilecek kadar bir benlik bilincine sahip değildir. Roman kendisine tam anlamıyla "yabancı" olan modern insana dair dehşet verici ve çarpıcı bir tablo çiziyor.

Modern toplumda benliğin gücü hissinin yitirilmesine dair daha az dramatik örnekler çevremizde mevcut ve hatta bunlara öylesine sık rastlanıyor ki genellikle görmezden geliyoruz. Örneğin günümüzde radyo programlarının kapanışında sarf edilen tuhaf bir cümle var: "Dinlediğiniz için teşekkürler." Durup düşündüğünüzde bu deyiş gerçekten son derece hayret verici. Eğlendiren, görünürde değer içeren bir şey veren kişi bunu alan kişiye neden teşekkür etsin ki? Alkışı kabul etmek ayrı, fakat dinleyiciye sizi dinleyip eğlenme lütfunu bahşettiği için teşekkür etmek bambaşka bir şey. Bu durum verilen hizmete atfedilecek değer yahut değersizliğin tüketici veya alıcının keyfine kaldığı anlamına geliyor; verdiğimiz örnekteki tüketiciyse halktan başkası değil. Kreisler'in[5] bir konçerto çaldıktan sonra dinle-

5) Fritz Kreisler, 1875-1962 yılları arasında yaşamış Avusturya doğumlu keman virtüözü ve besteci. (çn)

yiciye teşekkür ettiğini bir düşünün! Az önce örnek olarak verdiğimiz radyo programcısının durumu, gösterisini yapmanın yanı sıra kendisini izleyenlere eğlenmeleri için yalvarması gereken saray soytarısından farklı değil. Ve saray soytarılarının insanın yaşayabileceği en küçük düşürücü duruma girdiği herkesin malumudur.

Elbette ki burada radyo spikerlerini eleştirmiyoruz. Bu ifade yalnızca toplumumuzda sıkça rastlanan bir tavrı örneklemek amacıyla kullanıldı: birçok insan davranışlarının değerini davranışın kendisiyle değil de bu davranışın nasıl kabul gördüğüyle ölçüyor. Pasif olan alıcı kendisine yöneltilen şeyi başarılı yahut başarısız kılacak güce sahip. Dolayısıyla biz de hayatta birey olarak yaşayıp davranmaktansa oyuncu olma eğilimine kapılıyoruz.

Cinsellik bağlamında bir örnek verecek olursak bu durum erkeğin cinsel ilişkiye girerken kadına "lütfen doyuma ulaş" diye yakarmasından farksız ki her ne kadar bilinçli olmasa da bu tavır modern toplumumuzdaki erkekler arasında fark edildiğinden daha yaygın. Ve kişisel ilişkilerde bu davranışın nasıl geri teptiğini örneklemek için, salt kadını doyuma ulaştırmakla ilgilenen erkeğin kendini tam anlamıyla ilişkiye veremediğini ve bu durumun çoğu zaman kadının tam manasıyla doyuma ulaşmasına engel olduğunu eklemeliyiz. Jigolo ne kadar becerikli olursa olsun hangi kadın tutkunun gerçekliğinin yerine onu koymayı seçer? Jigolo ve saray soytarısının tavırlarının özünde değerin davranışla değil de pasiflikle orantılı olması yatar.

Benlik bilincinin günümüzde nasıl paramparça olduğuna dair bir başka örnek olarak mizah ve gülme düşünülebilir. İnsanın mizah anlayışının kendilik bilinciyle nasıl yakından ilişkili olduğu genellikle fark edilmez. Mizah normalde benlik bilincini koruma işlevi görmelidir. Kendimizi nesnel bir durum karşısında yitip gitmeyen bir özne olarak algılamaya dair insana özgü kapasitemizin bir ifadesidir. Kişinin benliği ile yüzleştiği sorun arasına "mesafe" koymasının sağlıklı bir yöntemi, geriye çekilip soruna başka bir perspektiften bakmasının bir yoludur. Kişi endişe nedeniyle paniğe kapıldığında gülemez, çünkü yüzleştiği sorun onu yutmuştur, bir özne olarak kendisiyle etrafındaki nesnel dünya arasındaki ayrımı yitirmiştir. Kişi gülebildiği sürece endişe yahut korkunun esiri değildir; dolayısıyla halk arasında tehlikeli durumlar karşısında gülebilmek bir cesaret göstergesi olarak kabul edilir. Sınırdaki psikoz hastalarında kişi içten gelen mizah duygusunu yitirmedikçe -yani kendisine dışarıdan bakıp, bir hastanın deyişiyle, "Tam bir deli gibi davrandım!" diyebildiği müddetçe- benliğini korur. Nevrotik olsun olmasın aramızdan biri psikolojik sorunlarımızı kavradığında ilk tepkisi genellikle hafif bir gülümseme olur; bir başka deyişle kavrayışın "aha!"sı. Mizah, kişinin benliğini nesnel dünyada hareket eden bir özne olarak kavramasıyla birlikte ortaya çıkar.

Şimdi mizahın insan yaşamındaki işlevini gördüğümüze göre şunu sorabiliriz: Toplumumuzda mizah ve gülmeye karşı hâkim tutumlar nelerdir? Buna dair en çarpıcı gerçek, gülmenin ticari mala dönüşmesidir. "Şu gülmeden" bahsederiz ya da bir film yahut radyo programıyla ilgili olarak "filan kez güldüm" deriz ki bu durum kahkahayı sanki bir düzine portakal ya da bir kilo elmaymış gibi hesaplayıp sesini kaydeden cihazlarla da gösterilir.

Elbette ki bazı istisnalar vardır; örneğin E. B. White'ın yazdıkları okuyucunun mizah aracılığıyla birey olarak kıymeti ve saygınlığına dair hislerini derinleştirip kara gözlüklerini çıkararak önündeki sorunlarla yüzleşmesini sağlayabilir. Fakat günümüzde mizah ve gülme umumiyetle niceliksel bağlamda posta siparişiyle yahut radyodaki skeç yazarlarının prodüksiyonlarında kullandıkları otomatik yöntemlerle üretilen "kahkaha" anlamına gelir. Gerçekten de "skeç" uygun bir tabirdir: Thorstein Veblen'in deyişiyle "kahkahalar" bir tür "kahkaha gazı" etkisi yaparak hassasiyet ve farkındalıklarda körelmeye neden olur. Bu durumda gülmek kişinin kendi zihinsel karmaşasıyla yüzleşmek için yeni ve daha cesur bir bakış açısı elde etmesi yerine endişe ve boşluktan devekuşu misali kaçışıdır. Genellikle gürültülü kahkahalarla ortaya çıkan bu tür bir gülme tıpkı alkol ya da cinsel uyarılma gibi basit bir gerginlik azaltma işlevi görür; ancak yine cinsellikte yahut alkol kullanımında olduğu gibi kaçış amacıyla başvurulduğunda bu tür bir gülme insanı eskisine kıyasla daha da yalnızlaştırarak gerçeklikten koparır. Elbette ki bazı kahkahalar kindardır. Bu bir tür zafer kahkahasıdır ve kahkahanın gülümsemeyle uzak yakın hiçbir benzerliği olmadığının işaretidir. Benzer şekilde kişi öfke ya da nefretle gülebilir. Hitler'in güya "gülümsediği" fotoğraflarındaki o yüzünü buruşturmuş görüntüsü bana hep bu şekilde gülümsediğini düşündürmüştür. Kindar kahkaha kişinin kendi benliğine ulaşmak için attığı yeni bir adımın değil de başkalarına karşı üstün geldiğini düşündüğünün ifadesidir. Kindar kahkaha da tıpkı "kahkaha gazı" örneğindeki niceliksel kahkaha tipi gibi yücelik ve önem duygusunu büyük ölçüde yitirmiş olan insanların mizahını yansıtır.

Benliğin önem ve değer yitimi gerçekten de bazı okuyucular için bu kitap boyunca sürecek tartışmayı takip etme konusundaki en büyük engel olacak. İnsanlar bilge olsunlar olmasınlar benlik bilincini yeniden keşfetme sorununun ne denli önemli olduğuna dair inançlarını yitirmiş durumdalar. Hâlâ "kendi olmak" fikrinin yalnızca 1920'lerdeki anlamıyla "kendini ifade etmek" ile eşdeğer olduğunu düşünüyorlar ve dolayısıyla (varsayımlarının temeline dayanarak) şöyle sorular yöneltebilirler: "Kendi olmak hem ahlakdışı hem de sıkıcı bir durum değil mi? Kişi örneğin Chopin çalarken kendini ifade etmek zorunda mıdır?" Bu tür sorular kendi olmak fikrine dair o derin anlamın ne denli yitirilmiş olduğuna dair birer kanıt teşkil ediyor. Dolayısıyla günümüzde pek çok insan Sokrates'in "kendini bil" derken bireyin önüne en zorlu meydan okumalardan birini sürdüğünü fark edemiyor. Ve benzer şekilde, "Ve en üst anlamıyla yola çıkmak kendi benliğinin farkına varmaktır." diyen Kierkegaard'u anlamakta güçlük çekiyorlar.

Kişisel İletişim Dilimizin Yitimi

Benlik bilinciyle birlikte birbirimizle derin kişisel anlamlar hakkında iletişim kurmamızı sağlayan dili de yitirdik. Bu durum Batı dünyasındaki insanların yaşadığı yalnızlığın önemli bir yönü. Örneğin kişisel hisleri iletmede mühim bir yeri olan "sevgi" kelimesini ele alalım. Bu kelimeyi kullandığınızda konuştuğunuz kişi Hollywood filmlerindeki sevgiden, popüler şarkıların "Ben bebeğimi seviyorum, bebeğim de beni seviyor" tarzındaki içli sözlerinden, dini hayır işlerinden, arkadaşlıktan, cinsel dürtüden ya da daha başka pek çok şeyden bahsettiğinizi düşünebilir. Aynı şey teknik olmayan alanlardaki hemen her önemli kelime için geçerlidir: "gerçeklik", "bütünlük", "cesaret", "tin", "özgürlük" ve hatta "benlik". Çoğu insan için bu kelimelerin kendilerine özel çağrışımları vardır ve bu çağrışımlar komşularının aynı kelimeye dair anlayışlarından farklılık gösterebileceğinden bazı insanlar bu tür kelimeleri kullanmaktan kaçınır.

Erich Fromm'un belirttiği gibi teknik konulara dair kelime hazinemiz mükemmeldir; hemen her erkek bir otomobil motorunun parçalarını eksiksiz sayabilir. Fakat iş kişiler arasında anlamlı ilişkiler kurmaya geldiğinde dilimizi kaybederiz: tökezleriz ve neredeyse yalnızca işaret diliyle anlaşabilen sağır ve dilsiz insanlar kadar soyutlanırız. Eliot'ın "içi boş adam"ına söylettiği gizi:

Kurutulmuş seslerimiz,
Fısıldadığımızda bir arada
Sessizdir ve anlamsız
Rüzgâr gibi kuru çayırda
Ya da farelerin ayakları gibi kırık camın üzerinde
Kuru mahzenimizde[6]

Bunu ortaya atmak tuhaf olabilir fakat dilin etkinliğinin bu şekilde yitirilmesi altüst olmuş bir tarihsel dönemin belirtisidir. Tarihsel devirlerin yükseliş ve çöküşünü incelendiğinde Eshilos ve Sofokles'in klasik eserlerini yazdığı İÖ 5. yy. Yunancasında ya da Shakespeare'in eserlerini yazdığı, İncil'in Kral James tercümesinin çıktığı Elizabeth dönemi İngilizcesinde olduğu gibi, bazı zamanlarda dilin ne denli güçlü ve etkili olduğunu görebilirsiniz. Diğer zamanlardaysa dil zayıf, belirsiz ve etkisizdir; tıpkı Helenistik çağda Yunan kültürünün parçalanıp dağılmaya başladığı zaman olduğu gibi. Araştırmalara dayanarak (elbette ki sözkonusu araştırmalar bu kitaba dahil edilemezler) bir kültürün bütünleşmeye doğru yol aldığı tarihsel evrede dilin bu birlik ve gücü yansıttığı; kültürün değişim, dağılma ve bozulma evrelerindeyse benzer şekilde dilin gücünü kaybettiği gösterilebilir.

Goethe, "Ben on sekiz yaşındayken Almanya da on sekiz yaşındaydı" derken yalnızca ulusunun ideallerinin birlik ve güce yöneldiğine değil, aynı zamanda bir yazar olarak kendisine güç veren dilin de aynı evrede olduğuna atıfta bulunmuştur. Günümüzde semantik çalışmaları çok değerlidir ve sürdürülmeleri gerekir. Fakat buradaki rahatsız edici soru, iletişim kurmak için neden enerjimiz tükenene dek kelimelerin ne anlama geldikleri hakkında tartışıp durmamız gerektiğidir.

---

6) "İçi Boş Adamlar", T.S. Eliot.

Kelimeler dışında da çeşitli kişisel iletişim araçları vardır: örneğin sanat ve müzik. Resim ve müzik derin kişisel manaları kendi toplumlarına olduğu kadar başka toplumlar ve başka tarihsel devirlere de aktaran duyarlı sözcülerin sesleridir. Modern sanat ve modern müzikte de yine iletişim kurmayan bir dil buluruz. Modern esere altında yatan ezoterik şifreyi bilmeden bakan çoğu insan, hatta zeki olanlar dahi hiçbir şey anlayamaz. Birçok farklı tarz görürler: empresyonizm, ekspresyonizm, kübizm, soyutçuluk, temsilcilik, soyut resim, ta ki Mondrian sadece kare ve dikdörtgenlerle kendi mesajını iletinceye ve Jackson Pollock bir tür "reductio ad absurdum"[7] içinde büyük levhalara neredeyse rasgele bir şekilde boya atıp başlık olarak resmin tamamlandığı tarihi verinceye dek. Elbette ki çalışmalarından keyif aldığım bu sanatçılara bir eleştiri yöneltiyor değilim. Ancak yetenekli sanatçıların kendilerini ancak bu denli sınırlı bir dille ifade edebilmeleri toplumumuza ilişkin çok önemli bir ipucu vermiyor mu?

New York'taki Sanat Öğrencileri Topluluğu'nu (Amerika'nın en seçme sanatçılarının ülkedeki en seçme öğrencilere dersler verdiği bir yer) ziyaret ederseniz hemen her stüdyodaki sınıflarda birbirinden tamamen farklı tarzlarda resim yapıldığını görebilirsiniz ve yirmi adımda bir duyusal vitesinizi yükseltmeniz gerekebilir. Rönesans döneminde sıradan bir insan Raphael veya Leonardo da Vinci ya da Michelangelo'nun tablolarına baktığında resmin kendisine hem genel anlamda hayata dair hem de kendi iç dünyasıyla ilgili bir şeyler söylediğini anlayabilirdi. Gelgelelim eğitim almamış biri bugün New York'un 57. caddesindeki galerileri dolaşıp sözgelimi Picasso, Dali ve Marin'in sergilerini gezdiğinde önemli birtakım çalışmalarla karşı karşıya olduğu konusunda hemfikir olsa da gördüğü resimlerin ne anlama geldiğini bir ressamın bir de Tanrı'nın bildiğini

7) "Saçmaya indirgeme" ya da Osmanlıca tabirle "abese irca". (ed.n)

iddia ederdi. Kendi adına muhtemelen şaşkınlığa kapılır ve hatta belki biraz da öfkelenirdi.

Nietzsche, bir insanın "tarzıyla", yani eylemlerine ortak bir temel ve ayırt edicilik sağlayan o eşsiz "örüntüyle" tanınabileceğini söylemişti. Aynı şey kısmen kültürler için de geçerlidir. Ama günümüzün "tarzı" nedir diye sorduğumuzda modern olarak adlandırılabilecek herhangi bir tarz olmadığını görüyoruz. Cézanne ve Van Gogh'un muazzam eserleriyle birlikte başlayan birçok farklı modern akımın ortak noktası, hepsinin var güçleriyle on dokuzuncu yüzyıl sanatındaki riyakârlık ve aşırı duygusallığı aşabilmeye çabalıyor olmalarıdır. Bilinçli olsun olmasın, resimlerinde dünyayı deneyimleyen benliğin bir tür katı gerçekliğine dayanarak iletişim kurmaya çabalamaktadırlar. Ancak Freud ve Ibsen'in kendi alanlarında yaşadıklarına benzeyen bu çaresiz dürüstlük arayışının ötesinde yalnızca bir tarz potpurisi vardır. Zamanın, sözgelimi Rönesans'ı yaptığı gibi modern çağı henüz elekten geçirmemiş olduğu gerçeğine dayanarak bu potpurinin çağımızın bölünmüşlüğünü açığa vurduğu söylenebilir. Dolayısıyla modern sanatta sıklıkla rastlanan düzensiz ve boş resimler çağımızın durumunun dürüst birer tasviridir.

Sanki her özgün sanatçı telaş içinde farklı diller deneyerek hangisinin kendi insanına biçim ve rengin müziğini en iyi şekilde aktarabileceğini bulmaya çalışıyor, oysa ortak bir dil yok. Picasso gibi bir dev bile kendi yaşadığı dönemde tarzdan tarza geçiş yaparak kısmen Batı toplumunun son kırk yıllık süreçteki değişken karakterini yansıtmış, kısmense okyanusun ortasındaki bir gemide telsizi kurcalayıp durarak kendi insanıyla konuşabilmesini sağlayacak dalga boyunu arayan bir adam gibi davranmıştır. Ama hem sanatçılar hem de geri kalanlarımız tinsel olarak ayrık ve şaşkın olduğumuzdan yalnızlığımızı örtbas edebilmek için diğer insanlarla dilimizin elverdiği şeyler hakkında konuşuruz: beyzbol ligi, iş ilişkileri, en son haberler. Derin duygusal deneyimlerimizse daha gerilere itilir ve böylelikle içimiz giderek daha da boşalırken yalnızlığımız artar.

"Az Şey Görürüz Doğada Bizim Olan"

Birey olarak kimlik bilincini yitiren insanların doğaya aitlik bilincini yitirme eğilimleri de vardır. Yalnızca ağaçlar ve dağlar gibi hareketsiz doğayla organik bağlantı kurma deneyimini değil, aynı zamanda doğanın hareketli parçasıyla, yani hayvanlara karşı empati besleme becerilerinin bir kısmını da yitirirler. Psikoterapide kendini bomboş hisseden insanlar çoğu zaman neyi kaybettiklerini bilmenin doğaya karşı verilecek hayati bir tepki olduğunun yeterince farkındadırlar. Diğer insanlar günbatımından etkilenirken kendilerinin onlara kıyasla etkilenmediklerinden yahut kimileri okyanusu muazzam ve çarpıcı bulurken kendilerinin bir şey hissetmediklerinden üzüntü içinde bahsedebilirler.

Yalnızca içimizdeki boşluk değil endişemiz de doğayla kurduğumuz ilişkiyi yok etme eğilimindedir. Atom bombasına karşı kendimizi nasıl savunabileceğimizin anlatıldığı bir dersten sonra eve dönen küçük bir kız annesine şu soruyu yöneltir: "Anne, gökyüzü olmayan bir yere taşınamaz mıyız?" Neyse ki durumu açık bir şekilde ortaya koyan bu dehşet verici soru bir örnek değil de alegoridir, fakat yine de endişenin bizi doğadan nasıl uzaklaştırdığını son derece etkili bir şekilde sembolize eder. İcat ettiği bombalardan ölesiye korkan modern insan gökyüzünden korkarak mağaralara sığınmalıdır; klasik olarak enginlik, hayal gücü ve kurtuluşun sembolü olan gökyüzünden korkmalıdır.

Anlatmaya çalıştığımız şey daha gündelik bir düzeyde kendini içsel anlamda boş hisseden modern insanın onu çevreleyen doğayı da boş, kupkuru ya da ölü gibi algılaması şeklinde özetlenebilir. Boşluğa dair bu iki deneyim hayatla kurduğumuz yoksunlaşan bağın iki yüzüdür.

Modern çağda doğayla olan ilişkinin nasıl gelişip ardından azaldığına baktığımızda doğaya karşı hislerimizi kaybetmenin ne anlama geldiğini daha iyi kavrayabiliriz. Avrupa'daki Rönesans'ın başlıca özelliklerinden biri tüm biçimleriyle -ister hayvanlar, ağaçlar isterse gökyüzündeki yıldızlar ve renkler gibi cansız nesnelerin biçimleri olsun- doğaya karşı duyulan coşkunun aniden yükselmesiydi. Rönesans'ın başlarında Giotto'nun resimlerinde bu duygunun çok güzel bir şekilde hayat bulduğu görülebilir. Ortaçağ sanatının stilize ve katı doğa biçimlerinden sonra bir anda Giotto'nun freskleriyle karşılaşırsanız büyüleyici koyunlar, capcanlı köpekler ve sevimli eşeklerin de insan olma deneyiminin can alıcı parçaları olarak resmedildiğini fark ederek şaşırabilirsiniz. Ve yine benzer şekilde, ortaçağ sanatçılarının aksine Giotto'nun taşları ve ağaçları yalnızca sembolik dinsel anlamları için değil de kendi başlarına çarpıcı birer doğal nesne olarak ve yine ortaçağ sanatının aksine insanların deneyimlediği neşe, üzüntü ve ferahlığı şahsi duygular olarak resmettiğini görerek şaşırabilirsiniz. Onun resimleri bize hayatla olan ilişkisini aktif bir şekilde hisseden bir varlık olarak deneyimleyen insanoğlunun aynı zamanda hayvanlar ve doğayla da canlı bir ilişki kuracağını kelimelerden çok daha güçlü bir şekilde aktarır.

Doğaya dair gelişen bu yeni takdir duygusu aynı zamanda Rönesans'taki insan bedenine karşı artan ilgide de kendini gösterir. Bu durum pek çok farklı biçimde görülebilir: Boccaccio'nun hikâyelerindeki kösnüllükte, Michelangelo'nun resimlerindeki kahramanlara yaraşır güç ve ahenkteki bedenlerde ve Shakespeare'in oyunlarında fiziksel olanın hayata dair çokboyutlu organik bir yaklaşımın parçalarından biri oluşunda. Aynı şey doğanın bilimsel olarak araştırılmasına dair artan ilgide de görülebilir. Dolayısıyla Rönesans'ın bu yüce bireylerinin -"evrensel insanlar"ın- sahip olduğu gücün bir boyutu da doğaya karşı besledikleri yoğun duygulardı.

Fakat on dokuzuncu yüzyıla geldiğimizde doğaya olan bu ilgi giderek daha teknik bir hal almaya başlamıştı; insanın asıl meselesi artık doğaya hükmetmek ve doğayı işlemek olmuştu. Paul Tillich'in renkli deyişiyle dünyada "büyü bozumu" yaşanmıştı. Bu büyü bozumu süreci çok önceleri, on yedinci yüzyılda Descartes beden ve zihnin birbirinden ayrılması gerektiğini, fiziksel doğayla bedenin (ölçülüp tartılabilen) nesnel dünyasının insanın zihni ve "içsel" deneyimlerinin öznel dünyasından radikal bir şekilde farklı olduğunu gösterdiğinde başlamıştı. Bu dikotominin pratik sonucunda öznel olan "içsel" deneyimlerin -dikotominin "zihin" kısmının- genellikle rafa kaldırılmasıydı ve modern insan son derece başarılı bir şekilde deneyimin mekanik, ölçülebilir yönlerinin peşine düşüyordu. Böylelikle on dokuzuncu yüzyıla gelindiğinde doğa tıpkı bilimde olduğu gibi büyük ölçüde kişilikdışı bir hal almıştı ya da tıpkı coğrafyacılar tarafından ticaret yapmak amacıyla haritalandırılan denizler gibi para kazanma amacıyla ölçülüp biçilen bir nesne olarak görülmeye başlanmıştı.

Elbette ki hesaplanabilen ve manipule edilebilen şeylere gösterilen aşırı ilginin sanayileşme ve burjuva ticaretinin gelişmesiyle paralel olduğunu belirtirken makineler ve teknik alandaki gelişmeleri eleştiriyor değiliz. Yalnızca bu gelişme esnasında doğayla bireyin öznel, duygusal hayatının birbirinden ayrıldığını işaret etmeye çalışıyoruz.

On dokuzuncu yüzyılın başlangıcına yaklaştığımızda William Wordsworth de daha başkaları gibi doğaya dair duyguların kaybolmaya başladığını ve bunun nedenlerinden birinin ticari hayata verilen aşırı önem, sonucununsa yaşanan boşluk duygusu olduğunu gördü. Olup bitenleri o meşhur sonesinde şu şekilde yazıya döktü:

Dünya çok fazladır bizimle; geç ve çok geçmeden,
Elde ederek ve harcayarak, yıkıp dökeriz güçlerimizi:
Az şey görürüz Doğada bizim olan;
Kalplerimizi bedava verdik, sefil bir rahatlık!
Çıplak göğsünü aya açan bu Deniz;
Bütün saatlerde inleyen rüzgârlar,
Ve şimdi yukarıda toplanmış olanlar uyumuş çiçekler gibi;
Bunun için ve herşey için, akordumuz bozulmuş bizim;
O kımıldatmaz bizi.—Büyük Tanrı! Keşke
Bir Putperest olsaydım memesini emen modası geçmiş bir itikadın;
Öylece belki görebilirdim, ayakta durarak üzerinde bu hoş otlak yerinin,
Anlık görünüşlerini beni daha az terk edilmiş hissettiren şeylerin;
Denizden yükselen Proteus'u görürdüm;
Ya da duyardım yaşlı Triton'un çelenkli boynuzunu üflemesini.

Wordsworth'ün Proteus ve Triton gibi mitolojik yaratıklara özlem duyması şiirsel bir kaza sonucu değildir. Bunlar doğanın çeşitli özelliklerinin hayat bulmuş halleridir. Proteus sürekli şekil değiştiren bir tanrı olarak sonsuza dek devinerek renk değiştiren denizi sembolize eder. Triton ise deniz kabuğundan boynuzu olan bir tanrıdır ve deniz kabuklarını kulağımıza dayadığımızda duyduğumuz uğultu onun müziğidir. Proteus ve Triton kaybettiğimiz şeylere -yani kendimizi, ruh hallerimizin yansımalarını doğada görme becerimize ve kendi deneyimlerimizin zengin ve geniş bir boyutu olarak doğayla kurduğumuz ilişkiye- verilebilecek iyi birer örnektir.

Descartes'ın dikotomisi modern insana cadılara olan inancından vazgeçmesi için felsefi bir temel oluşturdu ve bu da on sekizinci yüzyılda cadılığın aşılmasına önemli bir katkıda bulundu. Herkes bunun harika bir sonuç olduğu konusunda hemfikir olacaktır. Fakat benzer şekilde periler, cinler, troller ve ormanlarla toprağın tüm yaratıksılarını da ortadan kaldırdık. Genel kanı bunun da bir kazanım olduğu yönündedir, zira böylelikle insan zihni "batıl inanç" ve "büyü"den arındırılmıştır. Ama ben bunun bir hata olduğuna inanıyorum. Periler, cinler ve benzerlerini ortadan kaldırarak aslında hayatlarımızı daha da yoksunlaştırdık ve insanların zihinlerini batıl inançlardan arındırmanın yolu yoksunlaştırmadan geçmez. Evindeki kötü ruhu dışarı süpüren yaşlı adama dair anlatılan masalda bir gerçeklik payı vardır; evin tertemiz ve bomboş durduğunu gören ruh yanına yedi tane daha kötü ruh katarak eve geri döner ve yaşlı adamın durumu eskisinden de beter bir hal alır. Ne de olsa ilerleyen yıllarda ortaya çıkan totaliter mitolojiler, engramlar[8] ya da güneşin durduğu gün gibi mucizelere olan yıkıcı inançlara kapılan insanlar daha boş ve yalnız kimselerdir. Dünyamızda bir büyü bozumu yaşandı ve bunun sonucunda yalnızca doğayla değil kendimizle de bağımızı yitirdik.

İnsanlar olarak köklerimiz doğadadır ve bunun tek nedeni bedensel kimyamızın hava, toprak ya da otlarınkiyle aynı olması değildir. Doğaya çok farklı şekillerde katkıda bulunuruz; örneğin mevsimlerin değişimi ya da gece ve gündüzün ritmi bedenlerimizde acıkma ve doyma, uyku ve uyanıklık, cinsel arzu ve doyum gibi sayısız farklı ritimde yansımasını bulur. Proteus denizdeki değişimlerin kişileştirilmiş hali olabilir, çünkü deniz ve bizim paylaştığımız şeyleri -değişken ruh halleri, çeşitlilik, değişkenlik ve uyum sağlama becerisi gibi- sembolize eder. Bu bağlamda doğayla iyi bir ilişki kurmamız köklerimizi doğdukları toprağa geri dikmemiz anlamına gelir.

Fakat başka bir açıdan insan doğanın geri kalanından çok farklıdır. Kendisine dair bir farkındalığı vardır; şahsi

---

8) Bir olayın sinir sisteminde bıraktığı psişik etki ya da izlenim. (çn)

kimliğine dair bu hissiyatı onu diğer tüm canlı ve cansız varlıklardan ayırır. Ve insanın şahsi kimliği doğanın umurunda bile değildir. Doğayla ilişkimizdeki bu çok önemli nokta okumakta olduğunuz kitabın ana temasını, yani insanın kendisine dair farkındalığa olan ihtiyacını görünür kılar. Doğanın kişidışılığına rağmen insan kendi kimliğini olumlayabilmeli ve doğanın sessizliklerini kendi içsel canlılığıyla doldurabilmelidir.

Yutulup yok olmadan doğayla iyi bir ilişki kurabilmek güçlü bir kişilik -diğer bir deyişle şahsi kimliğe dair güçlü bir algı- gerektirir. Zira doğanın sessizliği ve inorganik karakterini gerçek anlamda hissetmek kendi içinde ciddi bir tehdit barındırır. Kişi kayalık bir burunda durarak bir kabarıp bir sönen denizin muazzam çalkantısına baktığında tam ve gerçek anlamda denizin asla "başkalarının acılarını yahut düşüncelerini umursamayacağının", insanların hayatı yutulup yok olsa dahi yaradılışın o muazzam ve süregelen kimyasal ilerleyişinde sonsuz derecede küçük bir etki dahi yapamayacağının farkına vardığında kendisini tehdit altındaymış gibi hissedebilir. Ya da kişi uzaktaki dağların zirveleriyle arasındaki mesafeyi düşünüp bu dağların yükseklik ve derinliklerini "kavramaya" çalışır ve aynı zamanda bu dağların "asla kimsenin dostu olmadığının ya da tutamayacağı sözler vermediğinin" farkına varıp da zirvedeki kayalıkların altında paramparça olmasının bu granit duvarlar için hiçbir anlam ifade etmeyeceğini düşündüğünde korkuya kapılabilir. İşte bu, kişi inorganik varlıklarla arasındaki bağla gerçek anlamda yüzleştiğinde farkına vardığı "hiçliğin" ya da "var olmama halinin" içe işleyen tehdididir. Ve "topraktan geldik, toprağa gideceğiz" gerçeğini kendi kendimize hatırlatmak gerçekten de boş bir tesellidir.

Doğayla kurulan ilişkilere dair bu tür deneyimler çoğu insan için gereğinden fazla endişe kaynağıdır. Bu tehditten kaçmak için hayal güçlerini devredışı bırakır, düşüncelerini öğle yemeğinde ne yesek gibi basit ve sıkıcı detaylarla meşgul ederler. Ya da var olmama tehdidinin getirisi olan dehşetten korunmak için denizi onlara zarar vermeyecek bir "insan" yaparak, ya da bireysel Kader'e olan inançlarına sığınarak kendi kendilerine, "Tanrı, senin için meleklerine buyruk verecek. Ayağın bir taşa çarpmasın diye seni elleri üzerinde taşıyacaklar." derler. Fakat kişinin endişelerinden kaçması ya da mantıklı bir çıkış yolu bulmaya çalışması uzun vadede onu daha zayıf kılmaktan başka işe yaramaz.

Daha önce de belirttiğimiz gibi, doğayla yaratıcı bir ilişki kurabilmek için güçlü bir benlik hissiyatıyla bol miktarda cesaret gerekir. Fakat doğanın inorganik varlığı karşısında kişinin kendi kimliğini olumlaması çok daha güçlü bir kişiliği de beraberinde getirir. Ancak bu noktada anlatmak istediğimiz hikâyenin ötesine geçiyoruz; nasıl bir güç oluştuğu ilerleyen bölümlerde anlatılacak. Burada yalnızca doğayla ilişkimiz koptuğunda kendi benliğimize dair hissiyatımızı da yitirdiğimizi vurgulamak istiyoruz. Çoğu modern insan için kullanılabilecek, "Az şey görürüz doğada bizim olan" tanımı zayıf düşen ve yoksunlaşan kişilere dair bir işarettir.

Trajedi Hissinin Yitimi

İnsanın değeri ve yüceliğine olan inancımızı yitirmemizin bir başka sonucu da insan hayatının trajik önemine dair algımızı yitirmemizdir. Ne de olsa trajedi hissi en basit anlatımla kişinin birey olarak insanların önemine olan inancının diğer yüzüdür. Trajedi insanoğluna karşı muazzam bir saygı ve onun haklarıyla kaderine adanmışlığı işaret eder; yoksa ayakta kalanın Orestes mi Lear mı ya da siz yahut ben mi olduğunun bir önemi yoktur.

Satıcının Ölümü başlıklı oyununun önsözünde Arthur Miller günümüzdeki trajedi eksikliğine dair çarpıcı bazı yorumlar yapar. Onun deyişiyle trajik karakter, "tek bir şeyi -kişisel onurunu- korumak için şartlar gerektirirse hayatını ortaya koymaya hazır olan kişidir". Ve "trajik doğru insanın kişiliğinin çiçek açıp kendi kendinin farkına varabildiği bir durumudur." Bu durumlar Batı tarihinde büyük trajedilerin yazıldığı dönemlerde ortaya koyuldu. Bunları görebilmek için tek yapmamız gereken Eshilos ve Sofokles'in o muazzam Oedipus, Agamemnon ve Orestes trajedilerini yazdığı beşinci yüzyıl Yunanistan'ına ya da Shakespeare'in Lear, Hamlet ve Macbeth'i yazdığı Elizabeth dönemi İngiltere'sine bakmamız yeterlidir.

Fakat içinde bulunduğumuz boşluk çağında trajedilere nispeten daha nadiren rastlanır. Yahut yazılanlardaki trajik öğe tıpkı Eugene O'Neill'in *The Iceman Cometh* başlıklı eserinde olduğu gibi insan hayatının ne kadar boş olduğu gerçeğidir. Bu oyun bir barda geçer ve karakterler -alkolikler, fahişeler ve oyunun devamında psikoza giren erkek başkarakter- hayatlarında bir şeye inandıkları dönemleri hayal meyal hatırlayabilmektedirler. İşte bu oyuna o klasik trajedilerdeki acıma ve dehşet duyguları uyandırma gücü veren şey de uçsuz bucaksız bir boşluktaki insan onuruna dair yansımalardır.

Arthur Miller'ın daha önce da bahsi geçen *Satıcının Ölümü* başlıklı oyunu da bu ülkede içinde yaşadığımız toplumu oluşturan -ne alkolik ne de psikozlu olan- sıradan insanlara dair az sayıdaki gerçek trajedilerden biridir. (Bu dramın sinema uyarlamasında ne yazık ki satıcı Willie Loman son derece acınası bir halde canlandırılmıştır; yalnızca filmi izlemiş olanların trajik anlamdaki asıl önemini kavrayabilmek için Willie'yi daha geniş bir bağlamda hayal etmeleri gerekecektir.) O, başarının sıkı ve enerjik bir çalışma gerektirdiği, ekonomik ilerlemenin gerçekliği ve kişinin doğru "bağlantıları" varsa başarı ve kurtuluşa ulaşacağı gibi içinde yaşadığı toplumun öğrettiklerini ciddiye alan biriydi. Şu anki bakış açımızla Willie'nin yanılsamalarını görerek o güvensiz iş bitirici değerleriyle alay etmemiz kolaydır. Ama konu bu değil. Burada önemli olan tek şey Willie'nin inanmış olması; kendi varlığını ve hayattan haklı bir şekilde bekleyebileceğinin öğretildiği şeyleri ciddiye almıştı. "Büyük bir adam olduğunu söylemiyorum." diyor karısı Willie'nin çözülmesini oğullarına anlatırken; "ama o bir insan ve korkunç bir şey yaşıyor. Yani dikkatli olunmalı". Trajik olan şey Willie'nin Lear'ın ihtişamına yahut Hamlet'in içsel zenginliğine sahip olması değil, yine karısının tabiriyle, "o yalnızca limanını arayan ufak bir tekne". Fakat bu durum tarihteki bir dönemin trajedisi (Willie gibi kendilerine öğretilenlere inanıp değişen zamanlarda bunun işe yaramadığını fark eden yüzlerce hatta binlerce baba ve erkek kardeş olduğunu düşünmek) tıpkı eski çağların trajedilerinde olduğu gibi insanı acıma ve korku duygularıyla sarsmaya yetecektir. "Kim olduğunu asla bilmedi" ve bilme hakkını ciddiye alanlardandı.

"Aslında trajik karakterdeki hata ya da sorun" diye yazıyor Miller, "Haysiyetine, hak ettiği konuma dair algısına yöneltilen bir meydan okuma karşısında pasif kalmaya dair hissettiği içsel bir isteksizlikten başkası değil ve başka bir şey de olması gerekmiyor. Sadece pasif olanlar, kendilerine sunulana aktif bir misillemeyle karşı çıkmayanlar 'kusursuzdur'. Çoğumuz bu kategorideyiz". Miller'a göre trajedilerde bizi sarsan unsur, "Yerimizden edilmeye dair içten içe beslediğimiz korku, bu dünyada ne ve kim olduğumuza dair sergilemeyi seçtiğimiz görüntüden çekilip alınmanın sonucu olan yıkımdan kaynaklanır. Günümüzde bu korku en az geçmişte olduğu kadar hatta ondan daha bile güçlü".

Trajik duyunun kaybı için yas tuttuğumuzda pesimist bir bakış açısını desteklediğimiz sanılmasın. Aksine, tıpkı Miller'ın belirttiği gibi, "Trajedi yazmak komediye kıyasla daha olumlu bir bakışa sahip olmanın bir işaretidir...nihai sonucu okuyucunun insan hayvanına dair en aydınlık fikirlerinin güçlenmesi olmalıdır." Zira trajik bakış insanın özgürlüğünü ve kendi kendini fark etme ihtiyacını ciddiye almamız gerektiğini belirtir; "insanın insanlığını gerçekleştirmeye dair sahip olduğu yok edilemez iradeye" olan inancımızın bir ispatıdır.

İnsan doğasına dair bilgilerimiz ve insanın bilinçaltında bulunan, psikoterapiyle açığa çıkarılan çatışmalarla ilgili sezgilerimiz insan hayatının trajik yönlerine inanmak için yeni bir temel oluşturmakta. Bazı insanların içsel çalkantılarıyla birlikte hem kendileri hem de onurlarını hedef alan dış etmenlerle giriştikleri ciddi ve acı mücadelelerin yakın bir tanığı olma ayrıcalığına sahip olan psikoterapist bu kişilere karşı duyduğu saygıyı tazelerken aynı zamanda insanoğlunun haysiyetine dair yeni bir farkındalık edinir. Danışmanlık çalışmalarında haftada defalarca kez insanların kendi kendilerine yalan söyleyemeyecekleri gerçeğini en sonunda kabul ettiklerinde ve en sonunda kendilerini ciddiye almayı öğrendiklerinde içlerinde bulunduğunu önceden bilmedikleri ve çoğunlukla olağanüstü güçteki iyileştirici güçleri keşfederler.

Bu bölümde çağımızın hastalığının kökenleriyle ilgili aktarılanlar karanlık bir tanı ortaya koymakta. Ama bu durum hastalığın seyrinin de kötü olacağını imlemiyor. Zira ilerlemekten başka bir seçeneğimizin olmaması olumlu bir şey. Psikanaliz sürecinin yarısına ulaşmış, savunma ve yanılsamaları delik deşik edilerek daha iyi bir şeye ulaşmak için ilerlemekten başka çaresi olmayan hastalardan farksızız.

Bizler (ve burada biz derken genciyle yaşlısıyla içinde bulunduğumuz tarihsel konumun farkında olan herkesi kastediyorum) 1920'lerin 'kayıp' nesli değiliz. 'Kayıp' ifadesi Birinci Dünya Savaşı'nı takip eden ergen isyan dönemi mensupları için kullanıldığında kişinin geçici bir süre evinden uzak olduğu ve tek başına olmaktan korktuğunda geri dönebileceği anlamına geliyordu. Oysa biz geri dönüşü olmayan bir nesiliz. Yirminci yüzyılın ortasında yaşayan bizler Atlantik ötesi uçuşun yarı noktasını geçtiğinde deposunda geri dönmeye yetecek kadar yakıtı olmadığından kendisini bekleyen fırtına ve diğer tehlikelere rağmen ilerlemek zorunda olan pilotlar gibiyiz.

O halde bizi bekleyen görev nedir? Yukarıdaki analizden çıkarılması gerekenler açık: içimizdeki güç ve bütünlüğün kaynaklarını yeniden keşfetmeliyiz. Tabii bu da birliğin temelini oluşturacak olan içimizdeki ve toplumumuzdaki değerlerin keşfi ve doğrulanmasını da beraberinde getirmektedir. Fakat kişi öncesinde değerlendirme becerisine sahip olmadığı, yani uyduğu değerleri aktif bir şekilde seçip doğrulamadığı müddetçe hiçbir değer ne o kişiler ne de toplum için yeterince etkin değildir. Bireyler bunu yapmalıdır, böylelikle tıpkı ortaçağın çöküşünü Rönesans'ın takip etmesi gibi, bu sorunlu zamanların ardından önünde sonunda ortaya çıkacak yeni ve yapıcı toplumun temellerini atmış olacaktır.

William James bir keresinde dünyayı daha sağlıklı bir yer haline getirmek isteyenlerin işe önce kendilerinden başlamaları gerektiğini söylemişti. Biz de bu söylemi bir adım ileriye götürerek içimizdeki güç merkezini bulmanın uzun vadede insanlığa yapabileceğimiz en iyi katkı olacağını belirtebiliriz. Efsanelere göre Norveç civarında teknesi girdaba doğru sürüklenen balıkçılar küreklerini bu çağlayan girdabın tam ortasına atmaya çalışırmış; bunu yapabildiklerinde fırtına diner ve böylece balıkçı da güvenli bir şekilde oradan geçebilirmiş. Benzer şekilde, büyük bir içsel güce sahip tek bir kişi de çevresindeki paniğe kapılan insanları sakinleştirebilir. Toplumumuzun ihtiyacı olan da budur: Her ne kadar önemli olsalar da yeni fikirler ve buluşlar ya da dahiler ve süper kahramanlar değil de var olabilen, yani kendi içlerinde bir güç merkezine sahip olan insanlar. İlerleyen bölümlerdeki amacımız bu içsel gücün kaynaklarını bulup ortaya çıkarmaktır.

Bölüm 2

BİREYSELLİĞİN YENİDEN KEŞFİ

3

Kişi Olma Deneyimi

"Kendimizin farkında olma girişimine" atılmak ve böylesi bir girişimin ödülleri olan içsel güç ve güvence kaynaklarını keşfetmek için öncelikle şu soruyu sorarak başlayalım: Aradığımız bu kişi, bu kendilik bilinci nedir?

Birkaç yıl önce bir psikolog bebeklik çağındaki oğluyla aynı yaşta bir şempanze edindi. Bu gibi kişilerin alışkanlığı olduğu üzere bir deney yapmak için bebek şempanzeyle kendi oğlunu aynı ev ortamında yetiştirdi. İlk birkaç ay gelişim hızları benzerdi, birlikte oynuyor ve çok az farklılık sergiliyorlardı. Fakat birkaç düzine ay daha geçtikten sonra insan bebeğinin gelişiminde bir değişim meydana gelmeye başladı ve o andan itibaren şempanzeyle arasında çok büyük bir fark oluştu.

Beklentimiz de bu yöndedir. Zira insanlarla diğer memelilerin bebekleri arasında anne rahminde fetüsün ortaya çıktığı andan kalbinin atmaya başlamasına, bebek olarak ana rahminden doğmasına, kendi kendine nefes alıp vermeye başlamasına ve koruma altında geçirdiği birkaç aya kadar farklılıklar çok azdır. Fakat aşağı yukarı iki yaş civarında insanoğlunda evrim sürecinde şimdiye dek ortaya çıkmış en çarpıcı ve en önemli şey, yani kendine dair bir bilinç ortaya çıkar. Kendini "ben" olarak fark etmeye başlar. Rahimdeki fetüs olarak bebek, annesiyle birlikte "başlangıçtaki biz"in bir parçasıdır ve bebekliğinin ilk dönemlerinde psikolojik "biz"in parçası olmaya devam eder. Fakat sonrasında bu küçük çocuk -ilk kez- kendi özgürlüğünün farkına varır. Gregory Bateson'ın deyişiyle kendi özgürlüğünü babası ve annesiyle olan ilişkisi bağlamında hisseder. Kendini ebeveynlerinden ayrı bir kişilik olarak deneyimler ve gerekirse onlara karşı durabilir. Bu olağanüstü olgu insan hayvanının kişi olarak doğuşudur.

Benlik Bilinci - İnsana Özgü Bir Damga

Benlik bilinci, kendini sanki dışarıdan görebilme yetisi insanı diğer canlılardan ayıran bir özelliktir. Bir arkadaşımın onu bütün sabah stüdyo kapısında bekleyen ve ne zaman biri kapıya gelse oyun oynamak için ayaklanıp heyecan içinde havlayan bir köpeği var. Arkadaşım köpeğinin havlarken şunları söylemeye çalıştığını düşünüyor: "İşte sabahtan beri oynamak için birinin gelmesini bekleyen bir köpek. O kişi siz misiniz?" Bu hoş bir düşünce ve köpek seven herkes bu tür düşüncelere kapılmaktan hoşlanır. Fakat aslında bu tam da köpeğin söyleyemeyeceği bir şey. Oyun oynamak istediğini gösterip sizi topunu atmanız için ayartmaya çalışabilir ama kendisine dışarıdan bakarak tüm bunları yapmakta olan bir köpek olduğunu göremez. Kendi benliğine dair bir farkındalıkla donatılmamıştır.

Her ne kadar bu durum köpeğin yine insanlara özgü fakat şaibeli birer lütuf olan nevrotik endişe ve suçluluk duygularından muaf olduğu anlamına gelse de bazı insanlar köpeğin benlik bilinci gibi bir lanete maruz olmadığını söylemeyi tercih eder. Bu düşünceyi aksettiren Walt Whitman hayvanları kıskanır:

Sanırım dönüp hayvanlarla yaşayabilirim...
Küfredip hallerinden şikâyet edip durmazlar,
Karanlıkta öylece uyanık yatıp günahlarına ağlamazlar...

Fakat aslında insanın kendine dair farkındalığı en önemli özelliklerinin kaynağıdır. Ona "ben" ve dünya arasındaki ayrımı yapabilme gücü verir. Ona içinde bulunulan anın dışına çıkarak kendisini geçmişte yahut gelecekte hayal edebilmesini sağlayan zaman tutma becerisini verir. Böylece insanlar geçmişten ders alıp gelecek için plan yapabilirler. Ve işte bu yüzden insanoğlu tarihçesi olan bir memelidir, yani kendi tarihine dışarıdan bir gözle bakabilir ve bir kişi olarak kendi gelişimini etkileyebilir ve belli bir ölçüye kadar bir ulusun ya da toplumun tarihsel akışını değiştirebilir. Benlik bilinci aynı zamanda insanın sembol kullanma becerisinin de temelini oluşturabilir ki bu da tıpkı "masa" kelimesindeki iki hecenin birleşerek bir kategori meydana getirmesi gibi bir şeyi asıl olduğu halinden ayrı görebilmenin yöntemlerindendir. Bu sayede insan "güzellik", "mantık" ve "iyilik" gibi soyut kavramlarla düşünebilir.

Benlik bilinci bize kendimizi başkalarının gözüyle görme ve diğer insanlarla empati kurma becerisi verir. Kendimizi bir hafta sonra bulunacağımız bir başkasının oturma odasında hayal etmemize ve eğer biz bu sözkonusu başka birinin yerinde olsaydık ne yapıp ne hissedeceğimizi kendi kendimize sormamıza olanak sağlar. Bu becerimizi kullanma konusunda her ne kadar başarısız olsak yahut aşırıya kaçsak da bunlar bize komşularımızı sevme, etik değerler konusunda hassas olma, gerçekleri görme, güzellik yaratma, kendimizi ideallere adama ve gerekirse onlar uğruna ölme gücü verir.

Bu gizilgüçleri kullanabildiğimizde kişi oluruz. Yahudi-Hıristiyan dini geleneğinde 'insan Tanrı'nın görüntüsüdür' ifadesiyle kastedilen budur.

Ama bu armağanlar yüksek bir bedelle, endişe ve içsel kriz bedelleriyle bahşedilir. Benliğin doğuşu hiç kolay değildir. Çünkü çocuk artık kendi başına, yalnız bir şekilde, ebeveynlerinin verdiği kararların koruyup kollayıcılığından uzakta korkutucu bir hayat sürme ihtimaliyle karşı karşıyadır. Kendini bir birey olarak hissetmeye başladığında, etrafındaki büyük ve güçlü yetişkinlere kıyasla son derece güçsüz hissetmesine şaşmamalı. Annesine olan bağımlılığıyla giriştiği mücadele esnasında bir kişi şu anlamlı rüyayı görmüştü: "Büyük bir tekneye bağlı daha küçük bir teknedeydim. Okyanusun ortasında ilerliyorduk ve devasa dalgalar içinde bulunduğum tekneyi doldurdu. Teknem acaba hâlâ büyük tekneye bağlı mıdır, diye düşündüm."

Ebeveynleri tarafından sevilip desteklenen ama şımartılmayan sağlıklı çocuk yüzleştiği endişe ve krizlere rağmen gelişmesini sürdürür. Ve travmaya dair herhangi bir dış belirti ya da özel bir isyankârlık olmayabilir. Fakat ebeveynleri tarafından bilerek yahut bilmeden kendi çıkar yahut keyifleri için suiistimal edilen, ya da nefret edilip reddedilen çocuk yeni yeni edinmeye başladığı bağımsızlığına dair denemeler yaptığında az da olsa destek göreceğinden emin olamadığında onlara sımsıkı tutunup bu bağımsızlık kapasitesini yalnızca olumsuzluk ve inatçılık şeklinde kullanır. Çekingen bir şekilde ilk kez "Hayır" demeye başladığında ebeveynleri tarafından sevilip yüreklendirilmek yerine onlardan dayak yiyen çocuk sonrasında "hayır" kelimesini gerçek anlamda bir bağımsızlık göstergesi değil de salt isyan etmek için kullanacaktır.

Ya da günümüzde çoğu örnekte gördüğümüz üzere bu çalkantılı zamanlarda ebeveynlerin kendileri endişeli ve şaşkınlarsa, kendilerinden emin değil ve kendilerine dair birtakım şüpheler besliyorlarsa bu endişeleri çocuğa yansıyarak kendi benliğini bulmanın tehlikeli olduğu bir dünyada yaşadığını hissetmesine neden olabilir.

Elbette ki bu son derece şematik bir özet ve kişilerin bireyselliklerine kavuşmakta nasıl başarısız olduklarını daha iyi anlayabilmemizi sağlayacak geriye dönük bir tablo. Çocuklukta yaşanan bu tür çelişkilere dair verilerin çoğu geçmişte birer birey olarak tam manasıyla doğmalarına engel olan şeyleri rüyalarında, anılarında ya da gündelik ilişkilerinde aşmaya çalışan yetişkinlerden gelmektedir. Hemen hemen tüm yetişkinler ailelerindeki erken dönem deneyimlerle bellenen kalıplar üzerinden bireyselliklerini elde edebilme yolculuğunda ilerleyebilmek adına az ya da çok çaba sarf etmektedirler.

Bireyselliğin her zaman sosyal bir çevrede ortaya çıktığı gerçeğini bir an için dahi görmezden gelmiyoruz. Auden, genetik açıdan haklı:

> ... çünkü ego bir hayaldir
> Ta ki bir komşunuzun ihtiyacı onu var edinceye dek.[1]

Ya da yukarıda belirttiğimiz gibi, benlik daima kişiler arası ilişkilerde doğar ve gelişir. Ama yalnızca etrafındaki sosyal çevrenin yansıması olarak kalan hiçbir "ego" sorumlu bir bireyselliğe dönüşmez. Bireyselliğin en büyük düşmanının konformizm olduğu dünyamızda -"kalıba" uymanın norm kabul edildiği ve "beğenilmenin" sözümona kurtuluşa kesilen bilet olarak görüldüğü toplumumuzda- öne çıkarılması gereken şey herkesin bildiği ve belli bir yere kadar birbirimiz tarafından yaratıldığımızı ifade eden gerçeğin yanı sıra kendi kendimizi deneyimleme ve yaratma becerimizle de bu sürece katkıda bulunduğumuzdur.

Bu satırları yazdığım gün genç bir stajyer psikanaliz seansında büyüme süreci esnasında kriz yaşamış hemen herkesinkiyle paralellik gösteren bir rüya gördüğünü rapor etti. Bu genç adam bir tıp öğrencisi olarak psikanaliz desteği almak üzere bize başvurduğunda yaşadığı şiddetli ve uzun süren endişe krizleri nedeniyle okulunu bırakmayı düşünüyordu. Sorunlarının temel nedeni son derece dengesiz fakat güçlü ve baskın bir kadın olan annesiyle arasındaki yakın bağdı. Tıp eğitiminin gerekliliklerini yerine getirmiş ve başarılı bir stajyer olarak bir sonraki yıl için

1) *Age of Anxiety*, Random House, s. 8.

hastanemizde en fazla sorumluluk gerektiren uzmanlık alanı için başvuru yapmıştı. Bu rüyayı gördüğü geceden önceki gün hastane direktörlerinden uzmanlığa kabul edildiğinin yanı sıra stajyerlik dönemindeki mükemmel çalışmasına dair takdirlerin de eklendiği bir mektup almıştı. Fakat sevinmek yerine bir endişe atağı yaşamıştı. Rüyayı kendi kelimeleriyle şu şekilde anlatıyor:

> Çocukluğumu geçirdiğim ve babamla annemin yaşadığı eve bisikletle gidiyordum. Etraf çok güzel görünüyordu. İçeri girdiğimde bir oğlan çocuğu gibi değil de şimdiki hayatımda olduğu gibi bir doktor olarak kendimi özgür ve güçlü hissediyordum. Ama annem ve babam beni tanımadılar. Evden atılacağım korkusuna kapılarak bağımsızlığımı ifade etmekten korktum. Kendimi sanki Kuzey Kutbu'ndaymış gibi yalnız ve uzak hissediyordum, sanki etrafımda insanlar yerine binlerce kilometre boyunca uzanan buz ve kardan başka bir şey yoktu. Evde yürümeye başladım ve odalara, "Ayaklarını sil" ve "Ellerini yıka" gibi birtakım uyarılar asılmıştı.

Arzu ettiği işi aldıktan sonra yaşadığı endişe bu konumun ve getirdiği sorumluluğun onu korkuttuğunun bir işareti. Ve rüya bunun nedenini açıklıyor. Kendi ayakları üzerinde duran sorumlu ve bağımsız biri olduğunda -annesinin dizinin dibinden ayrılmayan oğlan çocuğuna kıyasla- ailesi tarafından reddedilecek ve bir başına kalacak. "Ayaklarını sil" gibi uyarılar şeklinde ortaya çıkan çarpıcı örneklerse evin sevgi dolu bir yuva değil de bir askeri kamptan farksız olduğunu belirten işaretler.

Bu genç adamın yüzleşmesi gereken asıl soru neden rüyasında eve döndüğünü gördüğüdür. Sorumlulukla yüzleştiğinde annesiyle babasının yaşadığı ve rüyasında dışarıdan çok güzel görünen eve dönme ihtiyacı hissetmesinin nedeni nedir? Bu daha sonra geri döneceğimiz bir soru. Burada yalnızca bir birey ve kendine özgü bir kişilik olmanın bebeklik çağında başlayıp kişinin yaşı kaç olursa olsun yetişkinlikte de devam ettiğinin altını çizerek bu durumun sonucunda ortaya çıkan krizlerin yoğun endişe duygusuna sebep olabileceğini hatırlatalım. Çoğu insanın, yaşadığı çelişkileri bastırıp hayatları boyunca endişeden kaçmaya çalışmasına şaşmamalı!

Kişinin kendisini bir birey olarak deneyimlemesi ne anlama gelir? Kendi kimliğimizin keşfi hepimizin hayata birer psikolojik varlık olarak başladığımızın bir kanıtıdır. Bu asla mantık çerçevesinde kanıtlanamaz, zira kişinin benlik bilinci bu konuya dair herhangi bir tartışmanın başlaması için bir önkoşuldur. Kişinin kendi varlığına dair farkındalığında daima bir gizem unsuru olacaktır. Gizem kelimesi burada veriler tarafından daha da içinden çıkılmaz bir hale sokulan sorunlar anlamında kullanılmıştır. Zira bu tür bir farkındalık kişinin kendi benliğine dair sorgulama yapması için bir önkoşuldur. Yani bir birey olarak kendi kimliğimiz hakkında meditasyon yapmak bile benlik bilincine sahip olduğumuzun bir işaretidir.

Bazı psikolog ve filozoflar benlik kavramına kuşkuyla bakıyorlar. Bu kavram aleyhinde bazı tartışmalara girmelerinin nedeni insanoğlunu hayvanların dahil olduğu süreçten ayırmaktan hoşlanmamaları ve benlik kavramının bilimsel deneylere ayakbağı olduğuna inanmalarıdır. Ama "benlik" kavramı matematiksel denklemlere indirgenemiyor diye onu "bilimdışı" olarak nitelendirerek reddetmek bundan yirmi ve otuz yıl önce Freud'un ortaya attığı kuram ve "bilinçdışı" kavramının "bilimdışı" olduğunu iddia eden yaklaşımla benzeşiyor. Belli bir bilimsel yöntemi bir tür Zorba Yatak [Procrustean Bed] olarak kullanarak buna uymayan insana özgü tüm deneyimleri reddeden bilim, savunmacı ve dogmatik bir bilimdir ve dolayısıyla gerçek anlamda bilim değildir. Elbette ki insanlarla hayvanlar arasındaki süreklilik açık ve gerçekçi bir şekilde görülmelidir; ancak bu sebepten ötürü insanlarla hayvanlar arasında farklılık olmadığı gibi asılsız bir sonuca varılmamalıdır.

Benliği bir "nesne" olarak kanıtlamamız gerekmiyor. Yapılması gereken tek şey insanlara kendi ilişkisellik kapasitesine sahip olduklarını göstermektir. Benlik bireyin içindeki düzenleyicidir ve insanın bir diğeriyle ilişki kurmasını sağlama işlevi görür. Bilimimizin bir nesnesi değil öncülüdür; kişinin bilim insanı olabileceğine dair düşüncenin altında yatan bir öngörüdür.

İnsan deneyimi her zaman onu anlamak için kullandığımız yöntemleri aşar ve bir birey olarak herhangi bir insanın kişiliğini anlamanın en iyi yöntemi kendi deneyimlerimizi incelemekten geçer. Örneğin benlik bilincini inkâr etme amacıyla bir makale yazmakta olan bir psikolog ya da filozof hayal edelim. Bu makaleyi yazmayı düşündüğü haftalar boyunca mutlaka kendini daha ileriki bir tarihte masasının başında makalesini yazarken hayal etmiştir. Ve hem makalesini yazmaya başlamadan önce hem de masa başında makalesi üzerinde çalışırken zaman zaman meslektaşlarının makalesi hakkında neler söyleyeceklerini, Profesör Bilmem Kim'in onun makalesini göklere çıkarıp çıkarmayacağını ya da diğer meslektaşlarının "Ne kadar harika bir çalışma!" deyip demeyeceklerini veya makalesini saçmalık olarak nitelendiren meslektaşlarının çıkıp çıkmayacağını hayal etmiştir. Bu düşüncelerin her birinde kendini tıpkı yolda karşılaştığı meslektaşları gibi ayrı bir kimlik olarak tasavvur etmektedir. Benlik bilincine karşı bir makale yazma sürecindeki düşüncelerinin tümü böyle bir idrakinin bulunduğunu kanıtlamaktadır.

Kişinin kimliğini bir benlik olarak algılaması kesinlikle entelektüel bir fikir değildir. Bundan üç yüz yıl önce, modern çağın başlangıcında yaşamış olan Fransız filozof Descartes efsaneye göre insan varlığının temel ilkesini bulabilmek adına kendi başına bütün gün meditasyon yapabilmek için sobasının içine girmiştir. Akşamüzeri dışarı çıktığındaysa o ünlü, "Düşünüyorum öyleyse varım" sonucuna ulaşmıştır. Yani bir benlik olarak varım, çünkü düşünen bir yaratığım. Ama bu yeterli değil. Siz ve ben kendimizi asla bir düşünce olarak görmüyoruz. Daha ziyade kendimizi tıpkı makalesini yazan psikolog gibi bir şeyler yaparken hayal ediyor ve sonrasında o işi gerçekten yaptığımızda hissedeceklerimizi deneyimliyoruz. Yani kendimizi düşünen-sezinleyen-hisseden ve harekete geçen bir bütün olarak görüyoruz. Bu nedenle benlik yalnızca kişinin üstlendiği çeşitli "rollerin" toplamı değildir, bu rollere büründüğünü bilme kapasitesidir; kişinin kendisine dair bu sözde farklı "yanları" görüp farkına varabildiği merkezdir.

Bu gösterişli sayılabilecek tabirlerden sonra kişinin kendi kimliğine yahut birey oluşuna dair deneyiminin hayatta yaşanabilecek en derin ve aynı zamanda en basit deneyim olduğunu kendimize hatırlatalım. Küçük bir çocuğa şakacıktan yanlış bir isimle hitap ettiğinizde sert ve öfkeli bir tepki vereceğini herkes bilir. Sanki onun için en değerli olan şeyi -yani kimliğini- elinden almışsınızdır. Eski Ahit'teki, "Onların adını sileceğim" (sanki hiç var olmamışlar gibi kimliklerini silmek) ifadesi fiziksel ölümden bile daha etkili bir tehdittir.

Bir çocuk için bağımsız bir birey olmanın ne kadar önemli olduğunu küçük ikiz kız kardeşler son derece etkili bir şekilde ortaya koymaktadırlar. Birbirlerini tamamladıkları için bu iki küçük kız aynı zamanda çok iyi arkadaştı; biri dışadönüktü, evlerine bir misafir geldiğinde daima kalabalığın ortasında yer alırken, diğeri kendi başına resim yapmaktan ya da kısa şiirler yazmaktan son derece hoşnuttu. Anne babası, ikiz çocuk sahibi ebeveynlerin genelde çok sık yaptığı gibi, dışarı çıkarlarken onları tıpatıp aynı kıyafetlerle giydiriyordu. Kızlar yaklaşık üç buçuk yaşına geldiklerinde dışadönük olan çocuk, kardeşinden farklı elbiseler giymek istemeye başladı. Hatta kız kardeşinden sonra giyiniyorsa sırf aynı şeyi giymemek için daha eski ve daha çirkin bir elbiseyi dahi seçtiği oluyordu. Dışarı çıkacakları gün kız kardeşi kendisinden önce giyinmişse kimi zaman ağlayarak aynı elbiseyi giymemesi için ona yalvarıyordı. Bu durum günler boyunca ebeveynlerin aklını karıştırdı, çünkü çocuğun bu türden başka huzursuz davranışı yoktu. En sonunda durumu sezinleyerek küçük kıza, "Kardeşinle dışarı dolaşmaya çıktığınızda insanların, 'Şu tatlı ikizlere baksanıza,' demeleri hoşuna gidiyor mu?" diye sordular. Kız vakit kaybetmeden heyecan içinde yanıtladı: "Hayır, onların 'Şu iki farklı insana baksanıza!' demelerini istiyorum!"

Küçük kız için önemi aşikâr olan bir şeyi ortaya koyan bu içten yanıt 'çocuk dikkat çekmeyi istiyor' diyerek geçiştirilemez; ne de olsa ikiziyle aynı kıyafetleri giyse çok daha fazla dikkat çekecektir. Bu durum aksine kendi başına bir birey olma, bireysel bir kimlik sahibi olma talebini ortaya koyuyor ki bu dikkat çekmek yahut prestijden bile daha önemli bir ihtiyaçtır.

Bu küçük kız her insan için geçerli olan hedefi dürüstçe dile getirdi: birey olmak. Hayatta tüm organizmaların yalnızca bir tek esas amacı vardır: kendi potansiyellerini hayata geçirebilmek. Palamut meşe olur, enik köpek olur ve bir köpeğe uygun düşecek şekilde sahipleriyle arasında sevgi ve sadakat dolu bir ilişki kurar ve bir meşe ağacıyla köpekten beklenenler bunlarla sınırlıdır. Ancak insanoğlunun kendi doğasını gerçekleştirmedeki görevi çok daha zorludur, zira bunu benlik bilinciyle yapmalıdır. Yani gelişimi asla otomatik değil de kendisi tarafından seçilmiş ve onaylanmış olmalıdır. "İnsanoğlunun ortaya koyması gereken eserleri arasında" diye yazıyor John Stuart Mill: "mükemmelleştirmek için yaşamının haklı bir şekilde görevlendirildiği en önemli şey elbette ki kendisidir... İnsan doğası bir model örnek alınıp inşa edilerek yalnızca hedeflendiği işleri yapabilecek bir makine değildir, aksine, onu canlı bir varlık kılan içsel güçlerin eğilimlerine göre kendini dört bir yana doğru geliştirecek bir ağaçtır." Ne yazık ki John Stuart Mill bu son derece etkileyici şekilde ifade edilmiş düşüncesine insanı canlı bir varlık kılan o en önemli "içsel güçlerin eğilimi"ni, yani insanın bir ağaç gibi otomatik olarak büyümek yerine kendi potansiyelini ancak bilinçli bir şekilde seçip planladığı takdirde ortaya koyduğu gerçeğini konuya dahil etmemiştir.

Neyse ki insan hayatındaki uzun bebeklik ve çocukluk dönemi -toprağa düşer düşmez bir başına olan palamut ya da doğduktan birkaç hafta sonra kendi kendini beslemek zorunda kalan köpek yavrusunun aksine- onu bu zorlu göreve hazırlar. Belli bir bilgi ve içsel güç toplama imkânı vardır, böylelikle seçim yapıp karar vermeye başladığında buna dair az da olsa bir becerisi olur.

İnsanoğlu aynı zamanda seçimlerini birey olarak yapmalıdır, çünkü kişinin benlik bilincinin bir parçası da bireyselliktir. Kişinin kendi benlik bilincinin daima eşsiz bir eylem olduğunun farkına vardığımızda bu noktayı da açık bir şekilde görebiliriz. Kendinizi nasıl gördüğünüzü asla tam olarak bilemem ve siz de kendimle nasıl bir ilişki kurduğumu asla tam olarak bilemezsiniz. Bu, her insanın tek başına durması gereken içsel sığınağıdır. İnsan hayatındaki trajedi ve kaçınılmaz birbaşınalığın önemli bir nedeni bu gerçektir, ancak bu aynı zamanda içsel sığınağımızda farklı bireyler olarak ayakta kalmamızı sağlayacak gücü kendimizde bulmamız gerektiğinin de bir göstergesidir. Ve türdeşlerimizle otomatik olarak kaynaşmadığımızdan, bu gerçek birbirimizi sevmeyi kendi olumlamamız aracılığıyla öğrenmemiz gerektiği anlamına gelir.

Tıpkı hiç yürümediğinizde bacaklarınızın hamlaşması gibi, organizmalar da potansiyellerini tam olarak kullanamadıklarında hastalanırlar. Tabii bizim durumumuzda kaybedeceğimiz tek şey bacaklarımızdaki güç olmaz.

Kan dolaşımımız, kalp atışımız, kısacası organizma olarak güçsüz düşeriz. Birey olarak potansiyellerimizi gerçekleyemediğimizde de aynı şekilde kısıtlanır ve hastalanırız. Nevrozun özünde bu yatar; potansiyeller çevredeki (geçmiş yahut gelecekte) düşmanca koşullar ve içsel çatışmalar tarafından engellenip kullanılmadığında kişinin içine dönerek onu hasta eder. "Enerji Sonsuz Hazdır" demiştir William Blake; "Arzulayıp da eylemeyen hastalık üretir".

Kafka, potansiyellerini kullanmadıkları için birey olma hissiyatlarını yitiren insanları betimlemek gibi ürkütücü bir konuda gerçek bir ustaydı. Dava ve Şato'daki baş karakterin adı yoktur. Yalnızca bir harfle temsil edilir ki bu da kişinin kendine özgü bir kimliği olmayışının sessiz bir sembolüdür. Dönüşüm adlı çarpıcı ve ürkütücü kısa hikâyesinde Kafka insanın kendi güçlerinden vazgeçtiğinde neler olabileceğini anlatır. Bu hikâyenin kahramanı bir satıcı olarak rutin ve boş bir hayat süren, her gün ortasınıf evine aynı saatte dönüp her pazar babası masada uyuklarken aynı biftek yemeğini yiyen tipik, bomboş bir genç adamdır. Bu genç adamın hayatı öyle boştur ki, der Kafka, bir sabah uyandığında artık insan değil de bir hamamböceğidir. İnsan olma halinin gereklerini yerine getirmediğinden insanlara özgü gizilgüçlerden de yoksun kalır. Hamamböcekleri de tıpkı bitler, fareler ve parazitler gibi başkalarının artıklarıyla yaşar. Hamamböcekleri de bir tür parazittir ve insanların zihinlerinde pislik ve tiksinmenin sembolüdür. İnsan birey olarak kendi doğasından vazgeçtiğinde olacakları göstermek için daha etkili bir sembol olabilir mi?

Ancak insanoğlu potansiyellerini gerçeğe dönüştürebildiğinde mirasçısı olduğu en derin neşeyi yaşar. Küçük bir çocuk basamaklardan çıkmayı ya da bir kutuyu yerden kaldırmayı öğrenirken hiç durmadan aynı edimi tekrarlar, yere düştüğünde ayağa kalkıp yeni baştan başlar. Ve en sonunda başarıya ulaştığında iftiharla gülümseyerek sahip olduğu güçleri kullanabilmenin getirisi olan neşeyi ifade eder. Ancak bu duygu bir ergenin yeni yeni ortaya çıkan güçlerini ilk kez arkadaş edinmek için kullandığında ya da bir yetişkinin âşık olup, plan yapıp bir şeyler yarattığında hissettiği gizli neşeyle kıyas dahi edilemez. Neşe, güçlerimizi kullandığımızda ortaya çıkan duygudur. Hayatın amacı mutluluktan ziyade neşedir, çünkü insan olarak doğamızın gereklerini yerine getirmenin sonucunda neşeleniriz. Kişiliğin, kendi varlığını gerektiğinde diğer tüm varlıklara ve inorganik dünyaya karşı olumlayabilecek değer ve onur sahibi bir varlık olarak deneyimlenmesine dayanır. Bu gücün ideal biçimi olarak kendine ve kendi değerlerine olan güveninden dolayı ölüm cezasına çarptırılmasını bir yenilgi değil de inançlarından vazgeçmeye kıyasla daha büyük bir tatmin etkeni olarak gören Sokrates'in hayatı örnek gösterilebilir. Ancak bu tür bir neşenin yalnızca kahramanlar ya da üstün kişilerin tekelinde olduğunu ima etmek istemiyoruz; ne kadar önemsiz olursa olsun, kişinin sahip olduğu güçlerin dürüst ve sağduyulu bir şekilde ifade edilmesini sağlayan her edim bu sonucu sağlayabilir.

Benlik Değerinin Yedeği Olarak Kendini Küçük Görme

Ancak bu noktada durup iki itiraza yanıt vermeliyiz. Kimi okurlar benlik bilincinin gerekliliği ve değerine verilen bu önemin insanları kendileriyle "aşırı ilgilenmeye" iteceğini düşünebilir. İtirazlardan biri bu durumun insanı "fazla içedönük" kılacağı, bir diğeriyse kişinin kendisiyle gurur duymasıyla sonuçlanacağı olabilir. Bu ikinci itirazı dillendiren kişiler şu soruları yöneltebilirler: "Bize hep kendimizi fazla önemsememiz öğretilmedi mi? Ve günümüzdeki çoğu kötülüğün kökeninde insanın kendisine dair duyduğu kibrin yattığı belirtilmedi mi?"

Öncelikle ilk itirazı ele alalım. Elbette ki kişi kendisini fazla önemsememelidir ve cesur bir alçakgönüllülük gerçekçi ve olgun bir kişiliğin işaretidir. Ancak durumu şişinme ve ukalalık derecesine getirerek kendini gereğinden fazla önemsemesi kişinin benliğine dair daha geniş bir farkındalığa sahip olması yahut özsaygısının yüksekliğine işaret değildir. Hatta durum tam tersidir. Şişinmek ve ukalalık genellikle içsel bir boşluk ve kişinin kendinden şüphe ettiğinin belirtisidir; endişe hissinin üzerini örtmek için en sık başvurulan yöntem gurur gösterisi yapmaktır. Nam salan o hararetli 1920'li yılların başlıca özelliklerinden biri de kibirdi, fakat bu dönemin yaygın bir bastırılmış endişe taşıdığını artık biliyoruz. Kendini güçsüz hisseden kimse zorbalaşır, daha da güçsüz olanlarsa kabadayılaşır; el kol oynaması, çok konuşma, ukalalık yapma ve işi yüzsüzlüğe vurma eğilimi bir kişi yahut gruptaki gizil endişenin başlıca belirtilerindendir. Kasıla kasıla yürüyen Mussolini ve psikopatik Hitler'in resimlerini gören herkesin bildiği üzere faşizmde muazzam bir kibir sözkonusudur; ancak faşizm boş, endişeli ve çaresiz olduğundan megalomanca vaatlere sıkı sıkıya sarılan insanlarda ortaya çıkar.

Bu soruyu biraz daha derinlemesine incelediğimizde, günümüzde bireyin kibrine karşı yürütülen tartışmalarla sözde özveriye dair verilen vaazların çoğunun saiklerinin alçakgönüllülük yahut kişinin içinde bulunduğu durumla cesurca yüzleşmesinden farklı olduğunu görürüz. Örneğin bu tür tartışmaların çoğu benliğe karşı azımsanamayacak bir aşağılamayı açığa vurur. Aldous Huxley şöyle yazmıştır: "Çoğumuz için en can sıkıcı ve boğucu hayat kendimizle yaşadığımızdır." Neyse ki bu genellemenin doğru olmadığı anında söylenebilir; Spinoza'nın yaşadığı en can sıkıcı ve boğucu saatlerin yalnızken geçirdiği saatler olduğu deneysel olarak kanıtlanmış bir gerçek değil; aynı şey Thoreau, Einstein, İsa yahut şan şöhret sahibi olmayıp Kierkegaard'un deyişiyle kendine dair farkındalığı yakalamaya cüret eden diğer tüm insanlar için de geçerli. Hatta Huxley'nin bu ifadesinin, kendisi, Reinhold Niebuhr ya da aşırı bir özgüven ve kararlılıkla insanın dikkatleri kendi üzerine çekmeye çalışmasının kötü sonuçlar doğuracağını belirten diğer kimseler için bile geçerli olduğuna dair ciddi şüphelerim var. Gerçekten de günümüzde kendini beğenmişlik ve kibre karşı vaazlar vererek bir kitle edinmek çok kolay, zira insanların çoğu kendilerini öyle boş ve değersiz hissediyorlar ki onları suçlayan biri çıktığında haklı olduğunu kabullenmeye hazırlar.

Bu da bizi modern çağda kendi kendimize yönelttiğimiz suçlamaların çoğunun dinamiklerini anlama uğraşında en önemli bir noktaya getiriyor: yitirilen değer hissini en kısa yoldan ikame etmenin yöntemi kendi kendimizi suçlamaktır. Kendilerine dair değer hislerini neredeyse tamamen yitirmek üzere olan kimseler genellikle kendi kendilerini suçlama eğilimindedirler, zira değersizlik ve aşağılanma duygularının yarattığı keskin acıyı bastırmanın en kolay yolu budur. Sanki kişi kendi kendine şöyle der: "Suçlanmaya bu denli değdiğime göre önemli olmalıyım" ya da "Bakın ne kadar yüceyim: son derece yüksek olan ideallerime ulaşamadığımda kendimden utanıyorum." Bir psikanalistin açıkça ifade ettiği üzere, psikanaliz esnasında kişi önemsiz günahlar için kendini durmaksızın payladığında, "Kim olduğunu sanıyorsun?" diye sormak istiyormuş. Kendi kendini suçlayan kişi çoğu zaman Tanrı'nın onu cezalandırmakla uğraşmasını gerektirecek kadar önemli biri olduğunu göstermeye çalışmaktadır.

Dolayısıyla kişinin kendi kendine yönelttiği suçlamaların çoğu küstahlıklarının üstünü örtmeye yarar. Kendi kendilerini suçlayarak kibirlerini alt ettiklerini belirten kimseler Spinoza'nın şu sözleri üzerinde düşünmelidir: "Gururlu bir insan olmaya en çok yaklaşanlar kendilerinden tiksinenlerdir." Antik çağlarda Yunanistan'da işçi sınıfının oylarını alabilmek için üzerinde koca koca delikler olan bir paltoyla ortalarda gezen bir politikacı gören Sokrates onun ikiyüzlülüğünü şu sözleriyle açığa vurmuştur: "Paltondaki deliklerden kibrin görünüyor."

Günümüzde bu kendi kendini suçlama mekanizması özellikle psikolojik depresyon vakalarında gözlemlenebilir. Örneğin ebeveynleri tarafından sevilmediğini hisseden çocuk kendi kendine şöyle diyebilir: "Eğer farklı olsaydım, kötü bir çocuk olmasaydım beni severlerdi." Bu sayede sevilmemenin dehşetiyle yüzleşmekten kaçınmış olur. Aynı şey yetişkinler için de geçerlidir: kendi kendilerini suçlayabildikleri müddetçe yalnızlıklarının yahut hissettikleri boşluk duygusunun sebep olduğu acıyı çekmek zorunda kalmazlar ve böylelikle sevilmedikleri gerçeği birer birey olarak değerlerine gölge düşürmez. Ne de olsa hep şunu tekrarlayabilirler: "Şöyle bir kötü huyum ya da alışkanlığım olmasaydı sevilirdim."

İçi boş insanların yaşadığı çağımızda kendi kendini suçlamaya verilen önem hasta bir atı kamçılamaktan farksızdır: geçici bir hareketlenme sağlasa da önünde sonunda kişinin saygınlığının nihai çöküşünü hızlandırır. Özsaygının yerini kendi kendini suçlamanın alması bireye kendi yalnızlık, değersizlik sorunlarıyla açık, dürüst bir şekilde yüzleşmekten kaçınmak için bir yöntem sunar ve içinde bulunduğu durumla gerçekçi bir şekilde yüzleşip elinden geleni yaparak yapıcı bir uğraş vermek isteyen kişinin dürüst tevazuu yerine yalancı bir mütevazılık hali yaratır. Ayrıca kendi kendini suçlama tercihi kişinin kendinden nefret etmesini makulleştirerek zaten var olan bu eğilimi güçlendirir. Ve kişinin başkalarına karşı takınacağı tavırlar genellikle kendine karşı takındığı tavırlarla paralellik gösterdiğinden, başkalarından nefret etmeye karşı içinde barındırdığı gizil eğilim de makulleşerek güçlenmiş olur. Kendini değersiz hissetmekle kendinden ve başkalarından nefret etmeye uzanan yol fazla uzun değildir.

Kendini aşağılamanın öğretildiği çevrelerde kişi kendi varlığına dahi katlanamazken neden başkalarını kendisiyle olmaya zorlayacak kadar küstah ve düşüncesiz olması gerektiğine dair bir açıklama elbette ki asla getirilmez. Bunun da ötesinde, kendi "ben"imizden nefret edip nefret dolu benliğimize rağmen başkalarının bizi seveceğini umarak onları sevmemizi salık veren, ya da kendimizden nefret ettikçe boş bulunup bu aşağılık "ben"i yaratma hatasına düşen Tanrı'yı daha çok seveceğimizi ifade eden öğretideki bariz çelişkiler hiçbir zaman tam olarak açıklanmaz.

Neyse ki artık kendimizi sevmenin yalnızca gerekli ve iyi bir şey olmakla kalmayıp, aynı zamanda başkalarını sevmenin de önkoşulu olduğuna dair tartışmalara girmek zorunda değiliz. Erich Fromm *Bencillik ve Kendini Sevme* başlıklı güçlü analizinde bencilliğin ve aşırı kendini beğenmişliğin gerçekten içsel bir kendinden nefret etme duygusundan geldiğini açık bir şekilde belirtmiştir. Kendini sevmenin bencillikle aynı olmadığını belirtmekle kalmayıp, aslında tam anlamıyla karşıtı olduğuna dikkat çekmektedir. Yani kendini içten içe değersiz hisseden kişinin bencil abartmalarla kendini yüceltmesi gerektiğini, kendi değerine dair sağlam temelleri olan, yani kendini seven bir kişininse komşusuna cömert davranabilecek biri olduğunu söylemektedir. Neyse ki daha uzun süreli dinsel bir perspektiften bakıldığında günümüzde yaşanan kendi kendini suçlama ve kendini aşağılama durumlarının çoğunun modern sorunlardan kaynaklandığı ortaya çıkmaktadır. Calvin'in benliğe dair aşağılayıcı görüşü bireylerin modern çağdaki sanayi gelişmeleri karşısında kendilerini son derece önemsiz hissettikleri gerçeğiyle yakından ilintiliydi. Ve yirminci yüzyıldaki kendini aşağılama halinin kökeni yalnızca Kalvinizm'e değil aynı zamanda boşluk hastalığımıza da dayanıyor. Dolayısıyla modern çağda kendini aşağılamaya verilen önem köklü Yahudi-Hıristiyan geleneğinin temsilcisi değildir. Bu durumu Kierkegaard son derece etkili bir şekilde ifade etmiştir:

O halde Hıristiyanlıktan kendini doğru şekilde sevmeyi öğrenemeyen kimse komşusunu da sevemez... Kendini doğru şekilde sevmekle komşunu sevmek tamamıyla benzeşen kavramlardır.
...Dolayısıyla kanun şöyle diyor: "Komşunuzu kendiniz gibi sevdiğinizde kendinizi de komşunuz gibi seveceksiniz."[2]

Benlik Bilinci İçedönüklük Değildir

Yukarıda bahsettiğimiz diğer itiraz okuyucunun zihninde şunlara benzer bazı sorular uyandırabilir: "Kendimizi unutmaya çalışmamalı mıyız? Kişinin kendini bilmesi (self-conscious: özbilinç) onu utangaç, çekingen ve sosyal anlamda ketlenmiş kılmaz mı?" Hiç şüphesiz ki çok soru soran bazı kimseler "hangi ayağının hangisinden sonra geldiğini düşünüp durmaktan çukurdan çıkamayan" o meşhur kırkayaktan bahsedeceklerdir. Bu kırkayak hikâyesinden çıkarılacak ahlaki ders elbette ki şudur: "Olanlara bir de yaptıklarınıza dair farkındalığınız arttığında bakın."

Bu itirazlara yanıt vermeden önce ülkemizde özbilincin ruhsal açıdan sağlıksız bir içedönüklük, utangaçlık ve çekingenlikle bağdaştırılmasının ne kadar büyük bir talihsizlik olduğunu ifade etmemiz gerekir. Doğal olarak herhangi birinin dünyada isteyebileceği en son şey benlik bilincine sahip olmaktır. Ancak dilimiz bize oyunlar oynar. Bu bağlamda Almanca daha kesindir: özbilinç için kullanılan kelime aynı zamanda "özgüvenli" anlamına da gelir ki olması gereken de budur.

Bahsettiğimiz şeyin içedönüklük, utangaçlık ve çekingenliğin taban tabana zıddı olduğunu en iyi şekilde bir örnekle açıklayabiliriz. Genç bir adam psikoterapiye başladı, çünkü her ne kadar entelektüel olarak son derece yetkin ve

---

2) *A Kierkegaard Anthology,* Robert Bretall, ed. Princeton, 1946, s. 289.

maddi anlamda başarılı olmasına rağmen kendiliğindenliği neredeyse tamamen ketlenmişti. Kimseyi sevemiyor ve insanlarla olmaktan gerçek anlamda keyif alamıyordu. Bu sorunlara bir de endişe ve sürekli yineleyen depresyonlar eşlik ediyordu. Kendine dışarıdan bakarak kendini asla serbest bırakmamayı bir alışkanlık haline getirmişti, öyle ki bu kaygı artık son derece acı verici bir hal almıştı. Müzik dinlerken müziği ne denli iyi dinlediğini düşünmekten müziği duyamaz hale gelmişti. Sevişirken bile sanki dışarıdan kendisini izleyip, "Nasılım acaba?" diye soruyor gibiydi. Tahmin edilebileceği üzere bu durum ona köstek oluyordu. Psikoterapiye başlayıp kendi içinde olanlara dair farkındalığını artırması gerektiğini anladığında "özbilincinin" iyice artacağından ve dolayısıyla durumunun kötüye gideceğinden korkuyordu.

Kaygılı ebeveynlerin tek çocuğu olarak aşırı bir koruma altındaydı, öyle ki ailesinin onu tek başına bırakma endişesinden ötürü geceleri asla dışarı çıkmıyordu. Her ne kadar ebeveynler oğullarıyla aralarındaki ilişkide "liberal" ve "mantıklı" davranışlar sergiliyor gibi görünseler de kendisi çocukluk dönemi boyunca ailesine karşı geldiği tek bir durum dahi hatırlamıyordu. Ebeveynleri akrabalarına onun okuldaki başarılarından övünçle bahsediyor, ilgili gazete kupürlerini kesip onun kuzenlerinden daha zeki olmasıyla gurur duyuyorlardı: ama bu takdir dolu ifadeleri nadiren direkt olarak kendisine söylüyorlardı. Dolayısıyla daha çocukken kendi bağımsız gücü ve değerine dair bir hissiyat geliştiremeyerek bunun yerine okulda kazandığı ödüller neticesinde dolaylı da olsa gelen övgülerle ilgili aşırıya kaçan bir endişe geliştirmişti. Tüm bunlara bir de gençliğini Yahudi olarak sözde değersizliğine dair sürekli propagandaya maruz kaldığı Hitler Almanya'sında geçirdiği gerçeğini ekleyebiliriz. Dolayısıyla bir yetişkin olarak sürekli kendinden uzaklaşıp yaptıklarına dışarıdan bakma durumu gazetelerden kupür toplamaktan, Nazilerin haksız olduğunu kendi kendine kanıtlamaya çalışmak için durmadan yaptıklarını ölçüp biçmekten ve birey olarak ebeveynlerinden içten bir kabul görmeye çalışmaktan farksızdı. Elbette ki bu olgu son derece basitleştirilerek sunulmuştur. Yalnızca bu kişinin marazi özbilinciyle birlikte kendiliğinden ve içten olamayışının benliğine dair bilinç eksikliği yahut bir başka deyişle davranan "ben"in kendisi olduğunu deneyimleme eksikliğiyle ilintili olduğunu göstermek istiyoruz. Kendini sürekli "gözlemlemek", kendini bir nesne gibi algılamak kendine yabancılaşmaktır.

Meşhur kırkayak hikâyesi genellikle kendilerine dair bilinçlerini geliştirmek için zorlu bir süreçten geçmek istemeyenler tarafından başvurulan bir rasyonelleştirmedir. Üstelik bu gerçeklik payı olan bir görüş değildir. Örnek vermek gerekirse, arabayı tam olarak nasıl kullandığınıza yahut içinde bulunduğunuz trafik koşullarına dair farkındalığınız azaldıkça gerginliğiniz artar ve kendinizi daha sıkı bir kontrol altına almanız gerekir. Ancak öte yandan, araç kullanma deneyiminiz arttıkça ve trafikte karşılaşabileceğiniz sorunlarla birlikte acil durumlarda ne yapmanız gerektiğine dair bilgiye hâkim olduğunuzda direksiyon başında kendinizi güçlü hissederek rahatlayabilirsiniz. Aracı sürenin ve durumu kontrol edenin siz olduğuna dair farkındalığınız artmış olur. Aslında benlik bilinci hayatlarımız üzerindeki kontrolümüzü artırır ve bu artan güçle birlikte kendimizi serbest bırakma kapasitesi ediniriz. Görünüşteki paradoksun ardında yatan gerçek budur, yani kişinin benlik bilinci ne denli artarsa kendiliğindenliği ve yaratıcılığı da o denli artacaktır.

Elbette ki çocuksu yahut bebeksi benliğimizi unutmak iyi bir öğüttür. Ancak nadiren işe yarar. Bir sonraki bölümde göreceğimiz gibi, yaratıcı faaliyetler esnasında kişinin bir bakıma kendi benliğini unuttuğu doğrudur. Fakat öncelikle benlik bilincinin nasıl edinilebileceğine dair o zorlu soruyu yanıtlamamız gerekir.

Kişinin Beden ve Hislerinin Deneyimlenmesi

Benlik bilincinin kazanılması sürecinde çoğu insan en başa dönerek kendi hislerini yeniden keşfetmelidir. Hissettiklerine dair yalnızca genel bir bilgiye sahip olan kişi sayısı şaşırtıcı bir düzeyde, "Çin, doğuda bir yerde" demek kadar belirsiz bir ifade kullanarak size "iyi" ya da "berbat" hissettiklerini söyleyiveriyorlar. Hisleriyle aralarında ülkelerarası telefon görüşmesi yapmak kadar mesafeli bir ilişki var. Dosdoğru hissetmek yerine hislerine dair belli belirsiz fikirler veriyorlar; hislerinden etkilenmiyorlar ve duyguları onları harekete geçirmiyor. Tıpkı Eliot'ın "İçi Boş İnsanlar"ı gibi kendilerini

Görünüş biçimsiz, gölge renksiz
Kötürüm güç, jest kımıltısız[3]

olarak algılıyorlar.

Psikoterapide hislerini deneyimlemede güçlük çeken bu gibi insanların genellikle "Şu an kendimi nasıl hissediyorum?" sorusunu her gün kendilerine yönelterek hissetmeyi öğrenmeleri gerekir. Asıl önemli olan kişinin ne denli yoğun duygular içinde olduğu değildir ve burada kastettiğimiz şey kesinlikle galeyana kapılmamız gerektiği değil; yani aşırı hassasiyet yerine duyarlılık, yapmacıklık yerine duygulanım. Aksine, önemli olan, aktif bir şekilde hissedenin "ben" olduğumu deneyimlemektir. Bu da beraberinde bir dürüstlük ve hissetmede dolaysızlığı getirir; kişi bunun etkisini benliğinin tüm katmanlarında deneyimler. Kendini daha canlı bir şekilde hisseder. O zaman hisler boru sesine sıkışıp kalan notalardan farklılaşır, tıpkı bir senfonideki müzik geçişlerinde olduğu gibi olgun insan hislerini güçlü

3) Çev. Suphi Aytimur, "Oyuk Adamlar" *Çorak Ülke, Dört Kuartet ve Başka Şiirler*, T.S. Eliot, Adam Yayınları, Eylül 1990.

ve tutkulu duygular yahut narin ve hassas olanlar şeklinde farklı nüanslara göre ayırabilir.

Bu da aynı zamanda bedenlerimize dair farkındalığımızı geri kazanmamız gerektiği anlamına gelir. Bebekler kişisel kimliklerine dair en erken sezgiyi bedenlerinin farkına vardıklarında edinirler. "Bebeklerin deneyimlediği bedene benliğin ilk çekirdeği adını verebiliriz." diyor Gardner Murphy. Bebek defalarca kez bacağına uzanmaya çalışır ve er ya da geç bacağını tutma deneyimini yaşar: "İşte bacağım; onu hissedebiliyorum ve o bana ait." Cinsel hisler özellikle önemlidir, çünkü bunlar çocuğun doğrudan kendisiyle ilişki kurabileceği duygular arasında en erken gelişenlerdir. Oyun oynarken yahut kıyafetin sürtmesiyle cinsel bölgelerin uyarılmasıyla birlikte kendi benliğini hissetme deneyiminin temelleri atılmış olur. Ne yazık ki geçmiş dönemlerde cinsellik ve tuvalet deneyimiyle ilgili duygulara toplumumuzda tabu gözüyle bakıldığından çocuğa da bu tür hislerin "terbiyesizlik" olduğu öğretiliyordu. Bu tür duygular çocuğun kendisiyle özdeşleşmesinin bir parçası olduğundan bu tabu açıkça "kendini edepsiz biri gibi görüyorsun" anlamına gelirdi. Hiç şüphesiz ki bu da toplumumuzda benlikten nefret etme eğiliminin kökeninin önemli bir parçası.

Kendi bedeninin farkında olma becerisi hayat boyunca büyük önem taşır. Çoğu yetişkinin fiziksel farkındalıklarını yitirerek, bacaklarının ya da ayak bileklerinin ya da orta parmaklarının ya da vücutlarının herhangi bir parçasının nasıl olduğu sorulduğunda yanıtlayamamaları garip ama gerçektir. Toplumumuzda bedenin farklı bölümlerine dair farkındalık genellikle sınırdaki şizofreni hastaları ve yoga yahut diğer Doğu kökenli egzersizleri uygulayanlarla sınırlıdır. Çoğu insan şöyle düşünür: "Ellerimle ayaklarım ne hissederse hissetsin, işe gitmeliyim." Birkaç yüzyıldır süregeldiği haliyle bedenin modern çağdaki sanayileşmeye hizmet eden cansız bir makineye indirgenmesi sonucunda insanlar bedenlerine kulak vermemekle gurur duymaktadırlar. Onu sanki benzini bitene dek sürülebilecek bir kamyon gibi suiistimal edebilecekleri bir nesne olarak görürler. Bedenlerine dair duydukları endişe, alacakları yanıtı önemsemeden nasıl olduğunu sormak için akrabalarından birine telefon etmeleri kadar baştan savmadır. Bunun sonucunda da, metaforik bir örnek vermemiz gerekirse, doğa gelip kişiyi soğukalgınlıkları, nezle ya da daha ciddi hastalıklara maruz bırakarak sanki "Bedenini dinlemeyi ne zaman öğreneceksin?" diye sormaktadır.

Bedene dair bu kişisellikten uzak, ayrık tutum çoğu insanın hastalandıktan sonra hastalıklarına tepki göstermeleriyle de açığa çıkmaktadır. Edilgen yapıda konuşurlar; "Hasta oldum" derken "Araba çarptı" ifadesinde olduğu gibi bedenlerini nesneleştirirler. Sonra omuzlarını silker ve yatağa uzanıp kendilerini doktorlarların, yeni mucize ilaçların kollarına bıraktıklarında üzerlerine düşeni yaptıklarını hissederler. Böylelikle bilimsel ilerlemeyi pasiflik için bir olumlamaya döndürürler: Mikropların, virüslerin ya da alerjenlerin bedenlerine nasıl saldırdıklarının yanı sıra penisilin ya da sulfanın onları nasıl iyileştireceğini de bilirler. Hastalığa karşı takınılan tutum bedenini kendisinin bir parçası olarak gören bilinçli bir insanınkinden ziyade bu pasif tavrını şuna benzer bir cümleyle ifade edebilecek ayrışık [compartmentalized: bölümlere ayrılmış] insanınkine benzer: "Beni pnömökok hasta etti ama penisilin de iyileştirdi."

Bilimin sağlayabileceği tüm faydalardan yararlanmak elbette ki sağduyulu bir davranıştır, ancak bu durum bedenimiz üzerindeki hâkimiyetimizi kendi rızamızla teslim etmemizi gerektirmez. Kişi özerkliğinden vazgeçtiğinde kendini çok çeşitli psikosomatik rahatsızlıklara açık bir hale getirir. Biçimsiz yürüme ya da duruş yahut soluk alma bozukluğu gibi basit bulgularla başlayan bedensel işlev rahatsızlıklarının çoğu insanların hayatları boyunca, basit bir örnek vermek gerekirse, birer makine gibi yürümüş olmalarından ve ayaklarında, bacaklarında ya da bedenlerinin geri kalanında olan bitenleri hissetme deneyimini yaşamamalarından kaynaklanmaktadır. Örneğin bacaklardaki işlev bozukluğunu düzeltmek için çoğu durumda sözkonusu kişinin yürürken neler olduğunu hissetmeyi yeniden öğrenmesi gerekir. Psikosomatik rahatsızlıklar yahut tüberküloz gibi kronik hastalıkların üstesinden gelirken de ne zaman çalışıp ne zaman dinlenileceğine karar vermek için "bedeni dinlemek" büyük önem taşır. Bedeninin söylemeye çalıştıklarını dinlemek için kulak kabartan hassas kişinin sağlıklı bir hayat sürmek için edinebileceği ipucu ve önsezilerin çokluğu şaşırtıcıdır. Bedenimizin tepkilerine göre davranmanın yanı sıra dünyayla ve etrafımızdaki insanlarla aramızdaki duygusal ilişkileri dikkate almamız da bizi sık sık yarı yolda bırakmayacak sağlıklı bir hayat sürebilmemiz anlamına gelir.

İnsanların bedenlerini benliklerinden ayırmalarının nedeni yalnızca onu bir iş aleti gibi kullanmaları değildir, bu durum aynen haz arayışları için de geçerlidir. Beden, sanki televizyonda kanal arıyormuş gibi ustalıkla idare edildiğinde belli gastronomik hazlar ve cinsel hislerin alınabileceği bir duyum cihazı gibi kullanılıyor. Daha önceki bölümlerden birinde işaret ettiğimiz 'sekse karşı takınılan mesafeli tavır' da bedeni benliğin geri kalanından ayırma eğilimiyle bağlantılı. Kinsey Raporu cinsel partnerden bir cinsellik "objesi" olarak bahseder ve bu minvalde çoğu kimse, "Bu kişiyle cinsel ilişkiye girip girmemek benim istek ve seçimime bağlı" demek yerine, "cinsel ihtiyaçlarım bir şekilde dışavurulmalı" diye düşünüyor. Herkesin bildiği üzere, bağnaz tavırlar cinselliği benliğin geri kalanından ayırma eğilimine örnek olarak gösterilebilir. Fakat bağnazlığın zıddı olan çapkınlığın da aslında cinselliği benlikten ayırma hatasına düştüğü pek düşünülmez.

Biz bedeni benlikle bir araya getirmeyi öneriyoruz. Bu, daha önce bahsedildiği üzere kişinin bedenine dair aktif farkındalığını geri kazanması anlamına gelir. Kişinin kendi bedenini eyleme geçen benliğin bir sureti olarak deneyimlemesi -yemek yemek ya da dinlenmenin keyfi; güçlenen kasları kullanmanın verdiği mutluluk; cinsel dürtü ve tutkuların doyuma ulaşması- demektir. "Bedenim hissediyor" yerine, "Ben hissediyorum" yaklaşımıdır. Cinsellikteyse, cinsel arzu ve tutkuyu kişilerarası ilişkilerin bir parçası olarak deneyimleme tavrıdır. Gerçekten de cinselliği benliğin geri kalanından ayırmak, kişinin gırtlağını ayrı tutup, "Ses tellerim arkadaşımla konuşmak istiyor." demesinden daha makul değildir.

Buna ilaveten benliği bedensel sağlığın merkezine yerleştirmeyi öneriyoruz: hasta olan yahut sağlığına kavuşan "ben"im. Hastalıkta edilgen çatı yerine etken çatı kullanılmasını öneriyoruz; eski bir ifade olan, "Ben hastalanıyorum" yapısı doğru bir kullanım. Neyse ki en azından hastalıkların en az birinde iyileşmeyi ifade etmek için etken fiil halen kullanılmakta: tüberküloz hastaları sanatoryumda "İyileştim" diyorlar. Gerek fiziksel gerekse psikolojik olsun tüm hastalıkların bedenin (yahut "kişilik" veya "zihnin") başına gelen periyodik kazalar olarak değil de, doğanın insanın bütününü yeniden eğitmesi olarak görülmesini öneriyoruz.

Bir tüberküloz hastasının arkadaşına yazdığı mektup, hastalığın bir yeniden eğitim olarak görülmesine örnek teşkil etmektedir: "Hasta olmamın nedeni aşırı çalışmam ya da birtakım T. K. virüsleriyle ters düşmem değil, aslında olmadığım bir insan olmaya çalışmamdı. O 'müthiş dışadönükler'den biri olmaya çalışıyor, oradan oraya koşuşturuyor, aynı anda üç iş birden yapıyor ve benliğimin kafa yorup hayaller kuran, tam gaz çalışıp koşuşturmak yerine okuyup düşüncelere dalarak 'ruhumu yanına çağıran' tarafını kullanmayıp köreltmemdi. Hastalık benliğimin kaybolan işlevlerini yeniden keşfetmek için bir fırsat ve talep olarak ortaya çıktı. Sanki bu hastalıkla birlikte doğa bana, 'Yeniden eksiksiz benliğine kavuşmalısın. Bunu yapmadığın sürece hasta olacak ve bunu yapıp kendin olduğun sürece de iyileşeceksin,' diyordu." Hastalıklarını kendilerini yeniden eğitmek için bir fırsat olarak gören bazı kişilerin ciddi bir hastalıktan sonra hastalıktan önceki hallerine kıyasla hem psikolojik hem de fiziksel olarak daha sağlıklı olduklarının, insan olaraksa bütünlüğe kavuştuklarının klinik bir gerçek olduğunu ekleyebiliriz.

Hastalık ve sağlığı bu şekilde deneyimlemek, uzun süredir modern insanı çileden çıkaran beden ve zihin ikiliğini aşmamıza yardımcı olacaktır. Farklı hastalıklara benlik perspektifinden baktığımızda fiziksel, psikolojik ve ruhani (bu son terimi yaşamdaki çaresizlik ve manasızlık hissine işaret etmek için kullanıyoruz) hastalıkların benliğin bu dünyada kendini bulma güçlüğü yaşamasının farklı tezahürleri olduğunu görmekteyiz. Örneğin farklı hastalıkların bireyler için farklı amaçlara hizmet edebildiklerini biliyoruz. Fiziksel hastalıklar yüzergezer endişeye bir odak noktası sağlayarak psikolojik sorunları rahatlatabilir - böylece kişinin endişe duyması gereken somut bir şey vardır ve bu durum yüzer-gezer endişenin belirsizliğinden çok daha az acı verir; yahut olgun bir şekilde sorumluluk almayı öğrenememiş kimselere sorumluluklarından kısa süreli de olsa uzaklaşabilecekleri bir soluklanma alanı yaratır. Ve her ne kadar pek olumlu bir durum olmasa da, çoğu insan bir grip ya da daha ciddi bir hastalık geçirdiğinde suçluluk duygularından "arındığını" hisseder. Böylelikle bilimsel ilerleme insanların endişelerini, suçluluk duygularını, boşluklarını ve amaçsızlıklarını aşmalarına yardımcı olmadan difteri, tüberküloz ve diğer hastalıkları alt ettiğinde (son derece arzu edilen bir amaç) hastalık yalnızca biçim değiştirerek yeni bir kanala zorlanmış olur. Bu sert bir ifade gibi algılanabilir ancak prensipte bunun doğru olduğuna inanıyorum. Hastalıklara karşı ayrıştırılmış bir şekilde yürütülen mücadele Herkül'ün yedi başlı Hidra'ya karşı yürüttüğü mücadeleden farksızdır: ne zaman kafalarından birini kesse yerine yenisini çıkıyordu. Sağlıklı yaşam için yürütülen mücadele benlik bütünleştirmesinin daha derin seviyelerinde kazanılmalıdır. Elbette ki sağlıklı yaşama sürecinde kalıcı bir gelişme elde etmenin yolunun vücudumuzu işgal eden mikropları, basilleri ve dış organizmaları öldürmenin ötesine geçerek kendimiz ve başkalarına hasta olmanın bir zorunluluk olmadığını benliklerimize göstermemizi sağlayacak yeni yöntemler bulmaktan geçtiğinin altını çizmek tıbbi gelişmelerin muazzam önemini küçümsemek değildir.

Kişinin hislerinin farkına varması ikinci adım için zemin hazırlar: kişinin ne istediğini bilmesi. Bu ifade ilk bakışta çok basit görünebilir; ne istediğini kim bilmez ki? Ancak ilk bölümde işaret ettiğimiz şaşırtıcı gerçeği tekrarlamak gerekirse: çok az insan bunu bilir. Kişi dürüst bir şekilde dönüp kendi içine baktığında aslında istediğini sandığı şeylerin ne kadar rutin olduğunu (cuma günü balık tutmak gibi) ya da istediği şeyleri aslında istemesi gerektiğini düşündüğü (işinde başarılı olmak gibi) fark etmez mi; yahut istemek istediği şeyler değil midir bunlar (komşusunu sevmek gibi)? Dosdoğru ve dürüst isteklere genellikle arzularını çarpıtmayı henüz öğrenmemiş çocuklarda rastlanır. Çocuklar şöyle bağırır: "Ben dondurma seviyorum, bir top dondurma istiyorum!" Ve isteklerinde hiçbir karmaşa yoktur. İsteklerdeki bu dürüstlük belirsizlikten bunalan insanlar için çoğu zaman rahatlatıcıdır. Çocuğun o esnada dondurma yemesi uygun olmayabilir ve eğer kendisi karar veremeyecek kadar küçükse evet ya da hayır deme sorumluluğu elbette ki ebeveynlerindir. Ama ebeveynler çocuğu aslında dondurma istemediğine ikna etmeye çalışarak isteklerini çarpıtmamalıdırlar!

Duygu ve arzuların farkında olmak bunları hiçbir ayrım yapmadan her nerede olursak olalım ifade etmemiz gerektiği anlamına gelmez. Daha sonra göreceğimiz gibi, hüküm ve karar olgun benlik bilincinin parçalarıdır. Peki ama kişi öncelikle ne istediğini bilmeden ne yapıp yapmaması gerektiğine dair nasıl hüküm verebilir? Bir ergen için otobüste karşısında oturan karşı cinsten kişiye yahut annesine karşı erotik itkiler hissetmesi bu itkilere göre hareket edeceği anlamına gelmez. Ama ya sosyal anlamda kabul görmediklerinden ötürü bu itkilerin farkındalık sınırına erişmelerine asla izin vermediğini varsayarsak? O halde yıllar sonra evlendiğinde sahiden istediği için mi yoksa "kabul gören" rutin davranış bu olduğu için mi karısıyla cinsel ilişki yaşadığını nasıl kestirecek?

Bastırılmayan arzu ve duyguların orada burada ortaya çıkacağını ve örneğin herkesin annesi ya da en iyi arkadaşının karısına karşı duyduğu cinsel arzuya yenik düşeceğini endişeli bir şekilde dillendirenler nevrotik duygulardan bahsetmektedir. Aslına bakıldığında, kişiyi sonrasında dürtüsel davranmaya yönlendiren şeyin bastırılan duygu ve arzular olduğunu biliyoruz. Viktorya dönemi jiroskoplarını andıran insanın duygularını katı bir şekilde kontrol etmesi gerekliydi, zira onları kilit altına alarak birer suçlu haline getirmişti. Ancak kişi ne kadar bütünleşikse duygularının dürtüselliği de o denli azalıyordu. Olgun kişide duygular ve istekler belirli düzenlemelere göre ortaya çıkar. Basit bir örnek vermek gerekirse; kişi bir tiyatro sahnesinin parçası olarak hazırlanmış bir akşam yemeği sofrası gördüğünde yemek yeme arzusu duymaz, ne de olsa oraya yemek yemeye değil tiyatro oyunu izlemeye gelmiştir. Yahut bir konser esnasında ne denli çekici olursa olsun şarkıcıya karşı cinsel arzuya kapılmayız; içinde bulunulan düzenleme oraya müzik dinlemek üzere gelinmesi üzerine kurulmuştur. Elbette ki kitap boyunca belirttiğimiz üzere, zaman zaman hepimiz çelişkiler yaşayabiliriz. Ama bu durum belirli duygulara dürtüsel olarak sürüklenmekten farklıdır.

Hissetme ve istemeye dair tüm doğrudan ve anlık deneyimler kendiliğinden ve biriciktir. Başka deyişle isteme ve hissetme, içinde bulunulan durumla birlikte içinde bulunulan konum ve zamanın biricik parçasıdır. Kendiliğindenlik büyük resme -ya da teknik deyişle, "şekil-zemin düzenlemesi"ne- doğrudan karşılık verebilme becerisidir. Kendiliğindenlik aktif "ben"in şekil-zeminin bir parçası olması durumudur. İyi bir portre çiziminde arka plan daima portrenin içsel bir parçasıdır; yani olgun bir insanın davranışı, onu çevreleyen dünya karşısında benliğin içsel bir parçasıdır. Dolayısıyla kendiliğindenlik coşku, benmerkezcilik ya da içinde bulunulan çevreyi umursamadan duyguların açığa vurulmasından çok farklıdır. Kendiliğindenlik daha ziyade eylemde bulunan "ben"in belli bir andaki belli bir çevreye göre tepki vermesidir. Kendiliğinden ortaya çıkan bir duygunun parçası olan özgünlük ve biriciklik bu bağlamda anlaşılabilir. Zira nasıl ki içinde bulunulan durum geçmişte yaşananlardan ve gelecekte yaşanacaklardan farklıysa, kişinin o esnada hissettiği duygu da benzersizdir ve bir daha asla aynı şekilde yinelenmez. Yalnızca nevrotik davranışlar mutlak bir şekilde tekrar eder.

Duygu ve isteklerin yeniden keşfedilmesinin yanı sıra üçüncü adım benliklerimizin bilinçaltındaki boyutuyla ilişkimizi geri kazanmaktır. Modern insan bedeni üzerindeki egemenliğinden vazgeçerken aynı zamanda kişiliğinin bilinçdışı yanından da feragat etmiştir ve böylece ona yabancılaşmıştır. Daha önceki bölümlerde, deneyimin "mantıkdışı", öznel, bilinçdışı yanlarıyla, modern insanın sanayi, ticaret dünyasında muntazam, akılcı çalışmayı vurgulama ihtiyacıyla nasıl yakın ilişki içinde olduğunu görmüştük. Şimdiyse bastırdığımız şeyleri elimizden geldiğince bulup hayatımıza geri kazandırmamız gerekiyor. Çağlar boyunca, hatta Hz. Yusuf'un Firavun'un rüyalarını yorumlamasından önceki zamandan modern döneme kadar, insanlar rüyalarını bilgelik ve içgörü kaynağı bir kılavuz olarak gördüler. Fakat günümüzde çoğumuz rüyalarımızı tıpkı Tibet'teki törensel danslar gibi tuhaf birer olay olarak nitelendiriyoruz. Bunun sonucunda benliğin çok büyük ve önemli bir bölümü bizden kopuyor. Ve neticesinde bilinçaltımızın bilgeliğiyle gücünün çoğunu kullanamıyoruz. Platon'un geleneksellleşmiş örneğini vermemiz gerekirse, bu durum dizginleri yalnızca tek bir ata bağlı olduğu halde diğer dört ya da beş at tarafından farklı yönlere sürüklenen bir savaş arabasını sürmeye benziyor. Bilinçli farkındalığımıza kapalı olmalarına rağmen bilinçaltındaki eğilim ve sezgilerimiz yine de benliğimizin bir parçasıdır ve farkındalık derecesine göre farklı boyutlarda erişilebilir. Krallığımızın o bölgesinde egemenliği ne kadar çabuk ele geçirirsek bizim için o kadar iyi olur.

Rüya yorumlama konusuna bundan daha detaylı bir şekilde eğilmemiz bizi bu bölümün konusundan epey uzaklaştıracaktır. Rüyaları anlamak elbette ki güç ve karmaşık bir mevzudur; yine de çoğu modern rüya yorumlarındaki ezoterik sembollerle ilgili yapılan okumalarda karşılaşıldığı kadar karmaşık değildir. Bu ezoterik semboller bir kez daha sorunu tamamen yabancı bir dile yüklemektedir ve bu da benliğimizin bilinçaltında kalan bölümleri üzerindeki egemenliğimizden vazgeçmenin bir başka ve muhtemelen daha modern yöntemlerinden biridir. Bu da ilgili kişiler ve büyülü yanıtları bilen kişiler rüyalarımızı bizden çok daha iyi anlarlar demekten farksızdır! Dr. Erich Fromm'un yakın zamanda yayımlanan *Kayıp Dil* başlıklı kitabı rüyaların da tıpkı mitler ve masallar gibi yabancı bir dilden ziyade tüm insanlığın paylaştığı evrensel bir dilin parçası olduğunu işaret eder. Fromm'un kitabı, bilinçaltındaki "anavatanının dili" hakkında yeniden bir şeyler öğrenmek isteyen, uzmanlığı bulunmayan okuyuculara önerilebilir.

Bu bölümde rüyalar ve benliğimizin bilinçaltıyla bilinçdışı yanlarının diğer dışavurumlarına dair yalnızca olumlu bir tavır takınacağız. Rüyalar yalnızca çelişkiler ve bastırılan arzuların değil, aynı zamanda kişinin belki yıllar önce öğrenip unuttuğunu düşündüğü eski bilgilerin de birer ifadesidir. Bu konuda becerisi olmayan kimseler dahi rüyalarının kendisine anlatmak istediklerini basit bir yorumla aptalca diye nitelendirmediği takdirde onlardan faydalı öğütler çıkarabilir. Ve rüyalarında kendi kendine neler söylediğini anlama konusunda beceri kazanan kimse, sorunlarının çözümü konusunda zaman zaman rüyalarından inanılmaz değerli ipuçları ve öngörüler elde edebilir.

Bu bölümün amacı, kişinin farkındalığının arttığı oranda kendisini canlı hissettiğini göstermekti. "Daha fazla farkındalık" der Kierkegaard, "daha fazla benlik". Artan bu farkındalık, artan bu "ben-lik" deneyimi ve eyleme geçen ben'in aynı zamanda olanların öznesi olduğunu hissetme deneyimi birey olma anlamına gelir.

Sonuç olarak, birey olmanın anlamına dair bu görüş bizi iki hatadan kurtarır. İlki pasifizmdir[4], yani özfarkındalığın yerini kişinin deneyimindeki belirleyici güçlerin almasına izin vermek. Psikanalizin eski biçimlerindeki eğilimlerden bazılarının pasifizmi rasyonelleştirmekte kullanılabileceğini itiraf etmeliyiz. Her bireyin bilinçaltındaki korkular, arzular, eğilimler tarafından "zorlandığını" ve kendi zihnimiz üzerindeki kontrolümüzün aslında "iradenin gücü"ne inanan on dokuzuncu yüzyıl insanının düşündüğünden çok daha az olduğunu göstermek Freud'un çığır açıcı keşiflerinden biriydi. Ancak bilinçdışı güçlerin

4) Bu kelimeyi pasifliğin yapıcı olmayan (nörotik) biçimi için kullanıyorum. Pasifliğin hülyaya dalma ve gevşeme gibi bazı biçimleri normal ve yapıcı olabilir: fakat bu biçimlerde benlik hala farkındalığın merkezindedir; gevşeyen yahut hülyalara dalan kimse "Ben"dir.

determinizmine verilen bu önem, Freud'un da kısmen yenik düştüğü zararlı bir sonucu da beraberinde getiriyordu. Örneğin ilk dönem psikoterapistlerinden Grodeck, "Bizler bilinçdışımızca yaşanırız." diye yazmıştır ve Freud yazdığı mektuplardan birinde "egonun pasifliği"ne verdiği önemden ötürü onu övmüştür. Fakat kısmi bir yanlış anlamayı düzeltmek için, Freud'un bilinçdışı güçlere dair yürüttüğü keşif çalışmalarının kapsamlı amacının insanların bu güçleri bilinç seviyelerine çıkarmasına yardım etmek olduğunun altını çizmeliyiz. Kendisinin de defalarca kez yinelediği gibi psikanalizin amacı, bilinçdışını bilinç haline getirmek; farkındalığın boyutlarını genişletmek, bireyin tıpkı güvertenin derinliklerinden çıkarak geminin kontrolünü ele geçiren isyankâr tayfalar gibi benliği oradan oraya itip duran bilinçdışı eğilimlerin farkına varmasına yardımcı olmak ve böylelikle kişinin kendi gemisini bilinçli bir şekilde idare etmesini sağlayabilmekti. Dolayısıyla bu bölümde kişinin benliğine dair artan farkındalığına verilen önemle pasifizme karşı yöneltilen uyarıların Freud'un düşüncesinin temelinde yatan amaçlarla pek çok ortak noktası bulunmaktadır.

Kişiye dair bu görüşün kaçınmamızı sağladığı bir diğer hata da eylemciliktir, yani farkındalığın ikamesi olarak eylemin kullanılması. Eylemcilik diyerek bu ülkede çok sık rastlanan ve 'kişi ne kadar çok eylemde bulunursa o kadar canlıdır' düşüncesini savunma eğilimini kastediyoruz. Bu kitapta "aktif Ben" terimini kullandığımızda meşguliyeti ya da salt bir şeyler yapmayı kastetmediğimiz açık olmalıdır. Çoğu insan endişelerini örtebilmek için sürekli olarak meşguldür; onların eylemciliği kendilerinden kaçmanın bir yoludur. Hareket etmedikleri takdirde bir şeyler ters gidecekmiş ya da meşguliyet kişinin ne kadar önemli olduğunun bir kanıtıymış gibi sürekli acele ederek yalancı ve geçici bir canlılık hissederler. Chaucer Canterbury Hikâyeleri'nde tüccar tiplemesiyle temsil ettiği bu tür kişilere dair muzip ve kurnaz yorumlar yapmıştır: "Aslında olduğundan daha meşgul göründüğünü düşünüyorum."

Özfarkındalığa verdiğimiz önem kesinlikle canlı, bütünleşik bir benliğin ifadesini içermekte ama aynı zamanda eylemciliğin -bir başka deyişle özfarkındalıktan kaçıyormuş gibi yapmanın- taban tabana zıddı. Canlılık çoğu zaman harekete geçmeme, yaratıcı bir tembellik kapasitesi anlamına gelir ki bu durum birçok modern insan için bir şeyler yapmaktan daha güçtür. "Tembellik etmek" diyc isabetli bir şekilde yazar Robert Louis Stevenson: "Güçlü bir kişisel kimlik gerektirir." Bizim önerdiğimiz şekliyle özfarkındalık büyük resme daha sakin canlılık hallerini -örneğin Batı dünyasının maalesef kaybettiği tefekkür ve meditasyon sanatlarını- geri getirir. Yalnızca bir şeyler yapmaktan ziyade bir şey olmaya yeni bir saygınlık kazandırır. Benliğimizle bu tür bir ilişki kurabildiğimizde -çok çabalayan ve üreten- modern çağ insanı için çalışmak, kendimizden kaçma ya da değerimizi kanıtlama mücadelesi olmaktan çıkarak, hem kendi dünyasıyla hem de insanlığın geri kalanının dünyasıyla ilişkisini bilinçli bir şekilde onaylamış kişinin spontane güçlerinin yaratıcı bir ifadesi olacak.

4

Var Olma Mücadelesi

Ama özfarkındalığa uzanan yol bir önceki bölümde ifade edilenden çok daha büyük değişimler ve zorlu iniş çıkışlarla dolu değil mi? Doğru; ve şimdi birey olmanın daha dinamik boyutlarına eğiliyoruz. Çoğu insan, özellikle de birey olmalarını engelleyen geçmiş deneyimlerini aşmaya çalışan yetişkinler için benliğe dair bilinç kazanmak mücadele, çatışma gerektirir. Birey olmanın yalnızca hissetmeyi ve bir önceki bölümde işaret ettiğimiz gibi deneyimleyip istemeyi öğrenmeyi değil, onları hissedip istemekten alıkoyan şeylerle mücadele etmeyi de gerektirdiğini fark ederler. Onları zapteden zincirler olduğunu keşfederler. Esas itibariyle bu zincirler onları ebeveynleri ve içinde yaşadığımız toplumda özellikle anneleriyle aralarındaki bağlardır.

İnsanoğlunun gelişiminin "kitle"den birey olarak özgürlüğe uzanan bir farklılaşma süreci olduğunu daha önce görmüştük. Potansiyel kişinin aslen annenin ve bebeğin seçimi olmadan göbek bağı aracılığıyla ana rahminde otomatik olarak beslenerek anneyle birlikte bir bütünlük oluşturan fetüs olduğunu da ifade etmiştik. Doğduğunda ve göbekbağı kesildiğinde fiziksel olarak bir insan haline gelir ve sonrasında beslenme her iki tarafın da bilinçli seçimine bağlıdır; bebek yemek istemek için yaygara koparabilir ve anne evet ya da hayır diyebilir. Ama yine de bebek hâlâ ebeveynlere, özellikle de onu besleyen anneye muhtaçtır.

Birey olma süreci sonsuz adımlar boyunca devam eder: sorumluluk ve özgürlüğün temellerinin atılmasıyla birlikte benliğe dair bilincin ortaya çıkması, okula giderek ebeveynlerin bahçesinden dışarı çıkması, buluğ çağında cinsel anlamda bir birey olarak olgunlaşması, kendi başına üniversiteye giderek mesleki kararlar verme çabaları, evlenerek yeni bir ailenin sorumluluğunu üstlenme vs. vs. İnsan, hayatı boyunca kendini bütünden farklılaştırarak yeni bir bütünlüğe ulaşma süreciyle meşguldür. Hatta evrimin tamamı parçanın bütünden, bireyin topluluktan farklılaşması ve sonrasında bu parçaların daha üst bir seviyede birbirleriyle yeni ilişkiler kurmaları olarak özetlenebilir. Bir taş ya da kimyasal bileşiğe kıyasla insanoğlu kendi bireyliğini ancak bilinçli ve sorumlu seçimlerle gerçekleyebileceğinden, fizikselliğinin yanı sıra psikolojik ve etik bir birey de olmalıdır.

Aslına bakılırsa, ana rahminden doğma, topluluktan kurtulma, bağımlılıktan kurtulup seçme özgürlüğüne kavuşma süreci insanın hayatı boyunca verdiği kararların hepsiyle ilgilidir ve ölüm döşeğinde dahi yüzleşmesi gereken bir konudur. Zira cesurca ölme kudreti kendi başına olmayı öğrenme ve bütünden ayrılma sürecinin nihai adımından başka nedir ki?

Böylelikle her insanın hayatı bir farklılaşma grafiğiyle betimlenebilir. Kendini otomatik ihtiyaçlarından ne denli kurtarabilmiş ne denli birey olabilmiş ve sonrasında kendi seçimi olan sevgi, sorumluluk ve yaratıcı çalışma seviyesinde hemcinsleriyle nasıl bir ilişki kurabilmiştir? Şimdi kişinin bütünden ayrılma sürecindeki psikolojik mücadelelere eğileceğiz.

Psikolojik Göbek Bağını Kesmek

Doğumuyla birlikte göbek bağı kesilen bebek fiziksel bir birey halini alır, ancak zaman içinde psikolojik göbek bağı kesilmediği takdirde ebeveynlerinin bahçesinden çıkamayan bir bebek olarak kalır. İpinin izin verdiğinden daha uzağa gidemez. Gelişimi engellenmiştir ve teslim edilen büyüme özgürlüğü içten içe dargınlık ve öfkeye dönüşür. Bunlar, iplerinin izin verdiği mesafelerde son derece rahat bir şekilde yaşarken evlilikle yüzleştiklerinde ya da işe gittiklerinde veya önünde sonunda ölümle yüzleştiklerinde altüst olan insanlardır. Yaşadıkları her krizde mecazen ya da kelimenin gerçek anlamıyla "annelerine dönme" eğilimindedirler. Genç bir kocanın ifade ettiği gibi: "Karımı yeterince sevemiyorum, çünkü annemi çok seviyorum." Yaptığı tek hata annesiyle olan ilişkisini tanımlamak için "sevgi" kelimesini kullanmaktı. Gerçek sevgi engindir ve asla başkalarını sevmeye engel olmaz: asıl kısıtlayıcı olan ve insanı karısını sevmekten alıkoyan şey anneye bağlı olmaktır. Günümüzde bağlı kalma eğilimi çok güçlüdür, zira toplum bireye az da olsa istikrarlı bir şekilde destek olma anlamında "annelik" yapamayacak denli bozulduğunda kişi çocukluğunun fiziksel annesine daha sıkı tutunma eğilimi gösterir.

Gerçek bir olgu bize bu bağların neye benzediğini ve onları kesip atmadaki güçlükleri daha iyi görme konusunda yardımcı olabilir. Örnek vereceğimiz olgu sıra dışı değil; hatta tek tuhaf yanı diğer birçok olguya kıyasla annenin kurnaz ya da üstü örtülü davranışlarda bulunmamasıdır. Otuz yaşında yetenekli bir erkek homoseksüel duygularıyla mücadele ediyor, kadınlara karşı pozitif hisler besleyememenin ötesinde onlara karşı ciddi bir korku duyuyordu. Kimseyle yakın ilişki kurmuyordu ve doktora tezini tamamlama konusunda da bir çıkmaza girmişti. Ailenin tek çocuğu olarak, zayıf ve annesinin hükmü altındaki babasına karşı bir aşağılama duygusu geliştirmişti.

Anne sık sık babayı oğlunun önünde küçük düşürüyordu; hatta bir keresinde tartışma esnasında annesinin babasına şöyle dediğini duymuştu: "Senin ölün bizim için daha kıymetli ama hayatın boyunca bir korkak oldun ve kendi canına kıymaya korkuyorsun." Çocuk okula giderken annesi tarafından itinayla giydiriliyordu, kavgaya karışamıyordu ve sert mizaçlı çocuklardan korunması gerektiğinde annesi okula geliyordu. Zaman içinde annesi ona babasından çok çektiğini anlatıp bazı tuvalet işlevlerinde kendisine yardım etmesini istemişti ki çocuk bundan nefret ediyordu. Üniversite yıllarında bile tatil için evine dönüp de geceleri annesinin merdivenlerden çıktığını duyduğunda çıplakken odasına gireceğini düşünüp korkuya kapılıyordı. Çocukluğunda annesinin alenen yaşadığı evlilik dışı ilişki onu çok üzmüştü ve bu tür durumlarda sıklıkla olduğu üzere annesinin başkalarına gösterdiği ilgiyi daha çok kıskanmaya başlamıştı. Daha sonra ergenlik döneminde annesinin engelleme çabalarına rağmen kızlarla çıkmaya devam ettiğinde kendi sosyal konumunu yükseltmesini sağlayacak kızlarla görüşmesi için onu zorlamıştı.

Çocukluğunda hem kendi okulunda hem de Pazar Okulu'nda piyano çalma ve ezber becerileri öne çıkarılmıştı. Bir keresinde Pazar Okulu'ndaki alıştırmalar esnasında on emirden biri olan "Anne ve babana saygı göster!" emrini hatırlayamadığında ebeveynlerini utandırmıştı; annesi düzenlediği günlerde ondan piyano çalmasını istediğindeyse çok iyi bildiği parçaları dahi unutuyordu. Zeki bir çocuktu ancak annesi onun okulda kazandığı başarılarla sonrasında orduda ulaştığı prestijli konumu hep kendi toplumsal statüsünü yükseltme aracı olarak gördü. Hiç şüphe yok ki okuyucu bu noktada doktora çalışmasını tamamlama konusunda yaşadığı tıkanmanın piyano parçasını unutmasıyla ortak bir noktada birleştiğini fark edecektir; her ikisi de kazandığı başarıların annesi tarafından istismar edilmesine karşı gösterilen isyankâr birer tepkiydi. Ne de olsa başarılarınızı istismar eden birine karşı kendinizi savunmanızın yollarından biri de karşınızdaki kişinin elinizden alabileceği başarıyı elde etmemektir. Terapi süreci boyunca annesi ona sık sık yazdığı mektuplarda geçirdiği önemsiz kalp krizlerini uzun uzun anlatıp yakınıyor, ondan açıkça bir an önce eve dönüp kendisine karşı yükümlülüklerini üstlenmesini istiyor ve kendisine daha fazla ilgi göstermediği takdirde yeni bir kriz geçireceğini ima ediyordu.

Bu genç adamın oldukça basitleştirerek aktardığımız sorunları pek çok bakımdan günümüz toplumundaki çoğu genç erkeğin yaşadıklarıyla benzerlik gösteriyor. Öncelikle -hem cinsel anlamda hem de iş hayatında- duygu eksikliği, cinsel rol karmaşası ve otorite eksikliğinden mustaripti. Bir diğer benzerlikse aile düzeniydi. Bu noktada genç adamın ailesinin Ödip doktrinini geliştirirken Freud'un kurguladığı babaerkil aile modelinden çok farklı olduğuna dikkat çekmeliyiz. Bahsi geçen genç adamın ailesinde baskın figür anneydi, zayıf olan babaysa oğlu tarafından hor görülüyordu. Üçüncü nokta oğlanın annesi tarafından kayırılması, prensler gibi el üstünde tutulup babasının konumuna getirilmesiydi ki bu ayrıcalıklı davranışlar oğlan annesini hoş tuttuğu sürece devam ediyordu. Ama, "Taç taşıyan başta huzur olmaz". Bu genç adam da tahttaki konumuna rağmen kendini gerçek anlamda güvende ve güçlü hissedemiyordu, zira orada kendi çabaları sonucu değil annesinin kuklası olarak bulunuyordu. Klasik Ödip resmi bu vakada kesinlikle mevcut, ancak bazı önemli farklılıklar var: oğlan iğdiş edilmekten (gücünü yitirmekten) ölesiye korkuyor ama onu iğdiş eden baba değil anne. Baba pek bir rakip sayılamayacak durumda: annesi bu sorunu halletmiş. Oğlanın önünde özdeşleşebileceği eril bir figür olmadığından büyüme çağındaki bir erkek çocuk olarak gücü deneyimleyebileceği normal kaynaklardan yoksun. Güç eksikliğinin yerine yalnızca annesinin aşırı pohpohlayıcı, şımartıcı ve baskın ilgisini koyabiliyor. Elbette beklenebileceği üzere bu şekilde yetişen bir genç erkek olarak gerçek anlamda prens olduğu pek çok rüya görmüş. İçten içe hissettiği güçsüzlüğünü telafi edebilmek için narsisizmi aşırı seviyelere varmıştı. Ara sıra bir şeyler başarmayarak ya da sözlü çıkışlarla annesine karşı gelebilse de bu bir kölenin efendisine karşı gösterdiği pasif protestodan farksızdı. Bu genç adamın kadınlardan ölesiye korkmasına şaşmamalı; iş yahut aşk ilişkilerinde ya da çevresindeki kişilerle kurduğu yakınlıklarda içsel çatışmalar yaşaması da hiç şaşırtıcı değil.

Böylesine hastalıklı bir iç içe geçme durumundan çıkış yolu nedir? Elbette ki çocuk kendini korumak için geçici olarak geri çekilip "ölçüyü kaçıran bahtının saldırılarından kaçınmaya" çalışabilir. Geri dönerek zayıf, alkolik bir babayla baskın, sert bir anne figürü arasındaki çatışmayla geçen çocukluğuna bakan genç bir adam o yıllarda kendini nasıl gördüğünü bir şiirle ifade etti,

Orada duruyorsun, masanın kenarında,
Oyuncak ayın hâlâ kucağında...
Onu öyle ufalt ki
Bulamasınlar...
Sonra kalırsın
Yalnız başına
İstemediklerini savunmaya -
Bulamadıkça.

Ya da -ki bu genelde daha sonra gerçekleşir- "dertler denizine karşı silaha sarılmayı" deneyip kendi başına bir insan olarak özgürlüğünü ele geçirme mücadelesi verebilir. İşte şimdi bu konuya dönüyoruz.

Anneye Karşı Mücadele

Buna benzer bir özgürlük mücadelesi tüm zamanların en önemli dramlarından biri olan Orestes'in hikâyesinde karşımıza çıkar. Şimdi soruna bu dramın içgörüleri üzerinden bakalım. Böylelikle yalnızca günümüze ışık tutan tarihsel bir bakış açısından yararlanmakla kalmayıp, Ödip ya da *Eyüp'ün Kitabı* gibi dramlarda olduğu üzere insan olma deneyimine dair, çağlar boyunca direnmiş en temel gerçeklerin mevcut olduğu klasik biçimlerden de faydalanacağız.

İnsanlar arasındaki çatışmaya dair bu müthiş hikâye ilk olarak antik Yunan'da Eshilos tarafından yazılmış ve Robinson Jeffers tarafından yakın zamanda *Trajedinin Ötesindeki Kule* adlı kitabında günümüz diline uyarlanmıştır. Miken kralı Agamemnon Truva savaşında Yunan ordularının başında savaşırken karısı Clytemnestra amcası Aegisthus'la bir ilişki yaşamaya başlar. Agamemnon Truva'dan döndüğündeyse Clytemnestra onu öldürür. Ardından bebeklik çağındaki oğlu Orestes'i krallıktan sürerek kızı Electra'yı köle gibi çalıştırır. Orestes reşit olduğunda annesini öldürmek üzere Miken'e döner. Sarayın önünde kılıcını çeken oğluyla yüzleşen Clytemnestra, Orestes'in babasını suçlayarak kendini acındırmaya çalışır: "Zordu payıma düşen çocuğum." Ve ardından tehditler savurmaya başlar: "Lanetimden kork, seni doğuran annenin laneti bu!" Robinson Jeffers'ın anlatımına göre bu stratejiler işe yaramayınca ona olan sevgisine dair sahte iddialarda bulunarak ona sarılıp tutkuyla öpmeye başlar. Orestes bir anda kaskatı kesilir ve "Hareket edemem, körleştim..." diyerek kılıcını yere düşürür. Bu ani, atıl pasiflikteki şaşırtıcı nokta, günümüzde baskın bir anneyle mücadele ederek iktidarını kaybeden genç adamlara dair her psikoterapistin gözlemlediği durumu ortaya koymasıdır. Orestes ancak annesinin onun bu anlık pasifliğinden faydalanarak askerleri çağırmaya başlamasıyla birlikte, sözde sevgisinin onu iradesi altına almasını sağlayacak bir stratejiden başka bir şey olmadığını anladığında kendine gelir ve gücünü toplayarak son darbeyi indirir.

Sonrasında Orestes aklını kaçırır. Saçları "iç içe geçmiş yılanlarla kaplı" "Furialar", yani "gecenin cezalandırıcı ruhları" tarafından kovalanır. Bunlar Yunan mitolojisinde kendini suçlama ve vicdan azabını temsil eden varlıklardır ve Yunanlılar bir kez daha insanın içini kemirerek onu uykusundan eden ve nevroza hatta psikoza sürükleyen suçluluk duygusunu son derece güçlü ve gerçekçi bir şekilde tanımlamışlardır.

Yorgun ve uykusuz Orestes kollarını Delphi'deki Apollon sunağına dolayarak yere yığılıncaya dek Furialar tarafından kovalanır ve ancak orada soluklanabilir. Sonrasında Apollon'un koruması altında Atina'ya gönderilerek Athena'nın başkanlığında yürütülen kalabalık bir duruşmada yargılanır. Karara varılması gereken konu baskıcı ve sömürücü bir ebeveyni öldüren insanın yargılanıp yargılanmayacağıdır. Davanın sonucu insanlığın geleceği için büyük önem teşkil ettiğinden Olimpos'taki tanrılar da dünyaya inerek bu tartışmaya katılırlar. Birçok konuşmanın ardından Athena jüriye iddiasını ifade ederek onlardan "tüm yüksek otorite kavramlarını alaşağı etmelerini", "tanrı ve kutsal korkunun yüceliğini" korumalarını ve bir tarafta "anarşi"den diğer taraftaysa "kölelikten farksız efendiliğin" çifte tehlikelerinden kaçınmalarını ister. Jüri oyunu kullanır ve sonuç beraberliktir. Bu nedenle nihai oyu yurttaşlık değerlerinin, nesnelliğin ve bilgeliğin tanrıçası olan Athena'nın kullanması gerekir. İnsanların ilerleyip gelişmesi isteniyorsa, öldürülmesi pahasına onları bu tür nefret dolu ebeveynlerin zincirlerinden kurtarmak gerektiğini ifade eder. Ve onun oyuyla Orestes affedilir.

Bu özetin altında insan arzularının muazzam bir mücadelesiyle her tür insan deneyimi kadar şiddetli ve temel bir çatışma yatmaktadır. Sözkonusu olan mevzu anneyi öldürmektir, ancak gerçekte olay Orestes, yani oğlun bir insan olarak var olma mücadelesidir. Bunun bir psikolojik ve tinsel varlık "olma ya da olmama" mücadelesinden aşağı kalır yanı yoktur. Athena ve diğerlerinin mahkeme esnasında yaptıkları konuşmalarda açıkça ifade ettikleri üzere bu mevzu Clytemnestra'nın ruhu ve Erinyes'le birlikte karanlık yeraltından çıkagelen kız kardeşlerin temsil ettiği "eski" yöntemler, gelenek ve törelerle Apollon ve Athena'nın savunduğu ve Orestes'in davranışında hayat bulan "yenilik" arasındaki mücadeledir. Elbette ki bu hikâyeler, Erich Fromm'un *Unutulan Dil* başlıklı kitabında ifade ettiği üzere sosyolojik açıdan yeni ataerkilliğin eski anaerkillikle giriştiği mücadele şeklinde yorumlanabilir.

Eshilos, çarpıcı bir psikolojik sezgiyle, "Orestes önündeki engeli aşmak zorundaydı." diye ifade eder ve onun bu eylemi gerçekleştirmezse sonsuza dek "hasta" kalacağını belirtir. Ve nihai kreşendoda Eshilos Yunan korosuna şunları söyletir: "Gün aydınlandı, şafak yakındır." Yani Orestes'in eylemiyle birlikte dünyaya yeni bir aydınlık ve açıklık gelmiştir.

Bu dramı günümüz sorunlarına uyarladığımızda çoğu insana şaşırtıcı gelecek olan şey Orestes hakkında ifade edilenlerden ziyade bazı annelerin Clytemnestra'ya benzediği olacaktır. Elbette ki Clytemnestra'nın aşırı uçlarda olduğu bir gerçek; insanın güdüleri katıksız nefret ya da sevgi ya da güç edinme istenci değil de bunların bir karışımıdır. Clytemnestra'nın sıradan bir insanın ötesinde bir sembol olduğu doğrudur; çocuktaki potansiyeli "sürgün edip" onlara ket vuran ebeveynlerdeki baskıcı ve otoriter eğilimlerin bir sembolüdür. Ve aynı zamanda bu dramın Yunan edebiyatının o bilindik derinlik ve cesaretiyle insana dair temel çelişkileri ortaya koyarken sözünü sakınmadığı da doğrudur. Modern çağda çok daha yüzeysel bir hayata alışan çoğumuz için bu ilaç fazla ağır gelecektir.

Bir ebeveynin öldürülmesi ne anlama gelir? Bu mücadelenin özünde, büyüyen insanın, yani bu örnekte Orestes'in, gelişmesine ve özgürlüğüne kavuşmasına engel olan otoriter güçlere karşı mücadele etmesidir. Aile çevresindeki bu tür güçler anne ya da babada daha baskın olabilir. Hatta Freud, çatışmanın babayla oğul arasında olmasının, babanın oğlunu sürmeye, gücünü elinden almaya, "iğdiş etmeye" çalışmasının ve oğlunun da tıpkı Ödip gibi kendi var olma hakkını kazanmak için babasını öldürmek zorunda kalmasının evrensel düzeyde bir gerçeklik olduğuna inanmıştır. Ancak artık ödip "kompleksinin" evrensel olmayıp kültürel ve tarihsel etmenlere bağlı olduğunu biliyoruz. Freud "Alman baba" toplumunda yetişmişti. Yirminci yüzyılın ortasına geldiğimiz bu dönemde ülkemizde baskın figürün baba yerine anne olduğu, yirmi ila elli yaş arasında en büyük sorunların anneyle olan ilişkide yaşandığı ve Orestes mitinin birçok insanın deneyimlerini çok benzer şekilde karşılayabildiği yönünde fazlasıyla kanıt bulunmakta. Bunları yalnızca psikoterapi seansları esnasında profesyonel anlamda birlikte çalıştığım kişilerin derinlerde yatan duygularıyla rüyalarını temel alarak değil, aynı zamanda görüştüğüm diğer terapistlerin deneyimlerini de göz önünde bulundurarak ifade ediyorum. Daha önce aktardığımız vakada olduğu gibi, erkek çocuk yalnızca annesini memnun ettiğinde ödül alacağını öğrenmesiyle birlikte çoğu zaman annesine zincirlenir. Sanki erkek çocuğun kendi iktidarına erişimi yalnızca annesinin ona karşı beslediği yüksek beklentilerin karşılanmasına bağlıdır. Ve elbette ki başkasının buyruğundaki iktidarın hiçbir anlamı yoktur. Böylelikle gücünü kendini bir birey olarak geliştirmek ya da annesiyle aralarındaki bağdan kurtulabilmek için başkalarını sevmekte kullanamaz.

Baskın annelerle ilgili çatışmalardan bahsederken bazı okuyucularımız yakın zamanda ortaya çıkan "Annecilik"[1] tartışmalarını anımsayacaktır.

"Annecilik" suçlamalarında ne kadar doğruluk payı olduğunu bilmiyorum. Ancak tahminimce bu "engerekler

1) Anneye karşı aşırı düşkünlük. (çn)

soyu"[2] tarzı yazıların büyük çoğunluğu aslında derinlerde anneye duyulan bağlılık yatmasına rağmen anneye karşı şiddetli ifadelerin dışavurumudur. Öyle bile olsa, yine de Psikiyatr Edward A. Strecker'ın deyişiyle "ülkemizdeki sistemin giderek anaerkilliğe evrildiği"ne dair pek çok kanıt mevcut. *Çocuk ve Toplum* başlıklı kitabında bu anaerkillik sürecinin kökenini tartışmaya açan Psikanalist Erik Erikson'a göre, "Anne galipten ziyade kurban" ve Amerikan anneleri, beş gün boyunca şehirde çalışıp yalnızca hafta sonları evde görünen babaların ailedeki merkezi konumlarından feragat etmeleriyle birlikte güç koltuğuna geçmeye zorlanmışlar. Baba "babalık" olduğunda ancak anne "annecim" olur.

Anaerkillik bir yana, günümüzün anaerkil toplumunda kadınların kullandığı gücün neden bu denli talepkâr olduğu sorusu halen yanıtsız. Bu arada yeni nesil annelerinden bahsetmediğimizin altını çizmemiz gerek; onların akılları genel anlamda karışmış durumda. Toplumumuzda buna benzer sorunların ortaya çıkmasının başlıca nedeni bir önceki nesil annelerdir. Bu durumun psikososyolojik nedenlerinin ne olduğunu bilmiyorum. Tek yapabildiğimiz psikoterapi gören bu hastaların annelerinin de tıpkı yukarıda bahsi geçen genç adamın vakasındaki iğdiş edici anne örneğinde olduğu üzere muazzam bir hayal kırıklığı yaşamış gibi davranmalarıdır. Clytemnestra yaptıklarını "çağları aşan bir nefret" yüzünden yaptığını ifade eder. Elbette ki kimse durup dururken Clytemnestra gibi sömürücü ve talepkâr bir güç kullanmaz; genellikle öne sürülen neden kendisinin de acı çektiği ve gelecekte ancak başkaları üzerinde hâkimiyet kurarsa acı çekmeyeceğini hissettiğini dü-

---

2) İncil' de Matta 3'te geçen 'engerekler soyu' ifadesi aynı zamanda Philip Wylie'nin 1947 yılında yayımlanan *Generation of Vipers* başlıklı, Amerikan yaşam biçimine saldırı mahiyetindeki kitabıyla da ilintilidir. (çn)

şündüğüdür. Bunun nedeni bir önceki neslin kadınlarına erkeklerin davranışlarına dair inanılması güç beklentilerde bulunmalarının öğretilmesi midir? Kadınların el üstünde tutulduğu geç Viktorya dönemine benzer şekilde kadınlara özel bir değer atfedilen öncü psikolojinin bir sonucu olabilir mi? O halde bu kadınlar sonsuza dek kendilerine hizmet edileceğine dair bir beklenti içine mi sokuldular? Ve bu süreç esnasında bir kadın olarak işlevleri kökten bir bozulmaya mı uğradı? Aslında bahsi geçen bu geç Viktorya dönemi nesli kadınlarının cinsel anlamda ve muhtemelen daha başka açılardan oldukça sorunlu olduklarını biliyoruz. Zaten kadınlar neredeyse tapıldıkları ve aynı zamanda da modernleştirmeleri beklenen bir toplumda kadın olmaktan nasıl keyif alıp tatmin olabilirler ki? Aradığımız yanıt, erkeklerden harika şeyler bekleyen bu nesle ait annelerin kocalarının davranışları karşısında hüsrana uğrayarak bu hayal kırıklıklarının acısını oğulları üzerinde kurdukları aşırı otorite ve sahiplenmeyle çıkarmaya çalışmaları olabilir mi?

Muhtemelen tüm bu yanıtların toplumumuzdaki anne-çocuk bağıyla bir ilişkisi vardır. Ancak bu soruları sosyolojik ve psikolojik olarak yöneltmekle yetinmeyen Yunanlılar konuya son derece saf bir şekilde yaklaşıp, anneyle çocuk arasında çocuğun annesinden ayrılmasını son derece kritik ve güç hale getiren biyolojik bir bağ olduğunu öne sürerek yürütmekte olduğumuz tartışmayı bambaşka bir boyuta taşımışlardır. Bu dramda da Orestes'in affedilmesini sağlayan nihai oyu verenin -babası Zeus'un alnından o anki haliyle kopup gelen ve "Hangi ananın rahminden çıktığımı bilmiyorum!" diyen tanrıça- Athena olmasıyla bu soru ortaya atılmıştır.

Bu, üzerinde düşünülmesi gereken şaşırtıcı bir fikirdir. Ana rahmine gerek olmadan dünyaya gelme düşüncesi zaten yeterince şaşırtıcıdır, ama Yunanlıların Athena'yı bilgelik tanrıçası yaptıklarını düşündüğümüzde çok daha çarpıcı bir hal alır. Söylediğine göre Orestes'in lehine oy kullanmıştır, çünkü ana rahmi nedir bilmeyişiyle kendisi de "yeni"nin tarafındadır. Bu durumda mitolojide bilgelik ve erdemi temsil eden tanrıçanın göbek bağından kurtulmak için mücadele vermemiş olması, insanoğlunun bağımlılıktan, önyargıdan ve toyluktan uzaklaşarak bağımsızlık, bilgelik ve olgunluğa doğru ilerlemesinin ona yol boyunca ket vuran fiziksel ve psikolojik bağlarla aslında ne kadar güç olduğunu mu ima etmektedir? Bebeklerin rahminden beslenip memesinden süt içtiği anneye babadan daha yakın olduklarını biliyoruz: acaba Yunanlılar annelerin kanından kan, canından can olan bebekleriyle aralarında daima bir bağ olacağını ve anneyle ilişkinin her zaman yenilikçi değil de koruyucu, geleceğe dönük değil de geçmişe eğilimli olacağını mı ifade etmek istemişlerdir? Yunanlılar bilgeliğin bir bağlantısızlık boşluğunda var olabileceğini ya da kişiler arasındaki bağların sorun teşkil edebileceğini ima etmeyecek kadar bilgiliydiler. Fakat "korunma", geri çekilme, "pasif" kalma ve Orestes'in tabiriyle "yontulma" rahme dönme eğilimiyle sembolize edilir ve bir birey olarak olgunluk ve özgürlük bu tür eğilimlerle taban tabana zıttır. Bilgelik tanrıçalarının "ana rahmi nedir bilmemesi"-nin nedeni bu mudur?

Bu soruları istediği gibi yanıtlaması için okuyucuya bırakarak Orestes'e geri dönüyoruz. Zira burada ilgimizi çeken asıl nokta duygusal çatışma yaşayan bir bireyin prototipi olarak bu genç adamın nasıl olup da özgür bir insan gibi yaşamayı başardığıdır. Orestes olaydan sonra yaşadığı geçici delilik anında "ateşler içinde hayaller görerek" ormanda dolaşır. Robinson Jeffers kendi yorumunda Orestes'in Miken'deki saraya döndüğünü ve kız kardeşi Elektra'nın onu babasının yerine kral olmaya davet ettiğini anlatır. Orestes şaşkınlık içinde ona bakar ve nasıl olur da annesini öldürmek gibi korkunç bir şeyi yalnızca Agamemnon'un yerine Miken kralı olmak için yaptığını düşünecek kadar anlayışsız olabildiğini sorar. Hayır, o artık "kenti aşmıştır" ve oradan ayrılmaya karar verir. Asıl sorununun "kadın ihtiyacı" olduğunu düşünen Elektra onunla evlenmeyi önerir. Bunun üzerine Orestes, "Bu konuşan Clytemnestra!" diye bağırarak bahtsız ailelerinin içine düştüğü asıl sorunun ensest ilişki olduğunu ifade eder. Ormanda dolaşırken şöyle der,

> ... Karanlıkta hareket ettiğimizi gördüm; yaptığımız ya da
> Hayalini kurduğumuz her şey
> Bizimle ilgiliydi, adam kadının peşinden koşuyordu, kadınsa
> Adama sımsıkı tutunuyordu, savaşçılar ve krallar
> Karanlıkta birbirlerine bakıyordu, içten içe hepsi ya seviyor
> Ya da mücadele ediyordu, kayıp insanların her birinin
> Gözleri başkasının gözlerini arıyordu, kendisini yüceltsin diye
> Asla kendininkiler değil, hep bir başkasınınki...
> ... arkaya baktıklarında en başta duran tek bir adam
> Gördüler,
> İleriye baktıklarındaysa en sonda duran bir adam; ya da başlarını
> Kaldırıp yukarı baktıklarında yakıcı gökte ışıldayan
> Tanrı dedikleriniz...
> Hepsi içedönük, arzularınızın tümü enseste...[3]

3) Robinson Jeffers, "The Tower Beyond Tragedy".

Orestes kendi adına "içe doğru tükenmeme" kararı vermiştir. Kız kardeşine yakarışlarına kulak verip Miken'de kaldığı takdirde "yürüyen bir kayadan" farksız olacağını söyler; yani bir başka deyişle insan olarak o eşsiz doğasından vazgeçerek cansız bir hal alacaktır. Ensest ilişkilerin ağlarıyla çevrili Miken'den dışarı, "insanlığa doğru" ilerlerken insanın psikolojik bütünleşmesinin amacı olarak yüzyıllar boyunca koridorlarda yankılanacak bir söz sarf eder: "Sevgim dışadönük benim."

Orestes'in "içe" ve "dışa" kelimelerini bu kısacık satırlarda birkaç kez kullanması ve Miken'deki asıl sorunun ensest ilişki olduğunu ifade etmesi tesadüf değil. Zira ensest ilişki en basit tabirle içe, yani aileye dönmenin ve "dışadönük" şekilde sevememenin cinsel ve fiziksel simgesidir. Ergenlik dönemi geçildiği halde devam eden ensest eğilimli arzular aşırı ebeveyn bağımlılığının cinsel bir belirtisidir ve daha ziyade henüz "büyümemiş" ve ebeveynleriyle aralarındaki psikolojik göbek bağını kesememiş kimselerde görülür. Demek ki cinsel tatmin çocuğun annesi tarafından beslenirken aldığı oral tatminden pek farklı değil. Orestes'in de belirttiği gibi, tüm bunların yanı sıra ensest ilişkilerde bir başkası tarafından beğenilme ve yine "bir başkası tarafından övülme" ihtiyacı baskındır.

Jeffers şairlere özgü bir kavrayışla Orestes'e bu gibi insanların dinlerinin dahi ensest eğilimli olduğunu söyletir. Bu insanlar gökyüzünde "kol gezip şölen düzenleyen" tanrı dedikleri kimselerde yalnızca kendi yansımalarını görmektedir. Bu gibi kimselerin tanrıları yeni ve daha üst seviye bir arzu ve bütünlüğün değil, kendi bebeklik bağımlılıklarına dönme tutkularının birer ifadesidir. Elbette ki bu İsa'nın, "Ben barış değil kılıç getirmeye geldim. Çünkü ben babayla oğlun, anneyle kızın, gelinle kaynananın arasına ayrılık sokmaya geldim. Ve insanın düşmanı kendi ev halkı olacak." ifadesiyle hem dinsel hem de psikolojik bakımdan çelişmektedir. Tabii ki de İsa bu açıklamasıyla nefret yahut bölünme yanlısı bir vaaz vermemekte, tinsel gelişimin en radikal şekliyle ensest ilişkiden uzak ve komşularımızla yabancıları sevmeye yakın olduğunu belirtmektedir. Gerçekten de kişi ailesine bağımlı olmaya devam ettiği müddetçe, "insanın düşmanı kendi ev halkı" olacaktır.

Hemen her toplumda görülen ensest ilişki tabusu "yeni kan" ve "yeni genlere" ya da daha doğru bir deyişle değişim ve gelişim olasılıklarının önünü açtığından ötürü psikososyal anlamda önem taşımaktadır. Ensest ilişki bebeğe fiziksel zarar vermez: sadece çocuktaki soyaçekimi yineleyerek ebeveyn aile dışından biriyle evlenseydi kendisine geçebilecek olası özellikleri elinden alır. Bir başka deyişle enseste karşı yürütülen yasak, insan gelişiminde çok daha büyük bir farklılaşma sağlar ve bütünlüğe benzerlikte değil de daha üst bir seviyede ulaşılmasını gerektirir. Böylelikle bu bölümün başındaki ifademize şunları da ekleyebiliriz, insanoğlunun hayat boyu farklılaşma arzusunun sürekliliği ensest ilişkiden uzaklaşarak "dışadönük sevgiye" yönelmesini gerektirir.

Kişinin Kendi Bağımlılığına Karşı Mücadelesi

Elbette ki Orestes dramından alınacak ders herkesin bir silah edinip annesini öldürmesi gerektiği değildir. Daha önce de belirttiğimiz üzere, öldürülmesi gereken şey çocukluk dönemine uzanan ve kişiyi ebeveynlerine bağlayıp onu dışadönük sevmekten ve özgürce yaratmaktan alıkoyan bağlardır.

Bu ne anlık bir cesaretle ve birden ortaya çıkan özgürlük anında tetiklenebilecek bir iş ne de kişinin ebeveynlerine karşı ani bir "patlaması" sonucunda elde edilebilecek bir başarıdır. Tıpkı diğer dramlarda olduğu gibi Orestes dramı da "var olma çabasını" birkaç haftaya indirger. Aslında gerçek hayatta uzun, dik bir yamacı aşarak yeni bütünleşme seviyelerine uzanılan bir büyüme sürecidir ki burada büyüme kelimesi bilindik anlamıyla otomatik bir süreçten ziyade yeniden eğitilme, yeni içgörüler edinme, bilinçli kararlar verebilme ve tüm bunları yaparken ara sıra yahut sık sık karşımıza çıkabilecek çatışmalarla yüzleşme anlamında kullanılmıştır. Psikoterapi sürecindeki bir kimse çoğu zaman kendi alışkanlıklarına nasıl bağlı olduğunu keşfetmek ve kendi sevme, çalışma yahut evlenme acizliğinin altında bu zincirlerin yattığını görmek için aylarını vererek mücadele etmek zorunda kalır. Bunun sonucunda da bağımsız bir birey olabilmenin sıklıkla endişe ve zaman zamansa gerçek anlamda dehşet duygularını da beraberinde getirdiğini keşfeder. Bu tür zincirleri kırmaya çabalayanların Orestes'in geçici deliliğiyle kıyaslanabilecek düzeyde duygusal çökmeler ve çatışmalar yaşamaları şaşırtıcı değildir. Bu durum özünde korunaklı, tanıdık bir ortamdan özgürlüğün yeniliğine, destekten geçici bir yalnızlığa geçerken kişinin bir yandan da kendi endişe ve güçsüzlüğünü hissetmesinin yarattığı bir çatışmadır. Birey gelişim sürecinin önceki evrelerinde yeterince yol katedemediğinde mücadele çok daha ciddi (bir başka deyişle nevrotik) bir hal alır; böylelikle nevrotik çatışmalar ortaya çıkar ve önünde sonunda gerçekleşecek olan ayrılma çok daha sarsıcı ve köklü olur. Orestes ve annesi arasındaki çatışmanın bu denli sarsıcı olmasının nedeni geçmişteki nefret, ensest ilişkiler ve Miken'deki kişilerarası ilişkilerin hastalıklı oluşuydu.

Kişiyi ebeveyne bağlı tutan şey nedir? Eshilos da tipik bir Yunan gibi sorunun kaynağını nesnel bir şekilde ortaya koyar. Miken'deki kraliyet ailesinde birkaç nesildir kötü şeyler olmaktadır ve bu nedenle Orestes'in annesini öldürmeyi seçmekten başka şansı kalmamıştır. Tipik bir modern olarak Shakespeare de Hamlet'in benzer "var olma" çabasını kendi vicdanı, suçluluk duygusu, ikircikli cesareti ve kararsızlığına karşı yürüttüğü içsel ve öznel bir mücadele olarak sergiler. Aslına bakılacak olursa hem Eshilos hem de Shakespeare haklıdır: bu tür mücadeleler hem içeriye hem de dışarıya dönüktür. Kişinin hayatının en erken dönemlerinde dayanmak zorunda olduğu otorite zincirleri dış kaynaklıdır: büyümekte olan çocuk ister kendisini sömüren ebeveynlere sahip olsun ya da ister antisemitik önyargıları olan bir ülkede doğan bir Yahudi olsun dış koşulların kurbanıdır. Çocuk içine doğduğu dünyaya öyle ya da böyle adapte olmak zorundadır. Fakat herkesin gelişiminde zaman içinde otorite sorunu içselleştirilir: büyüyen insan bu kuralları benimser ve hayatı boyunca sanki hâlâ kendisini en başta zincirleyecek güçlere karşı mücadele ediyormuş gibi yaşar. Ama artık durum içsel bir çatışma halini almıştır. Neyse ki bu noktada alınacak olumlu bir ders vardır: kişi baskılayıcı güçleri benimseyip onları kendi içinde yaşatmaya devam ettiğinden dolayı onların üstesinden gelecek güce de sahiptir.

O halde kendilerini keşfetme sürecinde olan yetişkinler için sözkonusu olan şey temelde içsel bir mücadeledir. Birey olma mücadelesi kişinin kendi içinde verilir. Hiçbirimiz bizi sömürmeye çalışan insanlara yahut çevremizdeki dış güçlere karşı durmaktan kaçınamayız, fakat sürdürmemiz gereken asıl önemli psikolojik savaş özgürlüğe doğru ilerlemeyi sürdürdükçe ortaya çıkacak ihtiyaçlarımıza, endişemize ve suçluluk duygularımıza karşı verdiğimiz mücadeledir. Kısacası temel çatışma kişinin büyüme, gelişme ve sağlık arayışında olan tarafı ile özgürlükten feragat ederek olgunlaşmamış bir düzeyde psikolojik göbek bağlarıyla sarılmış halde ebeveynin yalancı-koruması ve ilgisinin peşinde koşan tarafı arasındadır.

Benlik Bilincinin Evreleri

Birey olmanın farklı birkaç benlik bilinci aşamasından geçmek olduğunu gördük. Bunlardan ilki bebeğin benliğe dair bilinç oluşmadan önceki masumiyet evresidir. İkinci evre kişinin kendi çabasıyla bir içsel güç oluşturmak üzere özgür olmaya çalıştığı isyan evresidir. Bu evre en açık şekliyle iki ya da üç yaşındaki çocuklarla ergenlerde görülür ve Orestes'in özgürlük mücadelesinde aşırı uçlarını gördüğümüz üzere bir savunma ve saldırganlık hali içerebilir. Az ya da çok, kişi eski bağlarını koparıp yenilerini oluşturmaya çabalarken isyankârlık gerekli bir geçiş evresidir. Fakat isyan özgürlükle karıştırılmamalıdır.

Üçüncü evreye sıradan benlik bilinci adını verebiliriz. Bu evrede kişi bir ölçüye kadar kendi hatalarını görebilir, önyargılarına müsamaha gösterebilir, suçluluk duygularıyla endişesini bir şeyler öğrenebileceği deneyimler olarak kullanabilir ve kararlarını belli bir sorumlulukla verebilir. Kişiliğin sağlıklı durumundan bahsedildiğinde kastedilen budur.

Ancak bilincin dördüncü bir evresi daha vardır ki çoğu kimse tarafından nadiren deneyimlendiğinden son derece sıra dışıdır. Bu evre en açık haliyle kişinin bir soruna dair ani bir sezgi kazanmasıyla örneklenebilir; bir anda, durup dururken üzerinde günlerdir kafa patlatılan bir sorunun yanıtı bulunuverir. Kimi zaman bu tür sezgiler rüyalarda ya da kişi başka bir şey düşünüyorken yaşadığı aydınlanma anlarında gelir: her durumda yanıtın kişiliğin bilinçaltı seviyelerinden geldiğini biliyoruz. Bu tür bir bilinç bilimsel, dini ya da sanatsal faaliyetlerde de ortaya çıkabilir; birçok insan tarafından "fikrin gelmesi" ya da "ilham" olarak adlandırılır. Yaratıcı faaliyetler üzerinde çalışan herkesin açıkça ifade ettiği üzere, bu bilinç düzeyi tüm yaratıcı çalışmalarda mevcuttur.

Bu seviye nasıl adlandırılacak? Nesnel doğrulara kaçamak bakışlar atmamızı sağladığı için Doğu düşüncesindeki tabiriyle "nesnel benlik bilinci" mi? Yoksa Nietzsche'nin deyişiyle "kendini aşan bilinç" mi? Ya da etik-dinsel geleneğe göre "özaşkın bilinç" mi? Tüm bu terimler konuya açıklık kazandırdıkları gibi aynı zamanda çarpıtmaktadır.

Daha az dramatik fakat günümüze daha uygun bir başka terim öneriyorum, yaratıcı bilinç.

Bu farkındalık için klasik psikolojide kullanılan terim coşkudur. Bu kelime sözlük anlamıyla "kendi dışında durmak", yani bir şeyi kendi sınırlı görüş açısının dışında bir bakışla görebilmek yahut deneyimleyebilmektir. Normalde herhangi bir kişinin çevresindeki nesnel dünyada gördükleri kendi öznelliğiyle az ya da çok çarpıtılır. İnsan olarak gördüklerimiz mutlaka gözlerimizin süzgecinden geçer ve kendi iç dünyamızca yorumlanır; dolayısıyla daima nesnellikle öznellik ikiliğinde sıkışmış durumdayızdır. Bahsi geçen bu dördüncü bilinç evresi öznellikle nesnellik arasındaki ayrımı ortadan kaldırmakta. Geçici bir süreliğine de olsa, bilinçli kişiliğin alışılageldik sınırlamalarını aşabiliriz. Kavrayış ya da sezgiyle yahut yaratıcılıkla ilgili olarak belli belirsiz anlayabildiğimiz diğer süreçler aracılığıyla nesnel doğrunun gerçekliğin içinde var olduğu halleri gözümüze ilişebilir ya da bencil olmayan bir sevgi deneyimi yaşadığımızda etik anlamda bazı yeni olasılıkların farkına varabiliriz.

Olaydan sonra ormanda amaçsızca dolaşan Orestes'in aklından geçenler şunlardı:

> ... bunu tanımlayacak sözcükleri yok, şeylerin ötesine geçmeyi,
> Saatleri ve çağları aşmayı,
> Ve tüm zamanlar boyunca her şey olmayı...
> ... bulduğum bu mükemmelliği nasıl ifade edebilirim,
> Bu renksiz açıklığı;
> Balı değil ama coşkuyu...
> ... yalnızca gerçekleşen arzuyu, yalnızca huzur tutkusunu...[4]

---

4) Robinson Jeffers.

Jeffers'ın şiirsel üslubu nedeniyle anlatılmak istenen noktanın bazı okurlar için gölgede kalabileceğini düşünerek Orestes'in söylemek istediklerinin psikolojik terimlerle gayet güzel bir şekilde ifade edilebileceğinin altını çizelim. Bu, Orestes'in "hepsi içedönük" ve kendilerince "doğru" olarak nitelendirdikleri önyargıların yansımalarıyla meşgul Miken erkeklerinin başkalarının gözünde yalnızca kendilerini görme eğilimini aştığının bir diğer ifadesidir. Daha ziyade "dışadönük" olmak, hayal gücünde kişinin o an bildiklerinin ötesine geçebilmek anlamına gelir. Etik üzerine tıpkı Nietzsche ve daha başka pek çok yazarın ifade ettiği gibi, kendini tamamlayan insanın bir tür "kendini aşma" sürecinden geçtiğini ifade etmek bilimsellik dışı bir hassasiyet olmaz. Büyüyen, sağlıklı insanoğlunun kendine ve dünyasına dair farkındalığını andan ana artırması temel özelliklerinin yalnızca bir yanıdır. "Hayat aynı anda hem kendini yinelemekle hem de aşmaya çalışmakla meşguldür." diye ifade eder Simone de Beauvoir etik üzerine kaleme aldığı kitabında; "tek yaptığı kendini idame ettirmekse eğer, yaşamak ölmenin bir çeşididir ve insanın varlığı tuhaf bir bitki örtüsünden farksızlaşır..."

Bu yaratıcı benlik bilinci çoğumuzun nadiren yakalayabildiği bir evredir ve ister dini ister laik olsun azizlerle birlikte diğer müthiş yaratıcı kimseler hayatlarının büyük bölümünü bu evrede geçirir. Ancak bu, daha alt evrelerde yaptıklarımıza ve deneyimlerimize anlam veren evredir. Pek çok insan bu bilince özel bir anda, örneğin müzik dinlerken ya da onları hayatlarının alışılageldik rutininden geçici bir süreliğine de olsa çıkaran yeni bir aşk yahut dostluk deneyiminde ulaşır. Kişi sanki bir anlığına yüksek bir dağın zirvesine çıkıp o geniş ve sınırsız perspektiften kendi hayatına bakmaktadır. Zirvedeki görüntüye bakarak yönünü çizer ve haftalar boyunca daha alçak tepeleri aşmak için göstereceği çabanın sıkıcı, "ilham"ınsa yokluğuyla kuşku uyandırdığı bir dönem boyunca sabırla ilerlemesini sağlayacak zihinsel bir harita çıkarır. Zira belli bir anda önyargılarımızın ötesindeki doğruları görebilmemiz, kendimize dair bir talepte bulunmadan başkalarını sevebilmemiz ve yaptığımız şeye kendimizi tam anlamıyla kaptırdığımızda ortaya çıkan coşkuyla yaratmamız, bir anlığına da olsa tüm bunları görebilmemiz sonraki tüm davranışlarımıza anlam ve yön kazandırmak için bir temel oluşturur.

İncil'de, kişinin inandığı değerler uğruna hayatından vazgeçmesiyle ilgili ifadelerde anlatılmak istenen şey bu dördüncü evredir. Dolayısıyla bilincin bu evresinde bir tür kendi benliğini unutma hali olduğu doğrudur. Fakat kendi benliğini unutma aslında zayıf bir tabir; bir başka açıdan bakıldığında bu bilinç aslında insan varlığının ulaşabileceği en tatmin edici düzeydir.

Kişi bahsettiğimiz farkındalığı talep edemez ve daha önce de belirttiğimiz gibi bu durum çoğu zaman eyleme geçilenlerden ziyade kavrayış ve gevşeme anlarında ortaya çıkar. Yine de yaratıcı insanlar üzerinde yürütülen çalışmalardan elde edilen kanıtlar bize, bir tür rehavet anında ortaya çıksalar da önemli kavrayışlara uzun süre boyunca azim ve gayretle üzerinde çalıştıkları sorunlar sözkonusu olduğunda erişebildiklerini göstermektedir. Örneğin kişi rüyalarına emir veremez fakat bunu yapabilmeye dair aktif bir çaba gösterdiği ölçüde rüyalara karşı hassasiyetinde tetikte olmayı kendi kendine öğretebilir.

Goethe hakkında sarf ettiği şu sözlerle Nietzsche aslında yaratıcı bilince sahip kişiyi tanımlamıştır: "Kendini bir tür bütünlüğe ulaşma yolunda disipline etti, kendi kendini yarattı... Özgürleşebilen böylesi bir ruh kâinatın ortasında neşeli ve inançlı bir tevekkülle ayakta durmaktadır... Bütüne bakıldığında her şeyin bedeli ödenebilir ve her şey onaylanabilir... Artık hiçbir şeyi olumsuzlamıyordur."

Bölüm 3

BÜTÜNLEŞMENİN HEDEFLERİ

5

Özgürlük ve İçsel Güç

Özgürlüğü elinden tamamen ve gerçek anlamda alınan bir kişiye ne olurdu? Hayal ürünü bir hikâye kurarak bu soruyu yanıtlamaya çalışacağız. Bu hikâyenin adı şöyle olabilir:

Kafese Kapatılan Adam

Bir akşamüzeri, uzak bir diyardaki ülkenin kralı penceresinden dışarı bakarken bir yandan da kabul salonundan gelen ve koridor boyunca belli belirsiz duyulan müziği dinliyordu. Kral daha az önce sonlanan diplomatik kabul töreni nedeniyle çok yorulmuştu ve pencereden dışarı bakarken genel anlamda dünyanın halini irdeliyordu. Aşağıdaki meydanda bir adam gördü. Görünüşe bakılırsa ortalama bir adamdı ve muhtemelen yıllardır haftanın beş günü yaptığı gibi aynı rotayı izleyerek eve dönmek üzere bineceği tramvaya yetişmek için hızlı bir şekilde yürüyordu. Kral imgeleminde bu adamın peşine düştü. Onun evine vardığını, formalite gereği karısını öptüğünü, geç akşam yemeğini yediğini, çocuklarla ilgili her şeyin yolunda olup olmadığını sorduğunu, gazetesini okuduğunu, yatağa girdiğini, belki karısıyla seviştiğini, uyuduğunu ve ertesi sabah işe gitmek üzere yeniden uyandığını hayal etti.

Ve ani bir merak duygusuyla sarsılan kral bir an için tüm yorgunluğunu unutarak şöyle düşündü: "Bir adam hayvanat bahçesindeki hayvanlar gibi kafese kapatılsa acaba ne olurdu?"

Böylece kral ertesi gün bir psikolog çağırıp fikrinden bahsederek kendisini deneyi gözlemlemeye davet etti. Ardından kral hayvanat bahçesinden bir kafes getirilmesini emretti ve sonrasında sıradan bir adam bu kafese yerleştirildi.

Başlangıçta adam şaşkındı ve kafesin dışında duran psikoloğa durmadan, "Tramvayı kaçıracağım, işe gitmem lazım, baksanıza saat kaç oldu, işe geç kalacağım!" deyip duruyordu. Fakat sonra akşamüzeri mantıklı bir şekilde düşünüp durumun farkına varmaya başlayınca şiddetle karşı çıkmaya başladı: "Kral bana bunu yapamaz! Bu adil değil ve kanunlara aykırı." Sesi güçlü, bakışları öfkeliydi.

Haftanın geri kalanı boyunca adam bu şekilde şiddetli protestolarını sürdürdü. Her gün olduğu gibi kral kafesinin yanından geçtiğinde adam itirazlarını doğrudan kendisine yöneltiyordu. Ama kralın yanıtı şöyle oluyordu: "Şuraya baksana, bolca yiyeceğin, rahat bir yatağın var ve çalışmak zorunda değilsin. Sana iyi bakıyoruz, o halde neden itiraz ediyorsun?" Birkaç gün sonra adamın itirazları azaldı ve ardından tamamen kesildi. Kafesinde sessizce oturuyor, konuşmayı reddediyordu ama psikolog içini yangın yerine çeviren nefreti bakışlarında görebiliyordu.

Ne var ki birkaç hafta sonra psikolog, kral tarafından kendisine iyi bakıldığına dair her gün yapılan hatırlatmanın ardından adamın sanki bu ifadenin doğru olup olmadığını düşünüyormuşçasına bir süre duraksamaya başladığını fark etti: bakışlarındaki öfke bir anlığına da olsa siliniyordu.

Ve birkaç hafta daha sonra adam psikologla insana yiyecek ve sığınacak bir yer verilmesinin ne kadar faydalı bir uygulama olduğunu, insanoğlunun zaten her koşulda kaderini yaşamak zorunda olduğunu ve kendi üzerine düşenin bu kaderi kabullenmek olduğunu söylemeye başladı. Sonrasında bir grup profesör ve yüksek lisans öğrencisi kafesteki adamı incelemeye geldiklerinde adam onlara son derece sıcak davranıp bu yaşam biçiminin kendi seçimi olduğunu, güvenlik ve iyi bakılmanın son derece önemli değerler olduğunu ve onların da yaptığı bu seçimdeki mantığı göreceklerini söyledi. Ne kadar tuhaf, diye düşündü psikolog ve ne kadar acınası; neden yaşam biçimini onaylamaları için bu denli uğraş veriyor?

İlerleyen günlerde kral avluya girdiğinde adam ayaklanıp parmaklıkların ardından kendisine yiyecek ve kalacak yer sağladığı için minnetini ifade etmeye başladı. Ama kral avluda yokken ve adam psikoloğun varlığından da habersizken ifadesi ciddi bir değişime uğruyordu: çok daha suratsız ve aksi görünüyordu. Yemeği parmaklıkların arasından uzatıldığında adam sık sık tabakları düşürüyor ya da suyu deviriyor ve sonrasında bu aptallık ve sakarlığından ötürü utanç duyuyordu. Konuşmaları giderek daha da tekdüze bir hal aldı: ve ilgilenilmenin önemi üzerine ortaya attığı felsefi teoriler yerine tekrar tekrar, "Kader bu" diyerek, "Evet, öyle" diye mırıldanmaya başladı.

Ne zaman son evreye girdiğini söylemek güçtü. Fakat psikolog adamın yüzünde belirgin bir ifade olmadığını fark etmeye başladı: eskisi gibi gülümsemiyor, daha ziyade gazı olan bebeklerinkine benzer bir ifade takınıp boş ve anlamsız bir şekilde etrafa bakıyordu. Adam yemeğini yiyor ve zaman zaman psikologla birkaç kelimelik diyaloglara giriyordu; bakışları donuk ve uzaktı ve her ne kadar psikoloğa bakıyor gibi görünse de aslında onu gerçek anlamda görmüyordu.

Ve artık düzensizleşen konuşmalarında asla "ben" ifadesini kullanmıyordu. Kafesi kabullenmişti. Öfkelenmiyor, nefret duymuyor ve mantıklı açıklamalar yapmıyordu. Ama artık aklını yitirmişti.

O gece psikolog nihai raporu yazmak üzere çalışma odasına geçti. Fakat içinde muazzam bir boşluk hissettiğinden kelimeleri bir araya getirmesi çok güç oldu. Sürekli yazdıklarıyla kendini telkin etmeye çalışıyordu: "Asla hiçbir şeyin kaybolmadığı, maddenin yalnızca enerjiye ve oradan da tekrar maddeye dönüşebileceği söylenir." Fakat bir şeylerin gerçekten kaybolduğunu, bu deneyle birlikte evrenden bir parçanın kopup geriye kocaman bir boşluk bıraktığını hissetmeden de edemiyordu.

Alıkonan Özgürlüğün Bedeli Olarak Nefret ve Kırgınlık

Yukarıdaki hikâyede önemle altı çizilmesi gereken noktalardan biri de adamın tutsak olduğunu fark ettiğinde içinden yükselen nefrettir. İnsanların özgürlüklerinden vazgeçmeleri gerektiğinde içlerinde bu denli bir nefretin ortaya çıkması özgürlüğün onlar için ne kadar temel bir değer olduğunu kanıtlıyor. Özgürlüğünün önemli bir bölümünden genellikle seçme şansı olmadığı çocukluk döneminde vazgeçmek zorunda kalan kişi çoğu zaman dışarıdan bakıldığında durumu kabullenip teslimiyete "boyun eğmiş" görünür. Ancak oluşan boşluğu başka bir şeyin (yani onu özgürlüğünden vazgeçmeye zorlayan kişilere karşı duyduğu öfke ve kırgınlık) doldurduğunu görmek için fazla derine inmemize gerek yoktur. Ve bu için için yanan nefret genellikle elinden alınan var olma hakkının orantısıyla ilgilidir. Elbette ki nefret bastırılmıştır; zira köle olan kişi ustalarına karşı beslediği nefret dolu düşünceleri paylaşamaz ama yine de oradadır ve çocuklar sözkonusu olduğunda farklı belirtilerle dışavurulabilir: çocuğun okulda başarısız olması, aşırı fiziksel hastalık ya da erken yaşların da ötesinde uzun dönem süren yatak ıslatma alışkanlıkları vb. Gerçekten de içsel dengeyi sağlamak üzere -dışarıya dönük özgürlüğü elinden alındığında içsel olarak ortaya çıkan- bir şeye sarılmadan insanlar için özgürlüklerinden vazgeçmek mümkün değildir ve bu da kendisini zapt eden kişiye karşı beslenen nefret şeklinde ortaya çıkar.

Nefret yahut kırgınlık genellikle kişinin kendisini psikolojik yahut tinsel intihardan alıkoymasını sağlamasının tek yoludur. Az da olsa saygınlığını ve kendi kimliğine dair algısını korumasını sağlar, sanki bu kişi -yahut milletler sözkonusu olduğunda kişiler- kendilerini fethedenlere sessizce şöyle demektedir: "Beni fethettin ama senden nefret etme hakkım saklı." Aşırı nevrotik yahut psikozlu hastaların geçmişteki talihsiz durumlar nedeniyle duvara sıkıştırılarak nefretlerini içsel bir sığınak, haysiyet ve gururun son kalıntıları olarak sakladıkları çok açıktır. Her ne kadar dış koşullar nedeniyle kişinin asli insan olma hakkı elinden alınmış olsa da, Faulkner'ın Intruder in the Dust romanındaki Zenci'de olduğu gibi fatihlerine karşı hissettiği şiddetli nefret onu hâlâ bir birey kılar.

Terapi sözkonusu olduğundaysa, insan olmanın getirisi olan gücü önemli ölçüde azalan kişi bir süre sonra nefret yahut kırgınlığını dışa vuramamaya başladığında prognoz da o ölçüde zorlaşacaktır. Nasıl ki küçük bir çocuğun ebeveynlerine karşı durması özgür bir birey olarak doğması için önemliydiyse, zarar görmüş kişinin de önünde sonunda nefret yahut kızgınlık hissetmesi de onu baskılamaya çalışanlara karşı durabilmesini sağlayacak içsel beceriye sahip olduğunun göstergesidir.

Özgürlüklerinden vazgeçen insanların nefret etmesi gerektiğine dair bir diğer kanıt da totaliter hükümetlerin özgürlüklerini ellerinden aldığı insanlara nefretlerini yönlendirebilecekleri bir hedef göstermesidir. Hitler Almanya'sında günah keçisi "düşman uluslar"la birlikte Yahudilerdi ve şimdi de Stalinizm Rus halkının içindeki nefreti "savaş tellalı" Batılı ülkelere yönlendirmekte. *1984* başlıklı romanda son derece açık bir şekilde gösterildiği üzere, bir hükümet halkın özgürlüğünü elinden almak için yola çıktığında öncelikle içlerindeki nefreti çekip dışarıdan bir gruba yönlendirmelidir; aksi takdirde insanlar ya ayaklanır ya toplu halde psikoza girerler ya da psikolojik anlamda "ölü" ve cansız bir hal alarak ne halk ne de bir savaş gücü olarak faydalı olabilirler. Bu durum McCarthyizm'in en korkunç yanlarından biridir: bu ülkedeki çoğu insanın Kore'de yolumuza taş koyanlara, yani Rus komünistlere karşı besledikleri aciz nefretten faydalanarak bu vatandaşların nefretini kendi yurttaşlarına çevirmektedir.

Elbette ki nefret yahut kırgınlığın kendi içlerinde iyi şeyler olduklarını yahut kişinin sağlıklı olma seviyesinin beslediği nefretle orantılı olduğunu söylemiyoruz. Gelişmenin amacının herkesin ebeveynlerinden yahut idareyi elinde tutanlardan nefret etmesini sağlamak olduğunu da ifade ediyor değiliz. Nefret ve kırgınlık yıkıcı duygulardır ve olgunluğun belirtisi bunları aşağıda göreceğimiz gibi yapıcı duygulara çevirmektir. Ancak insanoğlunun özgürlüğünden vazgeçmek yerine bir şeyleri -uzun süreçte de kendisini- yıkma eğilimi göstermesi özgürlüğün ne denli önemli olduğunun bir işaretidir.

Tıpkı modern edebiyatın çoğunda olduğu gibi Kafka'nın yazdıklarında da kendini suçlayanlara karşı durma becerisini yitirmiş modern insanın bunaltıcı bir resmini görebiliriz. Dava romanındaki ana karakter K. tutuklanmıştır fakat suçunun ne olduğuna dair bir bilgi verilmez. Neredeyse hiç şikâyet etmeden ve neyle suçlandığının açıklanmasını istemeden mahkemeden hâkime, avukattan tekrar mahkemeye gider fakat asla haklarını savunmaz ya da sınır çizerek, "Beni öldürseler dahi bundan geriye adım atmam!" demez. Rahip kilisede ona, "Hiçbir şey anlamıyor musun!" diye bağırırken -orta sınıf ve dinsel terbiyeye uygun olmayan fakat bir insanın bir başkası için hissettiği endişeyi gösteren bir haykırış- aslında şöyle der: "İçinde hiç mi bir kıvılcım kalmadı? Ayağını sağlam basıp hakkını savunamaz mısın?" Romanın sonunda K.'nın yanına gelen iki cellat ona intihar etmek için kullanabileceği bir bıçak uzatırlar. İnsanın son dayanağı olan onurunu kaybetmesinin kanıtı kendi canını dahi alamamasıydı.

Nasıl ki bundan kırk yıl önce cinsel güdüler itiraf edilemiyor yahut bundan yirmi yıl önce öfke ve saldırganlık düzenli bir toplumda yakışık almıyorduysa günümüzün geleneksel çevrelerinde de kişi nefretini itiraf etmemelidir. Her ne kadar bu olumsuz duygular ara sıra düşülen hatalar olarak es geçilebilir olsalar da iyi huylu, kontrollü, her daim temkinli ve topluma iyi uyum sağlamış burjuva vatandaş tanımına uymuyordu.

Tüm bunların sonucunda nefret ve kırgınlık genellikle bastırıldı. Bir tavır yahut duyguyu bastırdığımızda yüzeysel olarak bu duyguya zıt bir şekilde davranıp zıt bir tavır takındığımız artık bilinen bir psikolojik eğilim. Örneğin kendinizi hoşlanmadığınız birine karşı aşırı kibar davranırken bulabilirsiniz. Eğer genel anlamda endişeden uzaksanız böyle bir aşırı kibarlığa kapıldığınızda, Aziz Paul'den alıntılamak gerekirse, kendi kendinize şöyle diyebilirsiniz: "Düşmanıma iyi davranıyorum ki kafasına kızgın kömür boşaltabileyim!" Ama zorlu bir gelişim süreci geçiren daha az güvenli biriyseniz bu nefret ettiğiniz insanı aslında "sevdiğinize" dair kendinizi ikna etmeye kalkışabilirsiniz. Baskın bir anne, baba ya da bir başka otorite figürüne aşırı bağımlı olan kimsenin nefretini gizlemek için onu "seviyormuş" gibi yapması sık rastlanan bir durumdur. Ringde birbiriyle kenetlenen boksörler gibi düşmanına sarılır. İnsan gerçek hayatta nefret ve kırgınlıktan bu şekilde kurtulmaz; genellikle bu duygularını başka insanlara yöneltir ya da kendi içine dönerek kendinden nefret etmeye başlar.

Dolayısıyla nefretimizle açık açık yüzleşmemiz önemlidir. Ve kırgınlığımızla yüzleşmemiz çok daha önemlidir, zira günümüzün kibar ve modern hayatında nefret genelde bu şekle bürünür. Toplumumuzdaki çoğu insan kendi içlerine baktıklarında belli bir nefretin farkına varamasalar da bol miktarda kırgınlığa rastlayabilirler. Belki de bireysel rekabetin dördüncü yüzyılında kırgınlığın bu denli sık rastlanan, kronik ve yıkıcı bir duygu olmasının nedeni genellikle bastırılmasıdır.

Bunun da ötesinde, nefret ve kırgınlıklarımızla açık bir şekilde yüzleşmediğimizde er ya da geç kendi kendine acıma duygusuna dönüşürler ki bu durumun kimseye faydası yoktur. Kendi kendine acıma nefret ve kırgınlığın "korunmuş" halidir. Kişi böylelikle nefretini "besleyip" kendi kendine acıyarak, ne kadar zorlu bir hayat sürdüğünü yahut ne denli acı çektiğini düşünerek -ve bunu değiştirmek için hiçbir şey yapmayarak- psikolojik dengesini sağlayabilir.

Friedrich Nietzsche modern çağdaki bu kırgınlık sorununu acı verici bir derinlikte hissetmişti. Gerçekten de modern insanın psikolojik çelişkilerinin tam ortasından yazmıştır, çünkü çağdaşı diğer pek çok hassas kimsede olduğu gibi özgürlüğün alıkonmasına karşı isyan etmiş ancak isyan etme halinin ötesine asla tam anlamıyla geçmemiştir. Kendisi küçük bir çocukken ölen Luteryen bir papazın oğlu olan Nietzsche akrabaları tarafından boğucu bir ortamda yetiştirilmiş, Alman geçmişinin insanı sıkıştıran yanlarının altında ezilmiş ama buna karşı mücadele etmekten de asla vazgeçmemiştir. Kesin bir inanla olmasa da tinsel olarak maneviyat sahibi biri olan Nietzsche yaşadığı toplumdaki kabul gören ahlak anlayışında kırgınlığın oynadığı rolün öneminin farkındaydı. Orta sınıfın bastırılan kırgınlıkla dolu olduğunu ve bu durumun dolaylı olarak "ahlak kuralları" biçiminde tezahür ettiğini hissediyordu. "... Ahlak kurallarımızın temelinde hınç yatıyor." iddiasındaydı ve "Hıristiyan sevgisinin erksiz nefretin bir taklidi"[1] olduğuna inanıyordu. Günümüzde kırgınlık güdülü sözde "ahlak"a dair bir örnek görmek isteyenlerin ufak bir

1) W. Kaufmann, *Nietzsche*, Princeton Üniversitesi Yay., 1950, s. 91.

kasabadaki dedikoduları göz önünde bulundurması yeterlidir.

Nietzsche'nin görüşünün tek taraflı olduğuna inananlar bile, bu iddialarının doğruluğuna rağmen kırgınlığıyla açık açık yüzleşmedikleri müddetçe insanların gerçek aşk, ahlak yahut özgürlüğe sahip olamayacakları konusunda hemfikir olacaktır. Nefret ve kırgınlık kişinin gerçek özgürlüğünü yeniden elde etmesi için motivasyon olmalıdır: bunu yapamadığı müddetçe bu yıkıcı duyguları yapıcı hale getirmesi de mümkün olmayacaktır. Ve ilk adım kimden yahut neden nefret ettiğini bilmektir. Örneğin dikta rejimiyle yönetilen bir toplumda yaşayan insanların özgürlüklerini elde etme yolunda atacakları ilk adım nefretlerini diktatörlük gücünün kendisine yöneltmek olacaktır.

Nefret ve kırgınlık kişinin içsel özgürlüğünü geçici bir süreliğine korur, fakat kişi er ya da geç bu nefret duygusunu kullanarak gerçek özgürlük ve onurunu asıl hayatta da geri kazanmalıdır, aksi takdirde nefreti kendi kendini yok eder. Bu durum okuduğum şiirlerden birindeki şu dizeyle ifade edilmiştir: "Yeniye ulaşmak için nefret."

Özgürlük Ne Değildir?

Özgürlüğün ne olmadığına baktığımızda ne olduğunu daha iyi anlayabiliriz. Özgürlük isyan değildir. İsyan özgürlüğe uzanan bir ara bölgedir: küçük çocuk "hayır" deme gücü aracılığıyla kaslarını çalıştırmaya çabalarken az da olsa ortaya çıkar; ergen kişi ebeveynlerinden bağımsızlığını ilan etmeye çalışırken bu durum daha belirgindir. Ergenlikte (muhtemelen diğer evrelerde de) ebeveynin temsil ettiği şeye karşı isyanın gücü çoğu zaman aşırıdır, çünkü bu genç kimse aslında kendi dünyaya adım atma endişesiyle mücadele etmektedir. Ebeveynler ona "yapma" dediklerinde onlara meydan okumalıdır, çünkü bu "yapma" ifadesi aslında kendi korkak yanının, ebeveynlerinin ördüğü koruma duvarından çıkmama eğiliminde olan yanının içten içe söyleyip durduğu şeydir.

Fakat isyankârlık çoğu zaman özgürlükle karıştırılır. Fırtınada sığınılan sahte bir liman halini alır, çünkü isyan eden kişiye gerçekten de özgür olduğuna dair yalancı bir his verir. İsyan eden kimse isyanın aslında dışsal bir yapı (kurallar, kanunlar, beklentiler) gerektirdiğini ve kişinin kendi özgürlük hissiyle gücünün aslında bu dışsal yapıya bağlı olduğunu unutur. Bunlar "ödünç" alınmıştır ve her an tıpkı bir banka kredisi gibi el konabilir. Çoğu insan psikolojik olarak isyanın bu evresinde durur. Hangi ahlak kurallarının beklentilerini karşılamadıklarını bilmek onlara içsel bir ahlaki güç sağlar; ateistlik ve inançsızlıklarını açıklayarak dolaylı da olsa bir suçluluk hissine kapılırlar.

1920'li yıllarda yaşanan psikolojik anlamdaki canlılığın büyük çoğunluğu isyan kaynaklıydı. Bu durum F. Scott Fitzgerald, D. H. Lawrence, biraz da Sinclair Lewis'in romanlarında anlatılmaktadır. F. Scott Fitzgerald'ın Cennetin Bu Yanı adlı kitabını yahut dönemin özgür ruhlu genç insanlarınca kutsal kitap kabul edilen diğer romanlarını okurken günümüzde önemsiz bir kabahat gibi görülen bir kızla öpüşme ya da diğer eylemler için o dönemde ne kıyametler koparıldığını görmek son derece ilginç bir durum. *Lady Chatterley'in Sevgilisi* başlıklı romanında D. H. Lawrence, bir nevi Haçlı Seferi'ne çıkarak kocası felç olan Lady Chatterley'in aynı zamanda mülklerinde hizmetli olarak çalışan bir adamla sevgili hayatı yaşamaya hakkı olduğunu iddia etmişti. Artık cinsel özgürlük bir tartışma konusu olmadığından aynı romanı günümüzde yazan bir romancı koca karakterini felçli yapma gerekliliği hissetmezdi.

Sorun bu -"özgür aşk", çocuk yetiştirmede "ifade özgürlüğü" vb.- fikirlerin ciddi tartışmalar başlatmaya değmeyecek fikirler olmaları değildi. Sorun bu fikirlerin çoğunlukla kişinin karşı durduğu şeyler bağlamında olumsuz bir şekilde tanımlanmalarıydı. Aşka dışarıdan gelen baskılara, çocukların özgür gelişimlerinin katı bir şekilde engellenmesine karşıydık. Ve ikinci örnek üzerinden gidecek olursak asıl üzerinde durduğumuz şey ebeveynlerin neyi yapmamaları gerektiğiydi; ebeveyn karışmamalıydı ve bu öğretinin aşırı uçlarında çocuğun istediği her şeyi yapmasına izin verilmeliydi. Buna benzer yapısız bir hayatın aslında çocuğun endişesini artıracağı fark edilmiyordu. Aynı zamanda ebeveynlerin çocuğun davranışlarına dair önemli bir sorumluluk üstlenmeleri gerektiği ve olumlu özgürlüğün aslında ebeveynin bunu bir insan olarak çocuğuna dair samimi bir saygı çerçevesinde yapması, çocuktaki tüm potansiyelin ortaya çıkabilmesini sağlayacak gerçekçi bir ortam yaratması ve çocuğun kendi istekleriyle duygularını tahrif etmemesi anlamına geldiği de bilinmiyordu.

1920'li yılların sonlarına doğru üniversite öğrencisi olan bazılarımız hedefler ve yürütülen mücadelelerden, gerek savaş gerek cinsel tabular, anlaşarak evlenme, içki ya da yasaklar olsun neye isyan ettiğimizi çok iyi bilmekten ne denli büyük bir güç hissi aldığımızı hatırlayacaklardır. Ancak bu bağlamdaki bir isyankârlık günümüzde takipçi edinmekte zorlanacaktır. Meşhur put yıkıcılardan H. L. Mencken o dönemin önderlerindendi ve neredeyse kampustaki herkes onu okuyordu. Peki onu şimdi kim okuyor? Artık bu tarz bir isyankârlık sıkıcı bir hal aldı. Zira karşı durulacak belirli standartlar olmadığında isyan etmenin kimseye faydası olmuyor. Banka krediye el koymuş değil: banka tamamen çöktü ve artık verilen kredilerin hiçbir değeri kalmadı. Yüzyılımızın ortasına gelindiğinde, on dokuzuncu yüzyılda başlayan yıkım süreci -standartların dönüşmesinde parmağı olan bir süreç- etkisini göstermişti ve artık boşlukla şaşkınlık biçiyoruz. F. Scott Fitzgerald'ın romanlarındaki "tüm o üzgün genç adamlar" bir kızı öptüklerinde kendilerini güçlü hissedebiliyordu: fakat artık bu "rutin" bir durum olduğundan kimseye özel bir güç hissi vermiyor; aradıkları gücü bulmak için içlerine dönmek zorunda olan ve çoğu zaman aradıklarını bulamayan genç adamlardan bahsediyorum.

İsyan eden kimse yön ve canlılık duygularını hâlihazırdaki standart ve ilkelere saldırarak edinir, kendi standartlarını geliştirmek durumunda değildir. İsyan başlı başına zorlu bir süreçtir; çaba vererek kendi özerkliğine, yeni inançlara ve üzerine yeni bir yapı inşa edilecek temele ulaşmaya bir alternatif görevi görür. Özgürlüğün olumsuz biçimleri özgürlüğü hak elde etmekle karıştırıyor ve özgürlüğün asla sorumluluğun tersi anlamına gelmediği gerçeğini görmezden geliyordu.

Yapılan bir diğer hata da özgürlüğü plansızlıkla karıştırmaktır. Bazı günümüz yazarları ekonomik müdahalesizlik sistemi -"herkesi dilediğini yapmakta özgür bırakma"- tarihle birlikte değişikliğe uğrasaydı özgürlüğümüzün de bu süreçte yitip gideceğini iddia etmekte. Bu yazarların iddiaları şu yönde: "Özgürlük canlı bir olgu. Bölünebilir değil. Ve eğer bireyin üretim araçlarına sahip olma hakkı elinden alınırsa hayatını bildiği şekliyle kazanma özgürlüğü olmaz. Böylelikle özgürlükten de söz edilemez."

Bu yazarlar haklı olsalardı durum gerçekten talihsiz olurdu; zira o zaman kim özgür olabilirdi ki? Ne siz ne ben ne de sınırlı sayıda insanı içeren bir grup dışında kimse! Ne de olsa içinde bulunduğumuz dev işletmeler çağında çok az sayıda vatandaş üretim araçlarına sahip olabiliyor. Daha önceki yüzyıllarda gördüğümüz gibi müdahalesiz ekonomi eskiden harika bir fikirdi: ama zaman değişiyor ve artık ister bir sanayi kuruluşu, ister üniversite yahut işçi sendikası olsun hemen herkes geçimini büyük bir gruba mensup olarak sağlıyor. Yirminci yüzyılımızın bu "tek dünyası" birbirine bağımlı olmayı, geçmiş yüzyılların girişimci dünyasına yahut öncülü olduğumuz günlerdeki dünyaya kıyasla daha fazla gerektiriyor ve özgürlük artık herkesin kendi fabrika yahut üniversitesini kurmasıyla değil ekonomik topluluk ve çalışmanın sosyal değeri bağlamında kazanılabiliyor.

Neyse ki şirazemiz bozulmadığı müddetçe bu ekonomik bağımlılığın özgürlüğümüze zarar vermesi gerekmiyor. Ülkenin bir ucundan diğerine mektup göndermenin tam bir macera olduğu dönemde atlı posta sistemi harika bir fikirdi. Ama artık -her ne kadar posta servisiyle ilgili şikâyetlerimiz bitmese de- ülkenin diğer ucundaki bir dostumuza mektup yazıp üzerine pulunu yapıştırarak posta kutusuna attığımızda ona nasıl ulaştırılacağına dair en ufak bir şüpheye dahi kapılmamıza gerek yok. Yani artık dostumuza yazacağımız mesaja odaklanma konusunda daha özgürüz çünkü kişiye özel iletişimin küçülttüğü dünyamızda artık mektubun adrese nasıl gideceğini düşünmek zorunda değiliz. Hem entelektüel hem de tinsel anlamda daha özgürüz, çünkü yurttaşlarımızla aramızdaki ekonomik bağımlılığı kabullenmiş durumdayız.

Eski müdahalesiz ekonomi uygulamalarını korumadığımız takdirde özgürlüğümüzü yitireceğimiz konusunda neden bu denli büyük bir endişe olduğunu zaman zaman düşünmüşümdür. Modern insanın içedönük psikolojik ve tinsel özgürlüğünü iş yaşantısının sıradanlığına ve kitlesel sosyal eğilimlere bu denli bağışlamasının nedenlerinden biri de özgürlüğünü elde etme konusundaki son şansının ekonomik gelişme fırsatı yakalama olduğunu düşünmesi değil midir? Bireyselliğinden geriye kalan tek şey ve dolayısıyla özgürlük tanımı komşusuyla ekonomik anlamda yarışma özgürlüğü müdür? Yani bir diğer deyişle, banliyöde oturan bir vatandaş her yıl yeni bir araba alamasa, daha büyük bir ev alamasa ve onu komşusununkinden biraz daha farklı bir renge boyayamasa hayatının amacının kalmadığını ve bir birey olarak var olmayacağını mı hissetmeye başlardı? Rekabetçi, müdahalesiz ekonomiyle gelen özgürlüğün sırtlandığı yük kanımca özgürlüğe dair gerçek bir anlayışı nasıl yitirdiğimizin de bir göstergesidir.

Elbette ki özgürlük bölünemez: ve belli bir ekonomik doktrinle ya da hayatın bir parçasıyla, hele hele geçmişe ait bir parçasıyla bütünleştirilememesinin nedeni de bu; özgürlük gerçekten soluk alıp veren bir olgu ve canlılığını kişinin kendisini etrafındaki toplulukla ilişkilendirme biçiminden alıyor. Özgürlük açıklık, gelişmeye hazır olmaktır; esneklik, daha üst insani değerler uğruna değişmeye hazır olmak demektir. Özgürlüğü verili bir sistemle ilişkilendirmek özgürlüğü inkâr etmektir; bu tutum özgürlüğü kristalleştirerek onu dogmalaştırır. Geçmişte işe yaramış bir şeyi yitirmenin her şeyi yitirmek olduğunu iddia eden bir savunuyla geleneğe bağlanmamız ne özgürlüğün ruhuyla bağdaşır ne de özgürlüğün gelişmesine fayda sağlar. On altı ila on dokuzuncu yüzyıllar arasında Batı dünyasında yaşamış öncü sanayiciler, ticaret adamları ve kapitalistlerin yanı sıra kendi ülkemizde sınırları zorlayan bağımsız insanlara inancımızı yitirmeden cesaretlerine öykünüp onlar kadar cesur düşünecek ve günümüz için tıpkı onların kendi dönemlerinde yaptığı gibi en etkin ekonomik önlemleri planlayacağız.

Bu kitap ekonomi ya da sosyoloji değil psikoloji üzerine yazıldı ve büyük resme değinmemizin tek nedeni insanoğlunun daima sosyal bir dünyada yaşaması ve içinde yaşadığı dünyanın psikolojik sağlığını etkilemesi. Biz burada basitçe sosyal ve ekonomik idealimizin her insana kendini gerçekleştirebilmesi, geliştirmesi ve potansiyelini kullanabilmesinin yanı sıra onurlu bir insan olarak çevresindekilere verip onlardan alabilmesi için maksimum fırsat tanıyan bir toplum olduğunu ifade ediyoruz. Dolayısıyla iyi toplum insanına en fazla özgürlüğü verendir. Burada bahsi geçen özgürlük olumsuz ve savunmacı değil de olumlu ve artan insani değerleri gerçekleştirebilme fırsatı anlamında kullanılmıştır. Kolektivizm de tıpkı faşizm ve komünizmde olduğu gibi bu değerlerin inkârıdır ve her ne pahasına olursun olsun karşı durulmalıdır. Ama ancak kişilere ve özgürlüklerine karşı içten saygının beslendiği bir toplum inşa edilmesi gibi olumlu ideallere kendimizi adayabildiğimiz ölçüde bunların üstesinden gelebiliriz.

Özgürlük Nedir?

Özgürlük, insanın kendi gelişiminde rol oynamasıdır. Kendi kendimize şekil verme kapasitemizdir. Özgürlük benlik bilincinin diğer yüzüdür: kendi kendimizin farkında olmadığımızda tıpkı arılar yahut koyunlar gibi içgüdü ya da tarihin otomatik akışı tarafından yönlendiriliriz. Fakat benliğimize dair bilinç kazanma gücümüz sayesinde dün ya da geçen ay nasıl davrandığımızı anımsayabilir ve bu eylemlerden dersler çıkararak şimdiki zamanda nasıl davranmamız gerektiğine karar verebiliriz. Ve hayalimizde yarının -örneğin bir akşam yemeği buluşmasının, bir iş görüşmesi yahut yönetim kurulu toplantısının- nasıl geçeceğine dair bir öngörüde bulunabilir, farklı seçeneklerin nasıl sonuçlar doğuracağını düşünerek içlerinden bize en uygun olanı seçebiliriz.

Benlik bilinci bize dürtüler ve tepkilerin katı zincirinin dışına çıkıp kısa süreliğine de olsa duraksama imkânı sağlar ve bu duraksama sayesinde üzerimizdeki ağırlığı az da olsa hafifletme yahut alacağımız yanıtın ne olacağı yolunda fikir yürütme imkânı buluruz.

Benlik bilinciyle özgürlüğün el ele ilerlemesine örnek olarak özfarkındalığı düşük bir kimsenin daha az özgür olması gösterilebilir. Bir başka deyişle kısıtlamalar, baskılar, çocukluk döneminden gelen ve bilinçlice "unutulmuş" olsa dahi bilinçaltından hâlâ etkileyen şartlamalar tarafından yönetildikçe kişi kontrol edemediği güçlerin etkisine de o denli kapılmış olur. İnsanlar psikoterapötik destek almaya ilk kez geldiklerinde genellikle farklı biçimlerde "güdülendiklerini" ifade ederler: ya aniden ortaya çıkan endişe ve korkuları vardır ya da ortada herhangi bir neden yokken çalışma ortamında aniden takılıp kalıvermektedirler. Özgür değildirler; yani bilinçaltından gelen birtakım şablonlar tarafından itilip kakılmaktadırlar.

Birkaç aylık psikoterapi çalışmasının ardından ufak değişimler görülür. Kişi rüyalarını düzenli olarak hatırlamaya başlar; ya da seanslardan birinde inisiyatifi ele alarak görüşülen konu yerine farklı bir sorun için yardım almak istediğini belirtir; ya da terapistin bir ara söylediği sözlerin kendisini kızdırdığını belirtebilir; ya da daha önce hiçbir şey hissetmezken artık ağlamaya veya bir anda içtenlikle gülmeye başlar, ya da yıllardır arkadaşı olan Mary'den aslında hoşlanmadığını, Carolyn'i daha çok sevdiğini ifade edebilir. Bu şekilde ortaya çıkmaya başlayan özfarkındalıkla birlikte kendi hayatını idare etme gücü de artmaya başlar.

Kişinin benlik bilinci arttıkça seçim yaptığı küme genişler ve özgürlüğü de aynı oranda artar. Özgürlük birikerek çoğalır; özgürce verilmiş bir karar bir sonraki kararda kişiyi daha da özgür kılacaktır. Her özgürlük girişimi kişinin benlik yarıçapını genişletir.

Herkesin hayatında sonsuz sayıda belirlenemeyecek etki olmadığını iddia etmiyoruz. Bedenlerimiz, ekonomik durumumuz, yirminci yüzyıl Amerika'sında doğmuş olmamız gibi etmenlerin hayatımızı belirlediğini ifade edecek olsanız size katılır ve özellikle farkında olmadığımız eğilimlerimiz sayesinde psikolojik anlamda nasıl önceden belirlendiğimizi eklerdim. Ancak deterministik bakış açısı ne denli savunulursa savunulsun hayatta olan kişinin kendisini belirleyen etmenlerin farkına varabileceği bir sınır olduğu kabul edilmelidir. Ve başlangıçta çok önemsiz bir boyutta olsa da deterministik etmenlere karşı nasıl tepkiler vereceği konusunda söz sahibi olmaya başlayabilir.

Dolayısıyla özgürlük hayatın deterministik gerçeklikleriyle nasıl ilişki kurduğumuzla alakalıdır. Bir sone yazmaya kalktığınızda uyak ve kelimeleri birbirine uydurma gibi inatçı zorunluluklarla karşılaşırsınız; yahut bir ev inşa ederken tuğla, çimento ve tahta gibi etmenlerle uğraşmanız gerekir. Elinizdeki malzemenin farkında olup sınırlarını kabullenmek önemlidir. Fakat Alfred Adler'in deyişiyle, yazdığınız sonede neyi ifade edeceğiniz tamamen size kalmıştır. Evinizi inşa etme şekil ve tarzınız belli bir özgürlük çerçevesinde elinizdeki malzemeleri nasıl kullandığınızla alakalıdır.

Nasıl ki özgürlüğü üzerinde "özgür irade" yazan bir düğme olarak görmek hatalı bir düşünceyse, "özgürlüğe karşı determinizm" tartışmaları da sağlam bir temele dayanmamaktadır. Özgürlük kişinin hayatını gerçeklerle -dinlenme, yiyecek gibi temel ihtiyaçlar ya da ölüm gibi nihai bir olguyla- bağdaştırmasında ortaya çıkar. Meister Eckhart verdiği keskin zekâlı psikolojik öğütlerden birinde özgürlüğe dair bu yaklaşımı şu şekilde ifade etmektedir: "Engellendiğinizde sorun sizin yaklaşımınızdadır." Gerçekleri kör bir zorunluluktan değil de kendi seçimimizle kabullendiğimizde özgürlük karmaşık bir hal alır. Bu da sınırlamaları kabullenmenin bir tür "vazgeçiş" anlamına gelmesinin gerekmediği, yapıcı bir özgürlük eylemi olabileceği ve olması gerektiği ve bu tür seçimlerin maruz kalınan sınırlara karşı mücadele verildiğinde daha yaratıcı sonuçlara önayak olacağı anlamına gelir. Kendini özgürlüğe adayan kimse gerçeklikle mücadele ederek vakit kaybetmez; aksine, Kierkegaard'ın deyişiyle, "özgürlüğü yüceltir".

İnsanların kontrol altında olduğu bir durumu, örneğin tüberküloz hastalarını ele alalım. Sanatoryumun katı kurallarına bağlı olduklarından neredeyse attıkları her adım kontrol edilir, belirli süreler boyunca dinlenmeleri gerekir, günde sadece on beş dakika yürüyebilirler vb. Fakat insanların bu hastalığın gerçekliğiyle kurdukları ilişkiler çok farklıdır. Kimisi pes eder ve neredeyse ölüme davetiye çıkarır. Kimisiyse yapmaları gerekenleri yaparken bir yandan da "doğa" yahut "Tanrı"nın onlara böyle bir hastalık vermiş olduğu gerçeğine içerler ve her ne kadar dışarıdan uyumlu davranıyor gibi görünse de içten içe kurallara isyan eder. Bu hastalar genelde ölmez ama iyileşmezler de. Hayatın her alanındaki isyankârlar gibi daimi olarak bir düzlükte kalır, zamanın geçmesini beklerler.

Başka hastalarsa ciddi anlamda hasta oldukları gerçeğiyle yüzleşirler; sanatoryumun verandasındaki yataklarında dinlenirken saatler boyunca düşünerek bilinçaltlarının bu trajik gerçeği sindirmesini sağlarlar. Benlik bilinçlerini yoklayarak önceki hayatlarında böyle bir hastalığa sebebiyet verecek ne yapmış olabileceklerini sorgularlar. Hastalığın katı gerçekliğini bilgi dağarlarını artırma konusunda bir yol olarak görürler. Bunlar hastalık sürecini başarılı bir şekilde aşmalarını sağlayacak -asla kâğıda dökülemeyen ve günden güne değişen- özdisiplin yöntemlerini en iyi şekilde seçip doğrulayabilecek hastalardır. Yalnızca fiziksel sağlıklarına kavuşmakla kalmazlar, aynı zamanda bu hastalığa yakalanmış olma deneyimi sayesinde gelişip güçlenirler. Deterministik olayları bilme ve şekillendirmeye dair temel özgürlüklerini olumlar; ciddi anlamda deterministik olan bir gerçeği özgürlükle karşılarlar. Sorumlu bir şekilde özgür olmayı seçmeyen kişilerin sağlıklarına kavuşup kavuşmadıkları şüpheli bir sorudur ve bunu yapan herkes böyle bir hastalık geçirmiş olması sebebiyle daha bütüncül bir insan halini alırlar.

İnsanoğlu hayatını incelemenin verdiği güçle kendisini çevreleyen olayların ötesine geçebilir. Tüberküloz hastası, Romalı filozof Epiktetus gibi bir köle yahut idama mahkûm edilmiş bir tutuklu da olsa bu gerçeklerle kuracağı ilişkiyi seçme özgürlüğüne sahiptir. Ve ölüm gibi acımasız bir gerçekle nasıl bir ilişki kurduğu kendisi için ölüm gerçeğinden daha önemli olabilir. Özgürlük en iyi şekilde Sokrates'in ödün vermektense baldıran otunu içmeyi yeğlemesi gibi çarpıcı örneklerle ifade edilebilir; ama aslında içinde yaşadığımız toplum gibi kendini kaybetmiş bir toplumda psikolojik ve tinsel bütünlüğe ulaşmaya çabalayan insanın gündelik özgürlük adına verdiği çaba çok daha çarpıcıdır.

Dolayısıyla özgürlük yalnızca belirli bir karara "evet" ya da "hayır" demek değildir: kendimizi şekillendirip yaratma gücüdür. Nietzsche'nin deyişiyle özgürlük, "asıl olduğumuz şeye dönüşme" kapasitesidir.

Özgürlük ve Yapı

Özgürlük asla boşlukta gerçekleşmez; anarşi değildir. Bu kitabın başlarında çocukların benlik bilincinin nasıl ebeveynleriyle aralarındaki ilişkinin yapısında ortaya çıkmaya başladığını ifade etmiştik. Ve insanoğlunun psikolojik özgürlüğünün ıssız bir adaya düşen Robinson Crusoe'dan farklı olarak kendi dünyasında önem taşıyan kimselerle durmaksızın kurduğu ilişkilerle geliştiğinin altını çizmiştik. Özgürlük bir başına yaşamaya çalışmak anlamına gelmez. Bu demek değildir ki insan ancak dünyayla ve özellikle de çevresindeki diğer insanların dünyalarıyla kurduğu ilişki çerçevesinde yalnızlığıyla yüzleştiğinde bilinçli bir sorumlulukla eyleme geçebilir.

Yapının önemi yeteri kadar belirtilmediğinde ortaya çıkabilecek absürt sonuçlara Fransız varoluşçuluğunun önde gelen yazarlarından Jean-Paul Sartre'ın metinlerinde rastlanabilir. Sartre'ın *Mantık Çağı* başlıklı romanının başkarakteri görünüşte özgür bir şekilde hareket ediyor gibi anlatılır, oysa aslında geçici hevesler ve kararsızlıkla eyleme geçer, davranışlarının altında her gece yinelenen cinsel arzular, sevgilisinin kendisinden beklentileri ve bazı diğer tesadüfi olaylar yatmaktadır. Bunun sonucunda kitabı okurken insanda bir boşluk ve amaçsızlık hissi baş gösterir ve belli belirsiz bir sıkıntı sonrasında şu soruyu yöneltme isteği doğar: "Kimin umurunda?". Romanın tetiklediği ruh hali Sartre'ın teorik olarak savunduğu birey ve onun özgürlüğüne dair endişeleriyle taban tabana zıttır. Sartre'ın *Kırmızı Eldiven* başlıklı tiyatro oyunundaki komünist kahramansa diktatörü öldürme amacını gerçekleştirmesini sağlayacak kararlılıktan yoksundur ve bunu yapmaya ancak karısını bir başka erkeğin kollarında gördükten sonra karar verir. Dolayısıyla tiyatro eleştirmenleri kahramanın (pek da haksız olmayarak) aktif cinsel kıskançlık anlamında yetişkin bir izci çocuk gibi davrandığını belirtmişlerdir.

Varoluşçuluğun hem Sartre'cı hem de diğer varyasyonlarının özünde bireyin kendi özgürlüğü ve içsel bütünlüğüne bu kavramlar uğruna ölecek yahut gerekirse intihar edebilecek denli inanması yatmaktadır. Sartre'cı varoluşçuluk aralarında Sartre'ın da bulunduğu bir kesimin büyük cesaret göstererek savaştığı Fransa'daki son savaş esnasındaki direniş hareketi içinde ortaya çıkmıştır; hareket canlılığını ve yapısının büyük bölümünü Fransa'nın özgürlüğü için verilen bu mücadeleye borçludur. Ancak Fransa'dan gelenlerin ifadesiyle böyle bir hareket karmaşık bir heves, genç Parisli sanat meraklıları için bir çıkış noktasına dönüştüğünde ortaya bir sorun çıkmaktadır.

Bireyin kendiyle ilgili nihai kararları verme gerekliliğinden kaçışı olmaması ve bir insan olarak varlığının bu seçimlerle belirlendiğini ifade eden temel Sartre'cı öğretiye ve bu seçimleri özgürlük ve yalnızlığa dair nihai analiz sürecinde yapmanın hem asıl hem de mecazi anlamıyla endişe ve içsel çaba sancıları gerektirebileceğine katılıyoruz. Fakat insanların belirli bir özgürlükle seçim yapabildikleri ve kimi zaman bu özgürlük için ölecekleri (her ikisi de son derece tuhaf ve her türlü temel kendini koruma ilkesiyle çelişmekte) gerçeği insan doğası ve insanın varoluşuyla ilgili bazı derinlikli düşünceleri de beraberinde getirmektedir. Kimse bir tartışmanın olumsuz yanı yahut daha farklı bir olumsuzlama uğruna ölmez. Kişi kaybedilmiş bir dava uğruna ölebilir fakat böyle bir durumda kendi onuru ve bütünlüğü gibi son derece pozitif değerler uğruna ölmektedir. Sartre'cı bakış açısının boşluğu alenen bağlı olduğu özgürlüğe dair önkabulleri analiz etme başarısızlığından kaynaklanmaktadır. İnsan ister istemez Fransız direniş hareketinden uzaklaştıkça Sartre'ın varoluşçuluğuna ne olacağını merak ediyor. Bazı keskin zekâlı eleştirmenler yetkeci bir hal alabileceğini iddia ediyor: Tillich Katolikliğe kayabileceğini, Marcel ise Marksist bir yapıya dönüşeceğini öngörmekte.

Burada amacımız kişinin dünyayla ilişkisinin yapısının nasıl olması gerektiğine dair detaylara girmek değil. Çok farklı yaklaşımlar vardır. Yunanlılar buna "logos" ("logical"[2] kelimesi buradan gelmektedir) diyorlardı. Stoacıların "doğal kanun" adını verdikleri ve kişinin mutlu olmak için uyması gereken belirli bir hayat "biçimi" kavramları vardı. On yedinci ve on sekizinci yüzyıllarda "evrensel mantık" inancı hâkimdi. Düşünen insanların çağlar boyunca belirli bir yapıyı farklı yaklaşımlarla açıklamaya çalıştıklarının ve her bireyin bilinçli yahut bilinçsiz bir şekilde uyduğu bir yapı bulduğunun altını çizmek istiyoruz. Çoğu insan toplumun beklentilerine bilinçsiz bir şekilde uymalarından kaynaklanan belirli kuralları kabullenme eğilimindedir. "Çoğunluğa uyma" ve "otoriterlik" günümüzde çoğu insanın kabul ettiği yapı olarak görünmektedir.

Bu yapıya dair yeterli bir görüntü oluşturma görevi elbette ki psikoloji de dahil olmak üzere sosyal bilimlerle dirsek teması içinde çalışan felsefe, din ve etik sorunudur. Bu kitapta çoğunlukla psikolojiyle ilgileniyoruz ve bireylerin yapı sorunuyla bağlantısı olan ihtiyaçları ve ilişkilerine dair psikolojik anlayışımızın bazı kanıtlarından söz ettik bile. İlerleyen bölümlerde bireyin potansiyellerini en üst seviyede hayata geçirmesine izin verecek yapı türü -etikte,

---

2) İngilizcede 'mantıklı' anlamına gelir. (çn)

felsefede ve dinde- nedir sorusuna daha detaylıca eğileceğiz.

"Kendini Seçmek"

Özgürlük kendi kendine ortaya çıkmaz; elde edilir. Ve tek bir hamleyle elde edilemez; her gün yeni baştan kazanılmalıdır. Faust'un aldığı nihai dersi etkili bir şekilde aktaran Goethe'nin deyişiyle:

> "Evet! diyorum bu sıkı sıkıya bağlı olduğum düşünceye;
> Bilgeliğin nihai sonucu da bunu doğruluyor:
> Kişi özgürlük ve varlığını
> Ancak her gün yeni baştan kazanıyorsa hak eder"

İçsel özgürlüğü kazanmanın temel adımı "kendini seçmektir". Kierkegaard'ın buluşu olan bu tuhaf ifade kişinin kendi benliği ve varlığına karşı sorumluluklarını tasdik eder. Bu, kör devinim yahut sıradan varoluşun tam tersi bir tavırdır; canlılık ve kararlılık tavrıdır; kişinin evrendeki belirli bir noktada var olduğunun farkına vardığı ve bu varoluşun getirisi olan sorumluluğu kabul ettiği anlamına gelir. Nietzsche'nin "yaşama istenci" derken kastettiği budur; yalnızca kendini koruma içgüdüsü değil, aynı zamanda kişinin kendisi olduğu gerçeğinin yanı sıra temel seçimlerini kendisinin yapmasına dair gerekliliği ve kendi kaderini gerçekleştirme sorumluluğunu üstlendiği gerçeğini kabullenme iradesi ki bu da kişinin kendi temel seçimlerini kendisinin yapması gerektiğini kabullenmek anlamına gelir.

Kendini ve kendi varlığını seçmenin ne anlama geldiğini daha açık bir şekilde görmek için tam tersini, yani var olmamayı seçme, diğer bir deyişle intihar kavramını inceleyebiliriz. İntiharın önemi çok sayıda insanın kendini öldürmesinde değil. Bu duruma gerçekten de psikozlular dışında nadiren rastlanır. Fakat hem psikolojik hem de tinsel anlamda intihar düşüncesinin çok daha geniş bir anlamı vardır. Kişinin belirli bir eylemle kendi canını almadığı fakat yaşamamayı -belki farkında dahi olmadan- seçerek öldüğü psikolojik bir intihar tipi vardır. Yakın zamanda batan bir balıkçı teknesinde meydana gelen olaylarla ilgili olarak buna benzer duyumlar almaktayız. Yirmili yaşlarında genç bir adam dalgalı sularda yüzen bir tahta parçasına birlikte tutunduğu kendisinden yaşlı başka bir adamla bir saat kadar sohbet etti ve yaşlı adama henüz ölmek için çok genç olduğunu düşündüğünden bahsetti. En sonunda, "Ben bittim; elveda babalık!" diyerek tahta parçasını bırakıp dibe battı. Elbette ki az da olsa gücü olduğunu düşündüğümüz birinin bu şekilde vazgeçip ölmeyi seçmesine neden olan içsel psikolojik süreçlerin neler olduğunu bilmiyoruz; fakat yaşamayı seçmemek gibi bir eğilimin iş başında olduğunu tahmin etmek güç değil.

Kendilerini hasta bir yakınlarına bakmak yahut önemli bir işi tamamlamak gibi belirli görevlere adayan insanlar da bu duruma örnek olarak gösterilebilirler. Sanki yaşamak "zorundaymışlar" gibi en zorlu koşullarda dahi vazgeçmeksizin devam ederler ve görev tamamlandığında, "başarı" elde edildiğinde sanki içsel bir karar alarak ölürler. Kierkegaard on dört yılda yirmi kitap yazdı ve bu kitapları kırk iki gibi erken olarak nitelendirilebilecek bir yaşta tamamladıktan sonra -neredeyse bir "son" gibi- yatağa düştü ve öldü.

Yaşamamayı seçmeye dair bu örnekler yaşamayı seçmenin ne denli önemli olduğunu göstermekte. Herhangi birinin istese kendi varlığını bu dünyanın yüzeyinden silebileceği fakat bunu yapmayı seçmediği gerçeğiyle açık yüreklilikle yüzleşmeden tam anlamıyla yaşamaya, yani kendi varlığını olumlama ve seçmeye başlayıp başlayamayacağı şüphelidir. Kişinin ölme özgürlüğü olduğuna göre yaşama özgürlüğü de vardır. Rutinin kitleler için geçerli olan şablonu kırılır: kişi artık ebeveynlerinin onu dünyaya getirme kararının, büyüme sürecinin rastlantısal bir sonucu değildir ve yaşamını yalnızca sebep-sonuç çarkındaki sonsuz küçüklükte bir nokta olarak sürdürmüyor, bu şekilde evlenip, çocuk sahibi olup yaşlanıp ölmüyordur. Ölmeyi seçebileceği halde seçmediği için bu kararı takip eden tüm eylemleri de dolayısıyla yaptığı bu seçim sayesinde mümkün olacaktır. O halde her eylemin özel bir özgürlük bileşeni vardır.

İnsanlar çoğu zaman hayatlarının bir bölümünde psikolojik intihar etme deneyimini yaşamaktadır. Temel noktayı açıklığa kavuşturacağını umduğumuz iki örnek vereceğiz. Bir kadın belirli bir erkek tarafından sevilmediği müddetçe yaşayamayacağına inanıyor. Sözkonusu erkek bir başkasıyla evlendiğinde kadın intihar etmeyi düşünüyor: "Diyelim ki bunu yaptım" diye geçiyor aklından. Ama sonra aniden şöyle düşünüyor: "Ben intihar ettikten sonra da hayatta olmanın güzel yanları olacak: güneş hâlâ parlıyor, su hâlâ insanı serinletebiliyor, hâlâ bir şeyler yapılabilir" ve sevilebilecek başkalarının da olduğuna dair bir düşünce beliriyor zihninde. Böylelikle yaşamaya karar veriyor. Bu seçimin ölüm korkusu yahut atalete değil de olumlu sebeplere bağlı olarak yapıldığını varsayarsak yaşanan çelişkinin ona birtakım yeni özgürlükler kazandırmış olabileceği görülebilir. Sanki kadının o adama sımsıkı bağlı olan yanı intihar etmiştir ve böylelikle kadın yeni bir hayata başlayabilir. Bu durum Edna St. Vincent Millay'in "Renascence"de betimlediği artırılmış canlılıktır:

Ah, topraktan geldim ben
Ve yeryüzünü titrettim çığlığımla
O çığlık ki eşi benzeri duyulmamış
Ölüp de yaşayan insanınkinden başka

Ya da genç bir adam şöhret kazanmadıkça mutlu olamayacağını hissedebilir. Zamanla varsayalım yardımcı doçent olarak da son derece ehil ve değerli biri olduğunu fark etmeye başlar; fakat basamakları tırmandıkça birilerinin daima ondan daha yukarıda olduğunu görür, "seçilmişlerin sayısı çok azdır" çok az insan şöhreti yakalayabilmektedir ve o da sadece iyi ve ehil bir öğretmen olarak kalabilir. O zaman bir kum tanesi kadar değeri olmadığını, hayatının anlamsız olduğunu ve ölse daha iyi olacağını hissedebilir. Ümitsizliğe kapıldığı durumlarda intihar düşüncesi aklına girmeye başlar. Er ya da geç o da şöyle düşünür: "Pekâlâ, diyelim bunu yaptım ya sonra?" Ve bir anda intihar ettikten sonra dünyaya geri gelecek olsa ünlü olmasa dahi yapacak çok şey kaldığını fark eder. Sonrasında şöhret peşinde koşmakla uğraşmadan hayatına devam etmeye karar verir. Sanki şöhret kazanamadan yaşayamayacak olan yanı gerçekten intihar etmiştir. Ve bu şöhret talebini öldürerek kalıcı mutluluk ve içsel güvenlik sağlayan şeylerin kamuoyunun düşüncesinin gelgeç standartlarıyla ilgisiz olduğunu fark eder. Bunun üzerine Ernest Hemingway'in şu ifadesindeki uçarı bilgeliği daha iyi anlamaya başlar: "Kim birkaç gün içinde ünlü olmak ister ki? Ben iyi yazmak istiyorum." Ve en nihayetinde, bu kısmi intiharla birlikte, şöhretin esiri olmaktansa kendi amaçlarını açıklığa kavuşturarak potansiyellerini ortaya çıkarmanın, kendi doğrusunu arayıp bulmanın ve içsel bütünlüğünden gelen kendine has katkılarını yapmanın verdiği mutluluğu hisseder.

Bu kısmi psikolojik intiharlarda sözkonusu olan asıl sürecin burada aktarılandan çok daha karmaşık olduğunun altını bir kez daha çizmeliyiz. Aslında bazı insanlar -hatta belki de çoğu insan- böyle bir talepten vazgeçmek durumunda kaldıklarında tam aksi istikamete yönelirler: geri çekilirler, hayatlarını ve dolayısıyla özgürlüklerini kısıtlarlar. Fakat kısmi intiharın olumlu bir yanı olduğunu ve bir tavrın yahut ihtiyacın ölmesiyle birlikte yeni bir şeyin doğabileceğini (ki bu doğanın yalnızca insanoğluyla sınırlı olmayan büyüme kanunlarından biridir) hatırlatmak istiyoruz. Kişi nevrotik bir stratejiyi, bir bağımlılığı, bir alışkanlığı öldürmeyi seçebilir ve sonrasında daha özgür bir insan olarak yaşamayı seçebileceğini görebilir. Verdiğimiz örnekteki kadın duruma daha açık bir içgörüyle bakabilseydi hiç kuşku yok ki uğrunda intihar etmeyi dahi düşündüğü sözde sevginin aslında gerçekte sevgi değil de sevdiğini düşündüğü adamı etkisi altına alma arzusuyla dengelenen bir tür parazit duygu olduğunu görebilirdi. Kişinin benliğinin bir parçasından kurtulabilmesini sağlayan bir tür "ölmenin" ardından genellikle hayata ve olasılıklara dair artmış bir farkındalık elde edilir.

Kişi bilinçli olarak yaşamayı seçtiğinde iki farklı şey daha olabilir. Öncelikle kendi kendine olan sorumluluğu yeni bir anlam kazanabilir. Hayatına karşı sorumluluğunu taşıması gereken bir yük olarak görmekten vazgeçip kendi seçtiği bir şey olarak görmeye başlayabilir. Ne de olsa artık bu kişi kendi verdiği bir karar sayesinde hayatına devam etmektedir. Hiç şüphe yok ki düşünen her insan en azından teoride özgürlük ve sorumluluğun el ele durduklarını fark eder: kişi özgür değilse bir tür otomat halini almıştır ve eğer kendi sorumluluğunu taşıyamıyorsa özgürlüğün sorumluluğunu üstlenemez. Fakat kişi "kendini seçtiğinde" bu özgürlük ve farkındalık ortaklığı iyi bir fikirden çok daha fazlası haline gelir: bunu kendi kalp atışlarında hisseder; kendini seçmenin aslında tek nefeste kişisel özgürlük ve sorumluluğunu seçmek olduğunu anlar.

Gerçekleşen diğer şeyse dışarıdan gelen disiplinin artık özdisiplin halini almasıdır. Disiplini dayatıldığı için değil (Zira kendi hayatına son verme özgürlüğüne sahip birine kim herhangi bir şey dayatabilir ki!) hayatına dair ne yapmak istediğini daha özgürce seçebildiği ve ulaşmak istediği değerler uğruna disiplinin gerekliliğini gördüğü için kabul eder. Bu özdisipline süslü püslü isimler verilebilir. Nietzsche buna "kaderini sevmek" derken, Spinoza hayatın kanunlarına itaatten bahsediyordu. Ancak süslü terimlerle bezenmiş olsun ya da olmasın, buna olgunluğa ulaşma çabası veren herkesin er ya da geç aldığı bir ders olduğuna inanıyorum.

6

Yaratıcı Bilinç

İnsan "etik bir hayvan"dır; bu etiklik maalesef gerçeklikten ziyade bir olasılıktır. Etik muhakeme yapma kapasitesi -özgürlük, mantık ve insanoğlunun diğer evrensel özellikleri gibi- kendi benlik bilincine bağlıdır.

Bundan birkaç yıl önce Dr. Hobart Mowrer, Harvard Psikoloji Laboratuvarı'nda dikkate değer bir deney yürüttü. Deneyin amacı farelerin "etik" anlayışını test etmekti. Acaba fareler davranışlarının uzun dönemdeki iyi ve kötü sonuçlarını dengeleyip buna göre davranabilir miydi? Aç hayvanların önüne bir oluktan yiyecek atıldı, plan bir tür faresel görgü kuralı öğrenerek yemeği kapmadan önce üç saniye beklemelerini sağlamaktı. Beklemeyen fareler cezalandırılarak kafesin zemininden verilen bir elektrik şokuna maruz kalıyordu.

Bu cezalandırma fareler yemeği kapar kapmaz gerçekleştiğinde çok geçmeden "kibarca" bekleyip sürenin sonunda yiyeceklerini alarak huzur içinde yemeyi öğreniyorlardı. Yani davranışlarını, "biraz bekle yoksa pişman olursun" gerçeğinin etrafında şekillendirebiliyorlardı. Ama ceza ertelenerek, sözgelimi fareler görgü kuralına uymayarak yemeği kaptıktan dokuz ya da on iki saniye sonra geldiğinde hayvanlar son derece büyük bir güçlük çekiyordu. Çoğu fare bu durumda cezadan bir şey öğrenemiyordu. "Savsaklamaya" başlıyorlardı, yani ceza verilip verilmeyeceğine aldırmadan yemeği gönülsüzce alıyorlardı. Ya da "nevrotik" bir tavır takınarak yiyeceklerden tamamen uzaklaşıyor ve aç kalıp sinirli bir hal alıyorlardı. Burada asıl önemli olan yaptıkları bir eylemin gelecekteki kötü sonuçlarını yiyeceğe karşı hâlihazırdaki arzularıyla dengeleyemiyorlardı.

Bu küçük deney insanlarla farelerin arasındaki farkı belirginleştirmekte. İnsan "önce ve sonraya bakabilir." O anı aşarak geçmişi hatırlayabilir yahut geleceğe dair plan yapabilir ve böylece gelecekte bir an gerçekleşecek çok iyi bir olayı o an gerçekleşebilecek daha sıradan bir olaya yeğleyebilir. Benzer şekilde başkalarının ihtiyaç ve arzularını hissedebilir, kendini başkalarının yerine koyabilir ve böylelikle kararlarını hem başkalarının hem de kendisinin iyiliğini gözetecek şekilde verebilir. Bu, her ne kadar bazı insanlarda son derece kusurlu ve temel düzeyde olsa da "komşunu sevme"nin ve içinde yaşanılan toplumun huzurunu davranışların nasıl etkilediğinin farkında olmanın başlangıcıdır.

İnsanoğlu yalnızca değerler ve amaçlarla ilgili buna benzer seçimler yapabilmekle kalmaz, aynı zamanda bütünleşme sağlamak istiyorsa bunu yapmalıdır da. Nasıl ki bir mıknatısın merkezi o mıknatısın güç çizgilerini kendine çekiyorsa, bu değer de -yani kitlendiği hedef- sahip olduğu güçleri kendine çeken bir tür psikolojik merkez görevi görür. Daha önceki bölümlerden birinde ne istediğini bilmenin çocuk ve gençlerde özyönlendirme becerisinin oluşmaya başlaması için büyük önem taşıdığını belirtmiştik. Ne istediğini bilmek basitçe olgunlaşan insanın kendi değerlerini seçebilme becerisinin temeldeki karşılığıdır. Kişinin olgunluğu hayatını kendi seçtiği amaçların etrafına kurmasıyla belirlenir: ne istediğini biliyordur, artık dondurma isteyen bir çocuk gibi değil de planlı bir şekilde yaratıcı bir aşk ilişkisine yahut işindeki başarıya doğru ilerleyen bir yetişkin gibi davranmaktadır. Ailesinin bireylerini rastlantısal bir şekilde doğumdan itibaren kendini onlarla birlikte bulduğu için değil, sevilmeye değer olduklarını düşünüp onları sevmeyi seçtiği için sever; çalışmaya devam etmesinin nedeni rutinleşmiş bir düzene uymak değil yaptığı şeyin değerine inanmasıdır.

Daha önceki bölümlerden birinde insanın endişe, şaşkınlık ve boşluğunun, modern insanın kronik psikolojik rahatsızlıkları temelinde değerlerinin birbirine girmesi ve birbirleriyle çelişmesinin yanı sıra belirli bir psikolojik merkeze sahip olmamasının yattığını ifade etmiştik. Artık bireyin içsel gücü ve bütünlüğünün hayatını üzerine kurduğu değerlere olan inancına bağlı olduğunu ekleyebiliriz. Bu bölümde insanların bu tür değerleri nasıl olgunluk ve yaratıcılıkla seçerek onaylayabilecekleri üzerine tartışacağız.

Öncelikle sizin ve benim değerlerimizin -ve bu değerleri onaylarken çektiğimiz güçlüklerin- içinde yaşadığımız çağla yakın ilişkisi olduğunu belirtmeliyiz. Bu her zaman böyledir: kuşkuculuk ve şüphenin her düşünceye eşlik ettiği geçiş çağlarında bireyin işi daima zordur. Geleneksel anlamda inancı desteklemek için herhangi bir nedeni olmayan Goethe şöyle yazar: "Biçimi her nasıl olursa olsun inançla yönetilen her çağ kendi içinde görkemli, yüceltici ve verimlidir. Oysa kuşkuculuğun belli belirsiz bir şekilde galip geldiği çağlar devraldıkları görkemi kısa süreliğine idare ettirebilseler de sonrasında anlamlarını yitirirler..." çünkü kimse "özünde verimsiz olan" bir şeyle uğraşmaktan hoşlanmaz.

Eğer Goethe bu tumturaklı sözlerde inanç deyip toplumdaki genel kanıları kastederek toplumun üyelerine bir anlam merkezi ve amaç bilinci sağlamak istiyorsa ifadesi tarihsel anlamda doğru. Ortak kanıların var oldukları dönemde yaratıcı güçleri nasıl bir araya getirdiğini görmek için Yunan Perikles'in dönemini, İşaya[1] dönemini, on üçün-

1) İşaya Tanah'ta, yani Tevrat ve Zebur'u da kapsayan Musevilik dininin kutsal kitabında Yeşaya ismiyle bahşolunan bir peygamberdir. -çn

cü yüzyıl Paris'ini ya da on yedinci yüzyıldaki Rönesans dönemini anımsamamız yeterli olacaktır.

Fakat Hellenistik dönemin sonlanmasında ve ortaçağcılığın alacakaranlığında olduğu gibi tarihsel bir sürecin geçiş yahut parçalanma döneminde "inanç" da parçalanma eğilimi gösterir. Bunun üzerine genellikle iki şey gerçekleşir. Öncelikle toplumda nesilden nesle aktarılan inanç ve gelenekler bireysel canlılığı baskılayan bir kalıp, bir tür ölü biçim halini alır. Örneğin ortaçağın zayıflama yıllarında gemi azıya alan semboller, haklarında kolayca tartışma yürütülebilecek içi boş birer biçim aldılar. Buna benzer bir dönüşüm evresinde gerçekleşen ikinci şey canlılığın gelenekten koparak toprakta her yöne saçılan sıvılar gibi gücünü yitiren geniş çağlı bir isyan haline gelmesidir. 1920'li yıllardaki durum da buna benziyor.

Çağımızdaki ikilem de aşağı yukarı bu değil mi? Bir tarafta otoriter eğilimler, diğer taraftaysa yönsüz bir canlılığın arasına sıkışıp kalmadık mı? Okuyucular tarih pastasını benden farklı bir şekilde kesebilirler -ve tarih gerçekten de farklı bakış açılarıyla yorumlanabilir- fakat içinde yaşadığımıza benzer toplumsal karmaşa dönemlerinde insanların "köksüzlük" sıkıntısı çekerek, 'denize düşen yılana sarılır' mantığıyla kendilerini güvende hissetmek için otoriteye ve yerleşik kurumlara sığınma eğilimi gösterdikleri konusunda herkes benimle hemfikir olacaktır. Dr. ve Bayan Lynd'in büyük buhran dönemi Amerikan kasabaları hakkında yürüttükleri *Değişen Middletown* başlıklı çalışmalarında işaret ettikleri üzere, "Çoğu insan hayatlarının birden çok bölümünde aynı anda yaşanan belirsizliklere katlanabilecek güçte değildir". Dolayısıyla Middletown sakinleri ekonomik ve politik anlamda daha tutucu ve otoriter görüşlere, daha katı ahlaki tutumlara dönme eğilimi gösteriyor ve liberal kiliseler yerine tutucu, köktenci kiliselerin ayinlerine katılıyorlardı.

Yirminci yüzyılın ortasındaki tehlike de, neye inanacaklarına dair şaşkın, aklı karışık ve hatta zaman zaman paniğe kapılma eğiliminde olan insanların (1930'lu yılların Avrupa'sında olduğu gibi) yıkıcı ve kötücül eğilimlere kapılabilecek olmalarıdır. Komünizm, "Köklü dinin güç kaybı sonucunda ortaya çıkan inanç boşluğunu" doldurmak üzere ortaya çıkar, diye yazıyor Arthur M. Schlesinger, Jr. "Endişe ve şüphelerin yarattığı içsel acıları iyileştiren bir amaç bilinci sağlıyor". Bu ülkenin komünist bir yönetim şekline geçeceğinden korkmayabiliriz (ben korkmuyorum) fakat yıkıcı eğilimler toplumumuzda kendilerini farklı şekillerde göstermektedir. Otoriter, tepkisel eğilimlerin -dinsel, politik, eğitsel eğilimlerle felsefeler ve bilimdeki dogmatizmde- gitgide fazlalaştığını gösteren işaretler mevcut. İnsanlar kendilerini tehdit altında hissedip endişelendiklerinde daha sert bir tavır takınırlar ve şüpheye düştüklerinde dogmatik olma eğilimi göstererek canlılıklarını yitirmeye başlarlar. Koruyucu bir kabuk örmek için geleneksel değerleri kullanır ve bu kabuğun ardına saklanırlar; ya da büsbütün paniğe kapılarak kendilerini geçmişe kapatırlar.

Fakat çoğu insan geçmişe kaçmanın işe yaramadığını keşfediyor. Neyse ki Henry Link'in Dine Dönüş'ü gibi geçici bir süre için popülerleşen kitapların etkileri de kısa süreli oluyor. Bu tür çabalar kendi kendilerini alt ediyor: insan asla dışarıdan bir "merkez" yaratamaz. Bozgun Helenistik çağlarda olduğu gibi, Gilbert Murray'in ifadesiyle "çabaların boşa çıkması" nedeniyle dinsel ilginin yeniden canlanmasının ne topluma ne de insanlara faydası olacaktır. Her ne kadar zorlu da olsa kendimizi ve içinde yaşadığımız toplumu kabullenip kendimizi iyice anlarken aynı zamanda tarihteki konumumuzla cesurca yüzleşip ahlaki merkezimizi bulmamız gerekir.

Son birkaç yıldır "dine dönüş"ten çok daha farklı yeni bir hareket oluşmaya başlamış durumda. Birçok entelektüel ve duyarlı insan kültürlerin dinsel ve ahlaki geleneklerden kopmaya başladığı ve değerlerin yeniden keşfedilmesi gereken bir çağda İşaya, Eyüp, İsa, Buda, Lao-tzu'da çok önemli bir şeyin eksik olduğunun ayırdına gitgide daha çok varmaya başladı. Artan bir ilgiyle geçmişin ahlaki ve dinsel bilgeliğine dönmeye başladılar. Bu eğilime dair bazı belirtiler David Riesman'ın The American Scholar dergisinde yayımlanan "Freud, Bilim ve Din" gibi yazılarında ve Hobart Mowrer'ın makalelerinde görülebilir. Partisan Review dergisinin 1950 yılında birbiri ardına yayımlanan dört sayısında da romancılar, şairler ve filozofların "Din ve Entelektüel" konusuna odaklanan yazıları mevcuttu.

Bu eğilim yalnızca günümüzdeki endişenin bir sonucu olmadığı ölçüde (ki en iyi örnekleri kesinlikle böyle değil) son derece faydalı. Fakat asıl tehlike, bazı entelektüellerin bu alanda yeni olmaları nedeniyle ayrım yapamayarak dinsel geleneğin daha bariz ve öne çıkan fakat daha az güvenli yanlarını benimseme eğilimi gösterebilecek olmalarıdır. Entelektüellerin dine olan ilgileri yalnızca otoriterlik ve tepkinin artmasına neden olacaksa durumumuz çok daha vahimdir.

Dolayısıyla asıl sorun ahlak ve din alanında neyin sağlıklı olduğunu ve kişisel değeri, sorumluluğu ve özgürlüğü neyin azaltmak yerine artırdığını ayırt etmektir. Daha önceki bölümlerde olduğu gibi insanlarda sağlıklı bir ahlaki farkındalığın nasıl oluşup geliştiğini sorarak başlayalım.

Âdem ve Prometheus

İnsan ahlaklı bir hayvandır: ancak ahlaki farkındalık kazanması kolay değildir. İnsanın ahlaki yargılama gücü çiçeklerin güneşe dönmesi kadar doğal bir şekilde ortaya çıkmaz. Aksine, tıpkı özgürlük ve benlik bilinci gibi ahlaki farkındalık da ancak içsel çatışma ve endişe pahasına kazanılır.

Bu çatışma en iyi şekilde ilk insan miti, yani İncil'de anlatılan Âdem hikâyesinde ortaya konmuştur. Babil döneminden kalma ve yeniden yazılarak İÖ 850 yıllarında Eski Ahit'e taşınan bu kadim hikâye ahlaki içgörüyle özfarkındalığın nasıl aynı anda ortaya çıktığını betimler. Prometheus ve diğer mitlerde olduğu gibi Âdem'in hikâyesinin de nesiller boyunca insanoğluna klasikleşmiş bir gerçeği aktarabilmesinin nedeni yalnızca belirli bir tarihsel olaya atıfta bulunması değil, tüm insanların paylaştığı içsel bir deneyimi ortaya koymasıdır.

Hikâyeye göre Âdem ve Havva, Tanrı'nın "göze hoş görünen ve güzel besinler sağlayan çeşit çeşit ağaç yarattığı" Cennet Bahçesi'nde yaşamaktadırlar. Bu muazzam topraklarda bir elleri yağda diğer elleri baldadır. Daha da önemlisi endişe ve suçluluk duygusu hissetmemektedirler: "çıplak olduklarını bilmiyorlardır". Hayatlarının gaspedilmemesi için doğaya karşı sürdürdükleri bir mücadele yoktur, ayrıca ne psikolojik anlamda kendi içlerinde ne de tinsel anlamda Tanrı'yla aralarında bir çatışma vardır.

Ancak Tanrı, "iyiyle kötüyü bilmekle Tanrı gibi" olmaması için Âdem'e Bahçe'de bulunan iyiliğin ve kötülüğün bilgisini taşıyan hayat ağacının yasak meyvelerinden yememesini emretmiştir. Âdem ve Havva ağacın meyvesini yediklerinde "gözleri açılır" ve iyilikle kötülüğü bilmelerinin ilk kanıtı endişe ve suçluluk duygusuna kapılmalarıdır. "Çıplak olduklarını" anlarlar ve derken günün serinliğinde bahçede yürüyen Tanrı'nın sesini duyunca ağaçların arasına gizlenirler.

Bu itaatsizlik üzerine Tanrı onları cezalandırır. Kadın kocasına karşı cinsel istek duyacak ve çocuk doğururken acı çekecektir, erkekse çalışma cezasına çarptırılır.

Ekmeğini alın teri dökerek kazanacaksın
Çünkü topraksın, topraktan yaratıldın
Ve yine toprağa döneceksin.

Bu çarpıcı hikâye aslında bir ile üç yaşları arasında, yani özfarkındalığın ortaya çıkmaya başladığı dönemde her insanın yaşadığı gelişim sürecini ilkel Mezopotamya insanına basit bir şekilde aktarmaktadır. Bundan önceki dönemde birey, ana rahminde geçen süreyi ve ebeveynler tarafından bakılarak rahat bir hayat sürdüğü ilk bebeklik çağını sembolize eden Cennet Bahçesi'nde yaşamaktadır. Bahçe, ahlaki çatışma ve sorumlulukların bulunmadığı bebekler, hayvanlar ve meleklere özgü o varoluş halini temsil etmektedir; kişinin "utanç ve suçluluk duygusu nedir bilmediği" bir masumiyet dönemidir. Üretken faaliyetlerin olmadığı buna benzer farklı cennet tasvirlerine edebiyatta sıklıkla rastlanır ve özfarkındalık öncesindeki döneme yahut psikolojik anlamda çok fazla ortak noktası bulunan o masumiyet dönemine, yani ana rahminde geçen döneme romantik bir özlem içerir.

"Masumiyet"in kaybı ve ahlaki hassasiyetin belirmesiyle efsane kişinin benlik bilinci, endişe ve suçluluk duygusunun ağırlığını sırtladığını göstermektedir. Benzer şekilde "topraktan" geldiğine dair bir bilince de sahiptir: her ne kadar bu bilinç daha sonra ortaya çıkacak olsa da. Yani günün birinde öleceğini fark eder; kendi sonluluğunun bilincine varır.

Olumlu açıdan bakılacak olursa bilgi ağacının meyvesini yiyerek doğru ve yanlışı öğrenmek psikolojik ve tinsel bireyin doğuşunu temsil eder. Gerçekten de Hegel insanın "düşüşüne" dair bu efsaneden "yukarıya düşüş" olarak bahsetmiştir. Efsaneyi Yaradılış kitabına alan ilk Yahudi yazarlar bu durumu bir tür tanrısal şarkı ve şenlik şeklinde ifade etmiş olabilirler, çünkü insanın asıl doğduğu gün -Âdem'in yaratıldığı gün değil- bugündür. Fakat asıl şaşırtıcı olan tüm bunların Tanrı'nın irade ve emirlerine karşın gerçekleşiyor olmasıdır. Tanrı sinirlenmiştir ve "Âdem iyiyle kötüyü bilmekle bizlerden biri gibi oldu; artık yaşam ağacına uzanıp meyve almasına, yiyip ölümsüz olmasına izin verilmemeli!" der.

Tanrı'nın insanoğlunun bilgi ve ahlaki hassasiyet sahibi olmasını istemediğine inanmalı mıyız; oysa Yaradılış kitabından önceki bölümde Tanrı'nın insanı kendi suretinde yarattığını öğreniriz ki bu ifadenin herhangi bir anlamı olacaksa özgürlük, yaratıcılık ve ahlaki seçim yapma bağlamında Tanrı'nın suretine benzemek kastedilmemekte midir? Tanrı'nın insanı masumiyet ve hem psikolojik hem de ahlaki bir körlük hali içinde tutmak istediğini mi varsaymalıyız?

Bu çıkarımlar efsanenin psikolojik anlamda keskin zekâlı içgörüsüyle öyle büyük bir çelişki içindedir ki daha başka açıklamalar bulmamız gerekir. Elbette ki İsa'dan üç bin ila bin yıl öncesine uzanan bir efsane ilkel bakış açısını yansıtacaktır. Günümüz insanının dahi zorlandığı göz önünde bulundurulduğunda ilkel hikâye anlatıcılarının yapıcı özfarkındalık ile isyan arasında bir ayrım yapamamaları anlaşılırdır. Üstüne üstlük efsanedeki Tanrı Yahweh'tir, yani kıskanç ve kindar olarak bilinen en ilkel kabile tanrısı. İlerleyen dönemdeki Yahudi peygamberleri Yahweh'in acımasız ve ahlakdışı yöntemlerine karşı çıkmışlardır.

Âdem efsanesindeki bu tuhaf çatışmayı aydınlatabilmek için aynı arkaik çağda ortaya çıkan ve Zeus ile Olimpos Dağı'ndaki diğer tanrıları içeren efsaneye bakabiliriz. Âdem'in hikâyesine en yakın Yunan efsanesi tanrılardan çaldığı ateşi ısınıp üretmeleri için insanlara veren Prometheus'un hikâyesidir. Bir gece dünya üzerinde ışık görerek ölümlülerin ateşi bulduklarını anlayan Zeus öfkelenerek Prometheus'u aldığı gibi Kafkaslarda bir dağın zirvesine zincirler. Zeus'un yaratıcı dimağının ortaya attığı işkencede bir akbaba gündüz Prometheus'un ciğerini yiyecektir ve geceleyin yeniden ortaya çıkan ciğeri akbaba ertesi gün yeniden parçalayarak zavallı Prometheus'a sonsuz bir acı yaşatacaktır.

Verilen ceza düşünüldüğünde Zeus acımasızlık anlamında Yahweh'ten bir adım öndedir. Ne de olsa insanoğlunun ateşe sahip olmasına öfkelenen Yunan tanrısı bütün hastalıkları, acıları ve kötülükleri güve benzeri yaratıklar biçiminde bir kutuya doldurmuş ve Merkür'den kutuyu Pandora ve Epimetheus'un huzurlu bir mutluluk içinde yaşadıkları dünyevi cennete (Cennet Bahçesi'ne benzeyen) götürmesini istemiştir. Meraklı kadın kutuyu açtığında içindeki yaratıklar serbest kalmış ve insanoğlu bu sonu gelmez dertlere gark olmuştur. Tanrıların insanlarla ilişkilerindeki bu kötücül tavırların ortaya koyduğu tablo hiç hoş değildir.

Nasıl ki Âdem'in hikâyesi benlik bilincinin efsanesiyse, Prometheus'unki de yaratıcılığın (insanoğlunun hayatına yeni biçimler kazandırmak) sembolüdür. Gerçekten de Prometheus ismi "önceden düşünülen" anlamına gelir ve daha önce de belirttiğimiz üzere geleceği düşünüp plan yapma becerisi benlik bilincinin bir boyutudur. Prometheus'un çektiği işkence yaratıcılıkla birlikte gelen içsel çatışmayı temsil eder ve tarih boyunca Michelangelo, Thomas Mann, Dostoyevski gibi sayısız yaratıcı insanın bize anlatmaya çalıştığı üzere insanoğluna yeni biçimler kazandırma uğraşı veren kişilerin mücadele etmek zorunda kaldıkları endişe ve suçluluk duygusunun bir sembolüdür. Ancak yine tıpkı Âdem efsanesinde olduğu gibi, Zeus da insanoğlunun yükselme çabalarını kıskanıp acımasız bir ceza verir. Dolayısıyla aynı sorunla karşı karşıyayızdır. Tanrıların insanoğlunun yaratıcılığına karşı sürdürdükleri bu mücadele ne anlam ifade etmektedir?

Elbette ki hem Âdem hem de Prometheus'un eylemleri tanrılara karşı bir başkaldırıdır. Bu açıdan bakıldığında efsaneler bize mantıklı gelebilir. Zira Yunanlılar da, Yahudiler de insanoğlu sınırlarını aşmaya çalıştığında, kendi kendinin ötesine geçmeye çabalayarak günah işlediğinde (Uriah'ın karısını elinden alan Davud'un yaptığı gibi), kibre kapıldığında (Truva'yı ele geçiren Agamemnon'un yaptığı gibi), evrensel güç sahibi olma hakkı iddia ettiğinde (modern faşist ideolojide olduğu gibi) ya da kendi sınırlı bilgisinin nihai doğru olduğu fikrini savunduğunda (ister dinsel ister bilimsel tüm dogmatik insanların yaptığı gibi), kişi o denli tehlikeli bir hal alır. Sokrates haklıydı: bilgisizliği kabullenmek bilgeliğin ilk adımıdır ve insanoğlu ancak alçakgönüllü ve dürüst bir şekilde bu kısıtlamalarını itiraf ettiği müddetçe güçlerini yaratıcı bir şekilde kullanıp sınırlarını aşabilir. Efsaneler sahte kibre karşı sağlam birer uyarı mahiyeti taşırlar.

Fakat bu efsanelerin aynı zamanda iyi ve yapıcı birer isyan ortaya koydukları açıktır; dolayısıyla insanın kendi sonluluk ve kibrine karşı yürüttüğü mücadelenin birer tasviri şeklinde geçiştirilemezler. Çocuğun "gözlerini açması" ve özfarkındalık becerisi kazanması süreçlerinin gerek tanrılar gerekse ebeveynler olsun otorite konumundakilerle daima bir çatışma olasılığı içerdiğine dair psikolojik gerçekliği ortaya koyarlar. Fakat bu potansiyel isyan -eksikliği durumunda çocuğun asla özgürlük, sorumluluk ve ahlaki seçim yapma becerisini kazanamayacağı ve insanoğlunun en değerli özelliklerinin etkisiz kalacağı isyan- neden cezalandırılıyor?

Bu efsanelerde, kıskanç tanrılar tarafından temsil edilen kemikleşmiş otoriteyle yeni bir hayat ve yaratıcılığın ortaya çıkışı arasında çağlar boyu süregelmiş çatışmadan bahsediliyor. Yeni bir canlılık halinin ortaya çıkması, hâlihazırdaki gelenek ve inançları mutlak surette bir yere kadar kıracağından, hem güce sahip olan hem de büyümekte olan insan için tedirgin edici ve endişe vericidir. Ve "yeni"yi temsil eden insanlar kendilerini bu kemikleşmiş güçlerle ölümcül bir mücadele içinde bulabilirler: tıpkı Orestes ve Oedipus gibi. Âdem'in endişesi ve Prometheus'un maruz kaldığı işkence bize aynı zamanda psikolojik olarak yaratıcı insanın içinde ilerleme korkusu olduğunu belirtmektedir. Bu efsanelerde insanın cesur tarafının yanı sıra rahatlığı özgürlüğe, güvenliği gelişip büyümeye tercih edecek hakir yanı da mevcuttur. Âdem ve Havva efsanesinde verilen cezaların cinsel arzu ve çalışma olması da bu ifademizi doğrular niteliktedir. Zira çalışmayı -toprağı işleyip yiyecek üretmeyi, alın teriyle bir şeyler ortaya koymayı- bir tür ceza addetmemizin altında yatan şey sonsuza dek bakım altında olma arzumuz değil midir? Cinsel arzuları bir yük olarak görüp tıpkı Origen gibi çatışmadan kaçmak için arzuları kesip atma fikri insanın endişe dolu yanından çıkmaz mı? Elbette ki kişinin kendi sürekliliğini sağlaması gerekliliğinin yarattığı endişe ve suçluluk duygusuyla cinsel arzunun yanı sıra özfarkındalığa dair sorunlar acı vericidir. Kimi zaman büyük bir çatışma ve acıyı da beraberlerinde getirirler. Fakat psikoz gibi aşırı uç örnekler dışında kişinin kendine dair bilgiye ve yaratıcılığa ulaşması -kısacası masum bir bebek yerine güçlü bir insan olmanın- karşılığında endişe ve suçluluk duygularıyla boğuşmak zorunda kalmasının son derece büyük bir bedel olduğuna kim itiraz edebilir ki?

Bu efsaneler tüm dinsel geleneklerde -gerek Yunan gerekse Yahudi yahut Hıristiyan olsun- yeni ahlaki görüşlere topyekûn savaş açan otoriter yanı göstermektedir. Bu, kıskanç ve kinci Tanrı Yahweh'in sesidir; tıpkı Oedipus'un babasında olduğu gibi oğlunun konumu ve gücünü kıskanarak onu kurtlara bırakan kralın sesidir; genç, yeni ve büyüyen ne varsa ezme eğiliminde olan kabile şefi ya da Şaman'ının sesidir; yeni yaratıcılıklara direnen dogmatik inanç ve katı geleneklerdir.

Elbette ki her toplumda mutlaka iki taraf da vardır: yeni fikirler ve ahlaki içgörüler getiren etkilerle geçmişin değerlerini korumaya çalışan kurumlar. Yeni canlılıklar ve eski biçimler, hem değişim hem istikrar, var olan kurumlara saldıran yeni dinlerle bu kurumları koruyan oturaklı dinler olmasa hiçbir toplum uzun süre ayakta kalamazdı.

Ancak daha önce de gördüğümüz üzere, günümüzdeki asıl sorun aşırıya kaçan bir çoğunluğa uyma eğiliminin varlığıdır. Mensubu olduğu grubun kendisinden beklentilerine çaresizce uymaya çabalayan radar güdümlü kimse, ahlakı elbette ki grubun standartlarına "uyum" olarak görecektir. Bu gibi zamanlarda ahlak gitgide itaat etmeyle özdeşleştirilmeye başlar. Kişi toplum ve kilisenin dikte ettiği şeylere uyduğu ölçüde "iyidir." Âdem efsanesine dair eleştirel olmayan yaklaşımlardan biri bu tür eğilimleri son derece etkili bir şekilde makul kılmaktadır: Âdem itaatsizlik etmeseydi cennetten kovulmayacağı söylenebilir. Bu ifade içinde bulunduğumuz karmaşık zamanda insanlara düşünülenden çok daha cazip gelmektedir, ne de olsa endişe çağlarında bakım ya da istek ya da endişe ya da çatışma ya da kişisel sorumluluk ihtiyacının olmadığı cennete karşı aşırı bir arzu duyulur.

Dolayısıyla benlik bilinci geliştirmemek dolaylı yoldan ödüllendirilir. Bu durum soru sormadan itaat etme eğiliminin artması ya da kişisel sorumluluğun en aza inmesinin istenmesinden farksızdır.

Peki ama itaat etmenin neresi ahlakidir? Kişinin amacı salt kendisine itaat edilmesi olsaydı pekâlâ tüm isteklerini yapabilecek bir köpek yetiştirebilirdi. Hatta köpek insan efendilerinden çok daha "ahlaklı" olurdu, çünkü köpeklerin özgürlüklerinin bastırılması ve ellerinden alınmasına başkaldırı olarak bir tür itaatsizlik "kazası" şeklinde sinir krizi geçirme olasılığı yoktur. Peki genel anlamda kabul gören normlara uymanın neresi sosyolojik anlamda ahlaklıdır? Bu ideale uyan kişi 1900'lü yıllarda diğer herkes gibi cinsel anlamda baskılanırdı; 1925 yılında o dönemde kabul gören düşünceye karşı ufak ufak ayaklanmaya başlar; 1945 yılındaysa davranışlarını Kinsey Raporu'nda belirtildiği üzere şekillendirirdi. İster standartlarınıza "kültürel" deyin ister onları ahlaki kural ya da katı dinsel doktrinler olarak niteleyin; bu tür bir konformizmin neresi ahlaklı?

Elbette ki bu tür davranışlar insan ahlakının özünü dışarıda bırakıyor - kişinin diğer insanlarla arasındaki biricik ilişkinin farkına varma hassasiyetiyle bir raddeye kadar özgürlük ve kişisel sorumluluk çerçevesinde yaratıcı ilişkinin kurulması.

Ahlaki hassasiyet ve hâlihazırdaki yerleşik geleneklerle ahlaki özgürlüğün getirisi olan endişenin en çarpıcı betimlemelerinden biri Dostoyevski'nin Büyük Engizisyoncusunda hayat bulur. Günün birinde İsa dünyaya döner ve sessizce sokaktaki insanları iyileştirmeye başlar fakat herkes tarafından tanınır. Bu olay İspanya Engizisyonu döneminde gerçekleşir ve yaşlı Kardinal, Büyük Engizisyoncu yolda İsa'yla karşılaşır ve onu hapse attırır.

Gecenin bir yarısı Engizisyoncu neden dünyaya dönmemiş olması gerektiğini açıklamak üzere sessiz duran İsa'nın yanına gider. Kilise on beş yüz yıldır İsa'nın insanlığa özgürlük bahşetme hatasını telafi etmek için mücadele etmektedir ve onun bu çabaları boşa çıkarmasına izin vermeyeceklerdir. Engizisyoncuya göre İsa'nın hatası, "katı ve kadim kurallar" yerine insanın omuzlarına "kendisi için neyin iyi neyin kötü olduğuna özgür bir yürekle karar vermenin" ağırlığını yüklemesidir ve "özgürce seçim yapmanın bu korkutucu ağırlığı" insanoğluna fazla gelir. İsa'nın insanlara karşı duyduğu saygının aşırılığından bahseder ve insanların çocuklar gibi davranılıp "otorite" ve "mucizelerle" idare edilmek istediklerini söyler. Oysa onlara basitçe tıpkı şeytanın önerdiği gibi ekmek sunmalıdır, fakat o "insanların özgürlüğü ellerinden alınmamalı" diyerek bu öneriyi reddederken "ekmek karşılığında gelen itaatin ne değeri vardır ki?" diye düşünür... Ancak sonunda özgürlüklerini ayaklarımızın önüne serip, "Bizi köleniz yapın ama besleyin" diyeceklerdir... "İnsanoğlunun huzur ve hatta ölümü dahi iyilik ve kötülük bilgisiyle seçme özgürlüğüne yeğlediğini unuttun mu?"

İsa'nın yolundan gidecek az sayıda cesur, güçlü insan var, diye devam eder yaşlı Engizisyoncu, ancak çoğu insanın aradığı şey birlik ve "herkesin hemfikir olarak ortak bir noktada buluşmasıdır... Bahtsız insanoğlu için, kendisine doğuştan ihsan edilen özgürlüğünü verebileceği birini bulma endişesinden daha acı vericisi yoktur." Kilise bu hediyeyi kabul eder: "Onlara -itaatkârlıkları ölçüsünde- karılarıyla ve sevgilileriyle yaşayıp yaşamama, çocuk sahibi olup olmama izni vereceğiz ve bize mutlulukla itaat edecekler... Çünkü böylelikle hâlihazırda kendi başlarına özgürce karar vermenin yarattığı korkunç endişe ve acıdan kurtulacaklar." Üzgün bir şekilde şu tumturaklı soruyu yönelten yaşlı Engizisyoncu ertesi gün İsa'nın yakılacağını söyleyerek izin ister: "Neden geri gelip işleri karıştırdın?"

Elbette ki Dostoyevski ister Katolik ister Protestan olsun Engizisyoncunun tüm dinler hakkında konuştuğunu kastetmemektedir. Aksine, dinin insanı köleleştiren ve tıpkı Esau gibi bir tas çorba uğruna en değerli varlıklarından (özgürlük ve sorumluluk) vazgeçmeye hazır hale getiren ve o "uyuşuk... karınca yığınına" erişmeyi hedefleyen kısıtlayıcı yanını ortaya koymayı hedeflemektedir.

Dolayısıyla hayatını etrafında kurabileceği birtakım değerlerin arayışında olan günümüz insanı bunun basit bir yolu olmadığı gerçeğiyle yüzleşmek zorundadır. Nasıl ki özgürlük ve seçme sorumluluğu ağır bir yük haline geldiğinde ebeveynlerine sığınması sağlıklı bir durum değilse, benzer şekilde onu kurtaracak olan şey "dine dönmek" de değildir. Ne de olsa ahlakla din arasında, ebeveynlerle çocukları arasındakine benzer bir ikili ilişki vardır. Bir yandan tarih boyunca ahlak elçileri dinsel gelenekle yetiştirilmiştir. Akla hemen Amos, İşaya, İsa, Aziz Francis, Lao-tzu, Sokrates, Spinoza ve daha pek çoğu gelmektedir. Fakat öte yandan ahlaki anlamda hassas olan insanlarla yerleşik dini gelenekler arasında çetin bir mücadele süregelmektedir. Ahlaki içgörüler var olan anlayışlara karşı yürütülen mücadeleler sayesinde ortaya çıkar. Dağdaki vaaz esnasında İsa önerdiği her yeni ahlaki içgörü öncesinde kendini biraz olsun geri çekerek şöyle bir ifade kullanır: "Atalara dendiğini duydunuz, ama ben size derim ki..." Bu, ahlaki duyarlılık sahibi insanın kendini geri çekişidir: yeni şarap "eski fıçılara doldurulamaz", aksi takdirde fıçılar patlayıp şarabın saçılmasına neden olabilir. Dolayısıyla her daim: Sokrates, Kierkegaard ve Spinoza gibi ahlaki anlamda yaratıcı insanlar geleneksel sistemin biçimselleşmiş "kanunlarının" karşısında yeni bir ahlaki "ruh" arayışındadırlar.

Bu ahlak elçileriyle hâlihazırdaki dini ve sosyal gelenekler arasında, ahlaki liderlerin kiliseye yönelttiği saldırılar ve kilisenin ötekini düşman olarak göstermesi neticesinde daima bir gerginlik vardır. "Tanrı sarhoşu filozof" Spinoza aforoz edilmiştir; Kierkegaard'ın kitaplarından birinin başlığı Hıristiyanlığa Saldırı'dır; İsa ve Sokrates ahlaki ve sosyal denge için "tehdit" oluşturmaları sebebiyle idam edilmiştir. Tarihsel bağlamda bir dönemin azizlerine bir önceki dönem ateist gözüyle bakılması şaşırtıcıdır.

Günümüzde ahlaki gelişmenin aksine var olan dini geleneklere saldıran düşünürlere örnek olarak, Hıristiyan ahlakının kin duygusuyla harekete geçirildiğini ifade eden Nietzsche'yi ve yönelttiği eleştiriyle dinin insanları çocuksu bir bağımlılığın pençesine yerleştirdiğini ifade eden Freud'u gösterebiliriz. Kuramsal inançları her ne olursa olsun insanoğlunun esenliğiyle potansiyelini kullanmanın getirisi olan memnuniyete dair ahlaki endişeyi temsil etmektedirler. Her ne kadar bazı çevrelerde öğretileri din karşıtı şeklinde nitelendirilse de (ki bazıları öyle), gelecek nesillerde hem Freud'un hem de Nietzsche'nin temel içgörülerinin ahlaki-dinsel geleneğe katılacağına ve bu katkılar sayesinde dinin çok daha zengin ve etkin bir hal alacağına inanıyorum.

Örneğin John Stuart Mill babası James Mill'in dini "erdemin düşmanı" olarak nitelendirdiğine dikkat çeker. Baba

Mill, İskoçya'daki bir Presbiteryen papaz okulunda eğitim almış, fakat sonrasında Tanrı'nın insanların yazgıları gereği kendi seçimleri dışında gitmeleri gereken bir cehennem yaratmış olabileceğine inanmayı reddettiğinden kiliseden uzaklaşmıştır. Dinin "ahlak kurallarının standardını önemli ölçüde düşürerek bunları aslında fazlasıyla nefret dolu olarak betimlediği bir varlığa karşı dalkavukluğun tüm gereklerini yerine getirmekten ibaret kıldığı" görüşünü savunmuştur. On dokuzuncu yüzyılın ortalarında böyle "inançsız" bir insan için Mill şunu eklemeyi de ihmal etmez: "Aralarında en iyileri... Haksız bir iddiada bulunarak kendilerini dindar olarak gösterenlerden çok daha dindardırlar."[2]

Rus Ortodoks din bilimci ve filozof Nikolay Berdyaev baba Mill gibi aynı sadistik doktrinlerin yanı sıra şu gerçeğe de itiraz eder: "Hıristiyanlar Tanrı'ya hürmetlerini baş eğerek, yaltaklanarak ve yerlere kapanarak (itaatkârlık ve aşağılanmanın simgesi olan davranışlar) göstermişlerdir." Tarih boyunca tüm etik elçileri için sözkonusu olduğu üzere Berdyaev de, "Tanrı adına Tanrı'ya karşı mücadele edeceğini" belirterek şunları ekler: "Tanrı'nın kendisi gibi nihai bir değer olmadan karşı durmaya karar verdiğim şeyi yargılayıp ona karşı başkaldırmam imkânsızdır."[3]

Âdem ve Yahweh, Prometheus ve Zeus, Oedipus ve babası, Orestes ve anaerkil güçler yahut insanoğlunun gerçek etik tarihçesindeki elçilerin anlatılarındakilere benzer köklü otoritelerle yeni içgörüler arasındaki mücadelede ortak bir motif vardır. Bu, farklı bir seviyede de olsa daha önce çocuk ve ebeveyn arasındaki çatışmaya dair psikolojik motifle aynı değil midir? Ya da daha kesin bir deyişle, her insanın daha güçlü bir özfarkındalık, olgunluk, özgürlük ve sorumluluğa erişme mücadelesiyle çocuk kalarak ebe-

---

2) John Stuart Mill, *Otobiyografi.*
3) Nikolai Berdyaev, *Tin ve Gerçeklik.*

veynlerinin yahut ebeveynlerinin yerine koyduğu otorite figürlerinin koruması altında kalma eğilimi arasında çatışma değil midir?

Din - Bir Güç Kaynağı mı Yoksa Zayıflık mı?

Din ve kişilik bütünleşmesi tartışmalarında asıl soru dinin kişiyi sağlıklı kılıp kılmadığı yahut sinir hastalıklarına neden olup olmadığından ziyade ne tür bir dinden bahsedildiği ve bu dinin nasıl kullanıldığıdır? Freud dinin aslında bir zorlantı nevrozu olduğu görüşünü savunurken hatalıydı. Bazı dinler böyledir, bazılarıysa değildir. Hayatın her alanı bir zorlantı nevrozu olarak görülebilir: felsefe, kişiyi gündelik hayatın endişe ve düzensizliğinden koruyan bir "sisteme" kaçış ya da gerçekliği daha iyi kavramaya dair cesur bir çaba olarak görülebilir. Bilim duygusal güvensizlik ve şüpheden kaçarak sığınılabilecek katı, dogmatik bir inanç ya da gerçekliği arayan zihin açıcı bir uğraş olarak görülebilir. Gerçekten de toplumumuzun zeki çevrelerinde bilime olan inanç daha fazla kabul gördüğünden sorgulanma olasılığı da o denli azdır, hatta günümüzde belirsizliklerden kaçmak için bu inana dine kıyasla daha sık başvurulmaktadır. Ancak Freud dine dair doğru soruyu yönelttiği için -çoğu zaman olduğu gibi- teknik anlamda haklıydı: gerçekten de bağımlılığı artırıp kişinin çocuksu kalmasına mı neden olmaktadır?

Tam ters tarafta durarak kitleleri rahatlatmak için üstünkörü bir şekilde dinin kişiyi akıl sağlığına yönelttiğini söyleyenlerin bu ifadeleri de doğru sayılmaz. Bazı dinlerin böyle bir etkisi olsa da bazılarının kesinlikle yoktur. Bu geniş kapsamlı ifadeler bizi dinsel tavırların özüne inerek onları teorik inançlar değil de kişinin hayatıyla arasındaki organik bağın işlevsel bir yanı olarak değerlendirme sorunundan azat eder.

Önerdiğimiz sorular şunlardır: Herhangi bir kimsenin dini onun iradesini kırarak gelişim anlamında çocukluk çağını geçmesine engel olurken onu özgürlük ve kişisel sorumluluğa dair endişeden korumakta mıdır? Yoksa kendi onuru ve değerini doğrulayan bir anlam temeli teşkil ederek kendi sınırlarıyla endişesini kabullenme cesareti vermenin yanı sıra güçlerini, sorumluluklarını ve diğer insanları sevme kapasitesini geliştirmesine olanak mı sağlamaktadır? Bu soruları yanıtlarken değinilmesi gereken ilk konu din ve bağımlılık arasındaki ilişkidir.[4]

Bir anne ve kızı henüz kız daha çok küçükken hayatının tamamen Tanrı'nın iradesiyle şekillendirileceği konusunda ortak bir karara varmışlardı. Ve aralarındaki anlaşmaya göre Tanrı'nın iradesi kıza annenin duaları aracılığıyla iletilecekti. Bu durumun kızı her hareket ve düşüncesinde annesinin otoritesine maruz bırakacağı gerçeği insanı irkiltmeye yetecektir! Kızın herhangi bir konuda seçim yapma kapasitesi tamamen baskılanacaktır; zaten kendisi yirmi yaşına gelip de kendi iradesiyle bir türlü evlilik kararı veremediğinde bu durumun farkına acı verici bir şekilde varacaktır. Bu uç bir örnek olabilir, zira anne ve kız dinsel anlamda tutucu bir tarikata üyeydi ve durum karmaşık

4) Burada bağımlılık terimini "düzgüsüz bağımlılık", yani daha ziyade çocukluk dönemine uyan fakat kişinin o anki durumuna uygun olmayan bir bağımlılığa karşılık olarak kullanıyorum. Elbette ki bağımlılık tamamen normal olabilir: bir yaşındaki çocuğun annesi tarafından kaşıkla beslenme ihtiyacı son derece normaldir, fakat sekiz yaşındaki bir çocuğun aynı muameleye ihtiyaç duyması normal değildir. On yaşındaki bir erkek çocuğun ebeveynleri tarafından desteklenmesi içinde bulunduğu gelişim evresi için çok yapıcıyken ebeveynleri tarafından desteklenen otuz beş yaşındaki bir erkeğin durumu farklıdır. Kullandığımız anlamıyla bağımlılık basitçe büyümeyi başaramamak değildir: endişeden kaçışı temsil eden dinamik bir örgedir. Kullandığımız anlamıyla bağımlılığa karşılık olabilecek bir tabir başka bir canlıya tutunmadığı müddetçe yaşamayan organizmalar için kullanılan "simbiyoz" terimidir.

rasyonelleştirmelerle örtülmemişti. Bu örnek bize, kızın annesinin yaptığı gibi kişi kendini Tanrı'nın sözcüsü yahut işbirlikçisi olarak gördüğünde gücünü başkalarının üzerinde kullanmada sınır tanımayacağını göstermektedir.

Terapi seanslarında kişi ebeveyn kontrolünden kurtularak biraz olsun özgürlüğüne kavuşmaya çabaladığında dinin bu tarz kullanımı sıklıkla ve açık bir şekilde karşımıza çıkmaktadır. Böyle bir durumda ebeveynler genellikle çeşitli kurnazlıklarla genç insanlar için ebeveynlerin idaresi altında kalmanın dini bir zorunluluk olduğuna, ebeveynlerinin kontrolü altında yaşamaya devam etmelerinin "Tanrı'nın iradesi" olduğuna dair çeşitli söylemler geliştirirler. Terapi gören kişilerin böyle zamanlarda ebeveynlerinden aldıkları mektuplar da genellikle İsa'nın önceki sayfalarda atıfta bulunduğumuz Yeni Ahit'teki "İnsanın düşmanı kendi ev halkı olacak" ifadesi yerine "Babanı ve anneni onurlandır" gibi ifadeler içerir.

Çoğu ebeveyn, elbette ki sözel olarak, ısrarla sadece çocuklarının kendi potansiyellerini açığa çıkarmasını istediklerini ifade ederler. Bilinçaltlarında kendilerinden genç olan insanlara sıkı sıkı sarılma ihtiyaçlarından genelde habersizdirler. Fakat oğulları yahut kızlarının potansiyellerini açığa çıkarmaları sanki kendi kontrolleri altında kalmalarına bağlıymış gibi davranmaları ortaya kendi bilinçli eğilimlerinden çok daha farklı bir şey koyar. Oğul yahut kızın özgür kalması genellikle ebeveynlerde derinlere gömülü olan, toplumumuzdaki ebeveynlerin kendi çocuklarına özgü potansiyellere gerçekten inanmalarının ve kemikleşmiş otoritenin karşısındaki kişiyi itaate "zorlama" pahasına dahi gücünü kaybetmeme eğiliminin ne denli güçlü olduğunu ortaya koyan endişeyi canlandırır.

Özerkliğini elde etmeye çabalayan genç insanın aklına ebeveynlerinin ilkelerine itaat etmediği takdirde sonunun geleceği düşüncesi sokulduğundan çatışmalar iyiden iyiye karmaşık bir hal alır. Zaten özgür olma çabaları nedeniyle içten içe yoğun bir endişe ve suçluluk duygusuyla boğuşmaktadır. Çoğu zaman bu aşamadaki insanlar rüyalarında suçlu ama suçsuz olduklarını görürler (Orestes gibi suçludurlar ama ilerlemeye devam etmeleri gerekir). Bu durumdaki bir kişi rüyasında suçsuz olduğunu bildiği halde Senato'da Senatör McCarthy tarafından suçlandığını görmüştü.

Elbette ki başka birinin gücüne yem olma sorunu kişinin çocuksu bakıma muhtaçlık duygusu nedeniyle çetrefilleşir. Dolayısıyla kişide içten içe kendini baskın karaktere teslim etme eğilimi vardır. Son on yıldaki psikoterapi çalışmalarımın neredeyse yarısı dinsel bir geçmişe sahip yahut profesyonel anlamda dinle uğraşan, diğer yarısıysa hiçbir şekilde dinsel bir geçmişi yahut dine ilgisi olmayan kişiler üzerineydi. Temkinli bir şekilde değerlendirilmesi gereken fakat yine de toplumumuzdaki din eğitiminin psikolojik etkilerine dair aydınlatıcı olabilecek bazı izlenimler edindim. Bu izlenimleri paylaşmamın iki nedeni var. İlki, dinsel gelenekten gelen fakat dinin (ve mensubu olduğumuz kültürün herhangi bir bölümünün) nevrotik tuzaklarına düşmemeye çabalayan okuyuculara fayda sağlayacak oluşudur. İkinci nedense bu izlenimlerin, herhangi bir dinsel geleneğe mensup olmayan fakat günümüzde sayıları giderek artan hassas insanlar gibi kişisel değerlerin keşfedilmesinde dinin hangi yönlerinin faydalı hangi yönlerinin faydasız olduğunu ayırt etmeye çalışan okuyuculara da yol gösterebilecek olmasıdır.

Bu izlenimlerden ilki dindar bir geçmişten gelen insanların kendileri ve kendi hayatlarıyla ilgili bir şey yapmayı istemekten aldıkları "hazzın" ortalamanın üzerinde oluşudur. Fakat ikinci olarak benim "bakım görmeye dair ulvi hak" olarak adlandırabileceğim bir tavır benimsemeleridir. Elbette ki bu iki tavır birbiriyle çelişmektedir. Dinin, önceki sayfalarda bahsettiğimiz ve bu bölümün ilerleyen sayfalarında da geri döneceğimiz birbiriyle çelişen iki etkisiyle paralellik göstermektedir. İlk tavır -kişinin kendi sorunlarına dair bir şeyler yapmaya karşı duyduğu güçlü istek- herhangi bir yorum gerektirmez; kişinin hayatın anlam ve değerine olan güveninin bir işlevi, olgun bir dinin katkılarından biridir ve ilerleyen satırlarda göreceğimiz gibi genellikle terapi üzerinde enerji sağlayıcı bir etkisi vardır.

Fakat "bakım görmeye dair ulvi hak" farklıdır. Hem terapide hem de gerçek hayatta kişilerin olgunluğa doğru gelişmelerinin karşısındaki en büyük engellerden biridir. Bu durumdaki insanların bakım görme taleplerini incelenip aşılması gereken bir sorun olarak görmeleri genelde çok güçtür ve bu "hakları" kabul görmediğinde çoğu zaman düşmanca davranarak bir tür "aldatılmışlık" hissine kapılırlar. Elbette ki Pazar Okullarında şarkılar söyledikleri çocukluk günlerinden başlayıp benzer bir düşüncenin pek çok filmde bayağılaştırılmasına varıncaya değin sürekli "Tanrı seni gözetecek" denmiştir. Fakat daha derinlere inildiğinde bu bakılma talebi -özellikle de dengesi bozulduğunda çabucak düşmanlığa dönüşebildiğinden- daha temel bir şeyin işlevidir. Gücünü bu kişilerin çok fazla şeyden vazgeçmek zorunda olmalarından aldığına inanıyorum. Kendi güçlerinden vazgeçip ahlaki kararlar verme haklarını ebeveynlerine devretmişlerdir ve nasıl ki bir kölenin efendisine bağımlı olma hakkı varsa, yazılı olmayan bu anlaşmaya göre bu kişilerin de tamamen ebeveynlerinin gücü ve kararlarına tâbi olma hakları vardır. Yani ebeveynleri -daha büyük bir olasılıkla terapistleri ya da Tanrı gibi ebeveynlerinin yerini alan şeyler- onlara özel ilgi göstermediklerinde sahiden aldatılmış olurlar.

Onlara "iyi olma"nın, yani genel kanıya göre itaat etmenin mutluluk ve başarı getireceği öğretilmiştir. Fakat yukarıda ifade ettiğimiz üzere salt itaat etmek bireyin ahlaki farkındalığıyla içsel gücünün gelişimine ket vurur. Uzun bir süre boyunca dışsal gerekliliklere itaat eden kişi ahlaklı, sorumlu seçim yapma gücünü yitirir. Her ne kadar kulağa çok tuhaf gelse de, bu kişilerin iyilik ve mutluluğa ulaşma güçleri de böylelikle azalır. Ve Spinoza'nın da ifade ettiği gibi mutluluk erdemin mükâfatı değil başlı başına bir erdem olduğuna göre ahlaki özerkliğinden vazgeçen birey aynı şekilde erdem ve mutluluğa erişme gücünden de vazgeçmiş olur. Dolayısıyla öfkeli olmasına şaşmamak gerekir.

"İtaat ahlakı", yani "benliğini başkasına tâbi kılarak iyiliğe erişmeye" atfedilen önemin modern kültürdeki gücünü nereden aldığına daha yakından baktığımızda bu kişilerin tam olarak nelerden vazgeçmek zorunda kaldıklarını daha somut bir şekilde görebiliriz. Bu durum, modern biçimini son dört yüz yılda gelişen sanayileşme ve kapitalizmden kopyalanan şablonlardan almaktadır. Kişinin mekanik eşbiçimliliğe itaat etmesi, hayat düzenini iş ve aşırı tutumluluğun gereksinimlerine uyacak şekilde ayarlaması, modern çağın önemli bir bölümü boyunca beraberinde hem maddi hem de sosyal başarı getirdi. İtaatle birlikte kurtuluşun da geldiği hararetli bir şekilde savunulabilir, ne de olsa sanayi toplumunda kişi çalışma koşullarının gereklerine uyduğunda para biriktirebilmektedir. Erken dönem Quaker ve Püritanların iş yapma zekâlarını bilenler bu ekonomik ve ahlaki tavırların birlikte nasıl uyum içinde çalıştığını da iyi bilecektir. "Quaker doları", orta sınıfın bu itaat sisteminde maruz kaldığı duygusal mahrumiyet nedeniyle ortaya çıkan kırgınlığa karşı somut bir avuntuydu.

Ancak daha önceki bölümlerde ifade ettiğimiz gibi zaman değişir ve günümüzde "erken kalkan" sağlıklı olabilir fakat bunun sonucunda varlıklı ve akıllı olacağına dair bir garanti yoktur. Ben Franklin'in ilkeleri, yani vergi verme ve rutin çalışmaya sadakat artık başarıyı kesinleştirmiyor.

Bunun da ötesinde, dindar kimseler, hele ki papaz yahut başka bir din görevlisiyse paraya karşı gerçekçi bir yaklaşım geliştirme haklarından vazgeçmek zorunda kalmıştır. Belirli bir maaş almayı talep etmemelidir. Çoğu dini çevrede para hakkında konuşmak "haysiyetsiz" bir davranış olarak nitelendirilir, sanki para kazanmak da tıpkı tuvalet ihtiyaçları gibi hayatın gerekli fakat sanki öyle bir şey yokmuş gibi üzerinde konuşulmaması gereken bir parçasıdır. Kitlesel sanayi devrinin değişen ekonomik düzenine alışmaya çalışan işçi grupları, kuzgunlar tarafından beslenen Elijah'dan farklı olarak maaş çeklerinin Tanrı'dan gelmeyeceğini fark ederek sendikalar aracılığıyla uygun maaşlar almak için baskı uygulamaları gerektiğini öğrenmişlerdir. Fakat dini görevlerde çalışan insanlar daha yüksek maaş talep etmek için greve gidemezler. Bunun yerine papazların finansal ve diğer ihtiyaçlarının giderilerek kilise tarafından "bakılmaları" beklenir; demiryollarında ve bazı mağazalarda indirimler uygulanır; Papaz Okullarının harçları diğer yüksek okullarınkine kıyasla daha düşüktür. Papazların özsaygılarıyla içinde yaşadıkları toplumun onlara duyduğu saygıyı artırmak için bu ücretlerin hesabı tutulmaz. Dindar insanların mali güvencelerini sağlamak için herhangi bir girişimde bulunmamaları da toplumumuza yerleşmiş olan ve kişi "iyi" olduğu takdirde maddi güvencenin bir şekilde otomatikman sağlanacağı yönündeki varsayımın, yani Tanrı'nın size göz kulak olacağına dair inançla yakın ilişkisi olan varsayımın kanıtlarından biridir.

Dolayısıyla toplumumuzda kendini başkalarına tâbi kılarak iyi olmaları öğretilen ve er ya da geç bunu yapmasının bırakın ekonomik bir getirisi olmasını, mutluluk dahi sağlamadığını fark eden kişilerin neden bu denli kırgın ve öfkeli olduklarını anlamak güç değildir. Bakılma talebine canlılık kazandıran işte bu altta yatan öfkedir. Sanki kişi kendi kendine şöyle mırıldanmaktadır: "İtaatkâr olduğum müddetçe bana bakılacağına dair söz verilmişti: itaat ettiğim halde neden hâlâ bakılmıyorum?"

"Bakım görmeye dair ulvi hak" inancı genellikle başkaları üzerinde güç uygulama hakkına sahip olunduğuna dair bir hissiyatı da beraberinde getirir. Bir başka deyişle, eğer kişi insanların başkalarının otoritesi altında olmaları gerektiğine inanıyorsa bakılmak için kendinden daha güçlü insanlara itaat etmekle kalmaz, kendinden daha düşük seviyedeki başka insanlara bakmayı -ve onların üzerinde gücünü kullanmayı- "görev" sayar. Bu eğilimin daha sadistik hali, birlikte yaşadığı kendinden yaşça küçük olan gencin haftalığını her cumartesi alarak onu harçlığa bağlayan adamın ifadesinde açıkça görülebilir: "Ben kardeşimin bekçisi değil miyim?"

Hükmedici ve itaatkâr eğilimlerin neden hep bir arada görüldüklerini ve mazoşizmin neden her zaman sadizmin tersi olduğunu açıklamaya çalışmayacağız. Erich Fromm'un *Özgürlükten Kaçış* adlı kitabında bu konular üzerine yürüttüğü tartışma klasikleşmiştir. Burada yalnızca bakılmayı talep eden kişinin aynı zamanda üstü kapalı bir biçimde başkaları üzerinde güç sahibi olmaya çalıştığını vurgulamak istiyoruz. Goethe bu psikolojik gerçeği çok güzel ifade etmiştir:

> ... kendi benliğine söz geçiremeyen
> Beceriksizlerin kibirli zihinleri,
> Eğilimlidir başkalarının iradesini etkileme hevesine
> kapılmaya

Dinsel bağımlılıkla beslenen bir diğer eğilim de kişinin kendi değerini, prestijini ve gücünü başkasıyla özdeşleşerek hissedebilmesidir. Bu genellikle papaz, haham, piskopos ya da prestij ve güç anlamında hiyerarşik olarak daha üst konumda olan idealleştirilmiş figürlerle yapılan bir özdeşleşmedir. Bu eğilim de dinle sınırlı değildir; iş dünyasında, politikada ve toplum hayatının farklı yerlerinde rastlanabilir. Psikoterapide aktarım adı verilen bir olaydır ve kişinin terapistini övme, onun ünlü biri olmasıyla prestij sağlamaya çalışma ihtiyacıyla kendini gösterir. Fakat bu durum, terapide zaman içinde aşılması gereken bir sorun olarak görülür ve hastanın terapiste kendisi olarak gelip kendi değer ve prestijine dair hissiyatı terapisti üzerinden değil yaptığı faaliyetler aracılığıyla edinmesi istenir. Görünüşe bakılırsa dindeki bu eğilim sosyal hayatın diğer alanlarına kıyasla çok daha derinde yatmaktadır. Ve elbette ki "temsili acı" ve "kefaret"in çarpıtılmış yorumlamalarından güç alır. Sanki herkes vekaleten başkası adına yaşamaktadır, öyle ki bir süre sonra artık kendi bulunduğu yeri unutur. Hıristiyan inanışındaki sevgi öğretisinin herkesin kabul ettiği halini bu denli kolaylıkla alması şaşırtıcıdır: "Benim sorumluluğumu alırsan ben de seninkini alırım."

Dinin nevrotik kullanımlarının bir ortak noktası vardır: bireyin yalnızlığı ve endişesiyle yüzleşmek zorunda olmamasını sağlayan birer araçtırlar. Auden'in deyişiyle Tanrı "kozmik bir baba" halini alır. Bu haliyle din, insanoğlunun benliğinin temelinde aslında yalnız olduğunu ve kişinin seçimlerini tek başına yapması gerekliliğinden kaçış olmadığına dair farkındalığı örtbas etmeye çalışan bir akılcılaştırmadır; ciddiye alan kişilerde dehşet duygusunu da beraberinde getirir.

> … İnsanı Boşluk'a "Sen"
> Demeye sürükleyen şey
> Dehşet ve yalnızlıktır

Edna St. Vincent Millay'in *Gece Yarısı Konuşmaları* başlıklı kitabındaki karakterlerden biri böyle diyordu. Ama Tanrı'ya sığınma sebebi dehşet ve yalnızlıktan kaçma ihtiyacı olduğunda din insana olgunluk yahut güç kazandırmaz; hatta uzun dönemde ona güvence dahi sağlamaz. Teolojik bir bakış açısıyla yazan Paul Tillich, açık bir şekilde yüzleşmedikçe umutsuzluk ve endişenin asla aşılamayacağını belirtir. Bu gerçek psikoloji bağlamında da geçerlidir. Olgunluk ve yalnızlığın üstesinden gelebilmek ancak yalnızlığın cesurca kabullenilmesiyle mümkündür.

Zaman zaman Freud'un hayatının son kırk yılında bu denli cesaretle hedefinden hiç sapmadan çalışabilmesini, Breuer'den ayrıldıktan sonra psikanaliz çalışmalarına hiçbir meslektaşının desteği olmadan on yıl boyunca tek başına devam ederek büyüyüp yalnız çalışabilme mücadelesini kazanmasına bağlarım. Bunun da ötesinde, İsa gibi yaratıcı etik figürlerin yabanda kazandığı savaşın böyle bir şey olduğunu, İsa'nın mücadele ettiği tutkuların ekmek yahut güç arzusunda değil de hikâyede şeytanın sözleriyle aktarıldığı üzere Tanrı'nın onu koruduğunu ispat etmek için kendisini dağdan aşağıya atma arzusunda yattığını düşünüyorum:

Seni meleklerine verecek;
ki el üstünde tutulasın,
ayağın taşa bile çarpmasın.

Kişi ancak "desteklenme" ihtiyacına "Hayır" diyebildiğinde, diğer bir deyişle bakılma talep etmeyebilecek bir hale geldiğinde, tek başına ayakta durabilme cesaretine sahip olduğunda otorite sahibi biri gibi konuşabilir. Spinoza'nın kilisesi tarafından aforoz edilmekten kaçmayı reddetmesi de aynı içsel bütünlük ve yalnızlıktan korkmama mücadelesini kazanarak gelmiş geçmiş en önemli yapıtlardan biri olan Etika'yı yazabilmesini sağlamadı mı!

Tüm bu düşüncelere rağmen, Spinoza bize din bağımlılığının puslu, ürkütücü bataklıklarında esen ferahlatıcı rüzgârları andıran bir ifade sunuyor: "Tanrıyı çok seven kimse O'nun tarafından sevilmeyi beklememelidir." Bu çarpıcı cümleyi sarf eden cesur bir insandır. Bu sözler erdemin mutluluğa dair bir hak iddiası değil mutluluğun kendisi olduğunu; Tanrı sevgisinin başlı başına bir ödül olduğunu, güzellik ve doğruyu onları seven sanatçının, bilim insanının ya da filozofun kredisini artırdığından değil iyi oldukları için sevdiğimizi bilen bir insana aittir.

Elbette ki Spinoza bu cümlenin algılanabileceği şekliyle kendini feda eden, mazoşistik bir yaklaşım kastetmiyor. Olabilecek en açık şekilde nesnel, olgun, yaratıcı kişinin (kendi deyişiyle kutsanmış ve mutlu kişinin) temel özelliklerini, yani bir şeyi bakılma yahut yapay bir prestij ve güç hissiyatı elde etmek için değil de salt kendisi olduğu için sevme kapasitesinden bahsediyor.

Yalnızlık ve endişeyle yapıcı bir şekilde yüzleşilebilir. Bunu "kozmik bir babanın" deus ex machina'sı[5] aracılığıyla yapmak güç olsa da bireyin kendi gelişiminin farklı krizleriyle doğrudan yüzleşmesiyle, bağımlılıktan özgürlüğe yönelmesiyle ve kapasitesini ortaya koyup yaratıcı çalışma ve sevgi aracılığıyla kendini çevresindeki insanlarla ilişkilendirebilmesiyle başarılabilir.

Bu durum dinde yahut diğer alanlarda otorite diye bir şey olmadığı anlamına gelmez. Otorite sorununun öncelikle tam ters açıdan, yani kişisel sorumluluk bağlamında ele alınması gerektiğini belirtir. Ne de olsa otoriterlik (yani otoritenin nevrotik hali) bireyin kendi sorunlarıyla yüzleşme sorumluluğundan kaçındığı ölçüde çoğalacaktır. Örneğin terapi esnasında hasta ancak özel yahut aşırı bir endişe hissettiği durumlarda terapisti bir otorite figürü yerine koyma çabasına girişir. Ve bu gibi durumlarda terapisti Tanrı yahut ebeveynlerinin yerine koymaya çalışması da yukarıda bahsi geçen görüşün bir kanıtıdır: bakımını üstlenecek birini aramaktadır. Neyse ki terapistin Tanrı olmadığını göstermek güç değildir ve hastanın bu durumu fark ederek korkuya kapılmaması terapideki mutluluk verici

5) Antik Yunan tiyatrosunda yazarın içinden çıkamadığı kurgu sorunlarını bir tanrı aracılığıyla yapay bir biçimde çözmesi. Aristoteles tarafından eleştirilen bir yöntemdir. (Ed. N.)

gelişmelerden biridir. Farklı otoritelerin meziyetleri üzerine kendisi yahut başkalarıyla tartışmaya kalkmak yerine öncelikle bir özirdeleme yürüterek şu soruyla yüzleşmenin faydası vardır: "Şu anda koşa koşa kendimi bir otoritenin kollarına atmayı istememe neden olan endişe nedir ve hangi sorunumdan kaçmaya çalışıyorum?"

Bu tartışmanın sonucunda ulaşılan netice dinin, kişiyi kendi onuru ve değeri bağlamında güçlendirdiği, hayattaki değerlerini olumlaması için ona güven duygusu verdiği ve kendi etik farkındalığı, özgürlüğü ve kişisel sorumluluğunu kullanıp geliştirmesine yardımcı olduğu müddetçe yapıcı bir kavram olduğudur. Böylelikle dinsel inanç yahut dua gibi uygulamalar kendi başlarına "iyi" ya da "kötü" olarak nitelendirilemezler. Burada asıl irdelenmesi gereken soru bu inanç yahut uygulamaların kişiyi kendi özgürlüğünden ve 'birey' olmaktan ne kadar uzaklaştırdığı, yahut kendi sorumluluklarıyla etik gücünü kullanması yönünde ne denli güçlendirdiğidir. Matta'daki İsa parodisinde yüceltilen kişi korkuya kapılarak becerilerini "gömen" kişi değil, bu becerilerini cesurca kullanan kişilerdir ve bu "iyi ve inançlı" kişilere daha fazla güç bahşedilmiştir.

Geçmişin Yapıcı Kullanımı

Freud, son kitabının[6] kapanış paragrafında Goethe'den aşağıdaki alıntıyı yapmıştır:

Atalarından aldığın her ne varsa
Kendinin kılmaya çabala.

Şimdi kişinin atalarından kalan mirası etik ve dinsel gelenek kapsamında nasıl kendinin kılabileceğini tartışacağız. Bu bölümün önceki bölümün hemen ardından gelmesinin

6) *An Outline of Psychoanalysis.*

nedeni bağımlılık sorunu açıklığa kavuşturulmadan gelenekten bahsetmenin bir anlam ifade etmemesidir. Yetişkin kimse birey olarak belli ölçüde bir özgürlük ve kişilik kazandıkça içinde yaşadığı toplumun geleneklerindeki bilgeliği edinerek kendinin kılmak için bir temel oluşturabilir. Fakat eğer bu özgürlük yoksa gelenekler kişiyi zenginleştirmek yerine kısıtlar. Uyulması gereken içselleştirilmiş bir dizi kural halini alabilirler fakat kişinin birey olarak içsel gelişiminde yapıcı bir etkileri olmayacaktır.

İkinci bölümde gördüğümüz üzere, günümüzde yaşanan sıkıntı biraz da geçmişin bilgeliğiyle aramızdaki yaratıcı ilişkinin büyük bölümünü kaybetmemizden kaynaklanmaktadır. Henry Ford'un 1920 yılında sarf ettiği "Tarih palavradır" sözü büyük yankı uyandırmıştı. Böyle bir ifadenin tartışmaya açılabilecek olması bile o dönemde çok yaygın olan geleneğe karşı başkaldırının bir göstergesidir. Ancak tarih sosyal ve müşterek bedenimizdir: onun içinde yaşar, hareket eder ve var oluruz; kendimizi ondan kesip ayırmanın, onu önemsememenin, "Bedenim palavradır" demekten farkı yoktur.

Kişinin kendi toplumumun dinsel geleneklerine dair herhangi bir ilgisi olmamasıyla gurur duyması da benzer bir bağlamda değerlendirilebilir. Bilgili kişilerin arasında dinsel geleneğe dair herhangi bir ilginin olmaması 1920'li yıllarda ve hatta çok daha sonraları bile bir özgürleşme emaresi olarak değerlendirildi. Gerçekten de ekonomi ya da edebiyat konusunda cahilliklerini ifade etmekten utanç duyabilecek eğitimli kimseler din -ya da Pazar Okulu'nda okutulan kurmaca benzeri dini kitaplardan edinilen bilgiler- konusundaki cahillikleriyle gurur duymuşlardır. Bir önceki bölümde bahsettiğimiz bağımlılık yaklaşımları ve bu karmaşık tavırların her ikisi de aynı kapıya çıkar: kişiyi "ataların bilgeliği"nin önemli bir bölümüyle yaratıcı ilişki kurmaktan alıkoyar. Bu, yalnızca toplum için değil, aynı zamanda kişinin kendisi için de talihsiz bir durumdur. Ne de olsa onu tarihsel gövdesinin önemli bir bölümünden men eder ve böylelikle günümüzdeki bireylerin gitgide artarak yaşadığı karmaşa ve köksüzlük duygularını körükler.

Dolayısıyla ister "entelektüel" yahut "sofistike" kişiler olalım ya da basitçe çivisi çıkmış bir çağda yönünü belirlemeye çabalayan zihni açık bireyler olalım kendimize şu soruyu yöneltmek önemlidir: Kişi, özgürlük ve kişisel sorumluluklarından feragat etmeden kalıtsal gelenekleriyle arasında nasıl bir ilişki kurabilir?

Başlangıç ilkesi açıktır: kişinin kendine dair özfarkındalığı arttıkça, atalarının bilgeliğini de o ölçüde kendisinin kılabilir. Geleneğin gücü altında ezilen, onun varlığına dayanamayan ve dolayısıyla ya ona uymaya, ya da kendilerini ondan koparıp ona isyan etmeye çalışanlar kendi kişisel kimlikleri zayıf olan kimselerdir. Bu durum etkilenebileceklerinden korktukları için Rönesans dönemi resimlerine bakmaktan korkan bazı modern sanatçıların durumuyla örneklenebilir. Benlik olarak gücün en ayırt edici özelliklerinden biri de, gelenekle yoğrulurken bir yandan da kendine özgü bir birey olabilmektir.

İster edebiyat ister etik yahut diğer alanlarda olsun klasik eserlerin kişi üzerindeki etkisi de bu olmalıdır. Ne de olsa klasik bir eserin özünde, İşaya'nın metinleri ya da Oedipus yahut Lao-tzu'nun *Tao Te Ching* başlıklı metinleri gibi yüzyıllar önce çok farklı kültürlerde yazılmış olmalarına rağmen yaşadıklarımızı ifade edip, varlığından haberdar dahi olmadığımız içimizdeki yankıları serbest bırakarak kendimizi daha iyi anlamamıza, zenginleştirmemize yardımcı olabilmeleridir. İncil'de geçen ifadeye göre, "Enginler birbirine sesleniyor". Kişi kendi deneyimlerinin enginliğine açıldıkça (örneğin ölümle yüzleşmede, ya da aşkı deneyimlemede, ya da aile içindeki temel ilişkilerde) farklı çağ ve kültürlerde yaşamış başka insanların deneyimleriyle ortak noktalarının artacağını görmek için

Jung'un arketipler yahut "ortak bilinçdışı" kavramlarını incelemeye gerek yoktur. Sofokles'in yazdığı dramların, Platon'un diyaloglarının ve Güney Fransa'daki mağara duvarlarında bulunan Cro-Magnon dönemi insanlarınca yirmi bin yıl önce çizilmiş geyikle bizon resimlerinin bizi bundan beş yıl öncesine ait resim yahut yazılara kıyasla daha fazla etkilemesinin nedeni budur.

Ancak kişi kendi deneyiminin derinliklerine daldıkça tepki ve üretimleri de o denli özgünleşir. İşte doğruluğunu herkesin kendi deneyimleriyle bildiği bu paradoks şöyle ifade edilebilir: kişi tarihsel geleneklerindeki deneyim ve biriktirilmiş bilgiyle yüzleşebildiği derinlik ölçüsünde kendini tanır ve kendisi olabilir.

Dolayısıyla mücadele bireysel özgürlük ve gelenekler arasında geçmez. Soru, yine daha önce olduğu gibi, geleneğin nasıl kullanıldığıdır. Herhangi biri, "Gelenek benden ne bekliyor?" diye sorduğunda geleneği otoriter bir kullanıma dönüştürmektedir. Bu durumda gelenek (bu ister On Emir ya da Dağdaki Vaaz gibi etikte geçen bir gelenek yahut sanattaki empresyonizm gibi bir akım olsun) yalnızca kendi canlılık ve yaratıcı içgörüsünü bastırmakla kalmaz, aynı zamanda kendi seçimlerine dair sorumluluklarından da kaçmanın bir yöntemi halini alır. Ancak "Gelenek bana insan hayatı, özellikle de içinde bulunduğumuz dönem ve yaşadığım sorunlarla ilgili neler söyleyebilir?" diye sorduğunda ise tarihsel süreç boyunca biriken geleneği kendini bir birey olarak zenginleştirip yolunu bulabilmek amacıyla kullanıyordur.

Dinsel geleneklerdeki devralınan bilgelikle yaratıcı bir ilişki kurabilmek için gerekli olan şeylerden biri de dinsel tartışmayı "Tanrı'ya olan inanç" gibi sorunlu biçimlerden uzaklaştırmaktır. Bu sorunu merkeze oturtma eğilimi - sanki Tanrı tıpkı matematiksel yahut bilimsel bir gerçeği kanıtladığımız gibi varlığını kanıtlamamız gereken bir nesneymiş gibi- modern dönemdeki gerçekliği bölmeye dair eğilimimiz gösterir. Ve sonrasında, bize Descartes'ın miras bıraktığı dikotomiyi izleyecek olursak, her şeyin mekanik ve fiziksel bilimlere düzgün bir şekilde uyan yöntemlerle kanıtlanması gerektiğini varsayma eğilimine gireriz.

Tanrı'yı diğer varlıkların üzerinde bir varlık olarak cennet denen yere yerleştirmek çelişkilerle dolu, çağdışı bir bakış açısıdır ve aksi kolaylıkla ispat edilebilir. Paul Tillich, yakın zamanda yayımladığı ve akademisyenlerin daha şimdiden yirminci yüzyılın en önemli teolojik çalışması olarak nitelendirdiği kitabında Tanrı'nın varlığını savunmaya çalışmanın da buna karşı çıkmak kadar ateizmi kapsadığını ifade etmektedir. "Tanrı'nın varlığını onaylamak da en az inkâr etmek kadar ateistik bir davranıştır. Tanrı bir varlık değil, varlığın kendisidir."[7]

Dini hayatın bir anlamı olduğuna dair bir varsayım olarak tanımlıyoruz. "Din, yahut din eksikliği, birtakım entelektüel ya da sözel formülasyonlarla değil, kişinin hayata sağladığı uyumla gösterilebilir. Din, bireyin nihai endişesi olarak nitelendirdiği neyse odur. Kişinin dinsel tavrı insanın uğruna yaşaması yahut ölmesini gerektirebilecek değerler olduğuna inandığı noktada mevcuttur.

Elbette ki tüm dinsel gelenek yahut tavırların benzer düzeyde yapıcı olduklarını kastetmiyoruz: Nazilerin dinsel heveslerinde yahut Engizisyon döneminde görüldüğü üzere yıkıcı da olabilirler. Sorun her zaman aynıdır ve teoloji, felsefe ve etiğin yanı sıra diğer bilimler ve insanoğlunun tarihçesinin de yardımıyla hangi inançların en yapıcı ve insan hayatına dair bilinen diğer gerçeklerle uyum içinde olduğunun belirlenmesi gerekir. Burada dinin psikolojik olarak kişinin kendi varlığıyla ilişki kurabilmesi anlamına geldiğinin altını çizmek istiyoruz: "Onları meyvelerinden tanıyacaksınız."[8] Erich Fromm, "Bir mistiğin Tanrı'ya olan

---

7) Paul Tillich, *Systematic Theology*, Chicago Üniversitesi Yay., 1951.

8) Matta 7:16. (çn)

inancı (burada öte dünya öğretilerinden ziyade dindar kimsenin yerel inançlarını kastediyor) ve bir ateistin insanoğluna olan rasyonel inancı ile yine bir mistiğin Tanrı inancı ve Tanrı'ya olan inancı kendi güçsüzlüğü ve Tanrı korkusundan kaynaklanan bir Kalvinistinki arasında çok az fark vardır."[9] derken son derece haklıdır.

Kişi etik ve dinsel geleneklerden gelen atalarının bilgeliğiyle yaratıcı bir şekilde bağdaşabildiğinde hayret etme (wonder: hayranlık, merak) kapasitesini yeniden keşfeder. Modern toplumda aktif, duyarlı bir hayret etme yetisinin büyük ölçüde eksik olduğu açıktır. Bu da içinde yaşadığımız dönemde çoğu insanın hissettiği boşluk duygusunun bir sonucudur.

Hayret, Kant'ın "İki şey insanın kalbinde hayranlık uyandırır, içindeki ahlak yasası ve yıldızlı gökyüzü" ifadesinden (ve yıldızlı gökyüzü konusunda Freud da onunla hemfikirdi), Aristoteles'in işaret ettiği üzere dramatik trajedilerle karşılaştığımızda acıma ve dehşet duygularına kapılarak ruhumuzu dağlayan hayrete varıncaya dek çok farklı şekillerde tanımlanabilir. Her ne kadar dine özgü olmasa da, hayret / hayranlık genellikle dinle ilişkilendirilir: ve çoğu zaman olduğu gibi bilim insanları ya da sanatçılarda ortaya çıktığında hayreti / hayranlığı bu uğraşların dinsel yanı olarak nitelendiririm. Dinsel ya da bilimsel gerçekliğe dair katı bir görüşe sahip olanlar daha dogmatik bir hal alarak hayret etme / hayran olma kapasitelerini yitirirler; kendi özgürlüklerinden vazgeçmeden "atalarının bilgeliğini edinen" kimselerse hayretin / hayranlığın onlara keyif verdiğini ve hayatın anlamına dair görüşlerini sağlamlaştırdığını görürler.

İsa'nın çocukların tavırlarına dair yüksek beğenisinin altında hayranlığın önemi yatmaktadır: "Küçük çocuklar gibi olmazsanız Göklerin Krallığı'na asla giremezsiniz."

9) *Man for Himself.*

Bu ifadenin "çocukluk" ya da "gelişmemişlik" ile hiçbir ilgisi yoktur; çocukların hayret etme / hayran olma becerilerine yapılan bir atıftır ve bu beceri Einstein gibi bilim adamlarından tutun da Matisse gibi sanatçılara varıncaya dek çoğu yetişkin ve yaratıcı bireyde mevcuttur. Hayranlık / hayret sinizm ve sıkıntının karşıtıdır; kişinin yüksek bir canlılık seviyesine sahip, ilgili, beklentileri olan ve karşılık veren bir yapısı bulunduğunun işaretidir. Özünde bir "açılış" tavrıdır. Hayatın aslında o güne dek anlayabildiğimizden çok daha fazlası olduğuna, keşfedilmesi gereken yeni dehlizler ve inilmesi gereken yeni derinliklerin varlığına dair bir farkındalıktır. Sürdürmesi kolay bir tavır değildir. "Hayran olma becerisi çabuk söner" diye yazar Joseph Wood Krutch. "İnsanoğlu yaradılışı gereği 'O altitudo' ifadesine 'neyse ne!'den daha yakın bir varlık olsaydı hayat çok daha doyurucu olurdu!"

Hayranlık/hayret, kişinin hayatta en fazla anlam atfedip değer verdiği şeyin bir getirisidir. Her ne kadar zaman zaman trajik bir dramı takip etse de aslında olumsuz bir deneyim değildir; zira temelinde hayatın genişlemesidir ve hayranlığa eşlik eden genel duygu neşedir. "İnsanın ulaşabileceği en yüksek mertebe hayranlıktır." der Goethe; "ve eğer temel olaylar onda hayranlık uyandırıyorsa bırakın bununla yetinsin, çünkü bundan fazlasını alamayacaktır"...

Hayranlık/hayret aynı zamanda alçakgönüllülükle dirsek temasındadır. Burada kastedilen şey genellikle kibrin zıddı olan ve itaat etmeden gelen yalancı alçakgönüllülük değil de kendi yaratıcı çabalarıyla bir şeyler verebildiği gibi "verileni" de kabul edebilen zihni zengin kişilerin alçakgönüllülüğüdür. Tam da bu noktada, çoğu insan için anlamını yitirmiş "Tanrı'nın zarafeti"[10] ifadesiyle özdeş-

10) Yazar "grace of God" diyerek "Tanrı'nın inayeti"nden bahsediyor; ancak sonra verdiği örneklerde "grace" kelimesini Türkçede "inayet"le karşılayamayacağımızdan "zarafet" karşılığı tercih edildi. (çn)

leşmiş olan "zarafet" kelimesinin zengin anlamları ortaya çıkmakta. Kuşların zarif uçuşlarından, bir çocuğun hareketlerindeki zarafetten, cömert bir kimsenin zarifliğinden bahsedilebilir. Zarafet "bahşedilen" bir şey, ortaya çıkan yeni bir uyum halidir ve her zaman insanın "kalbini hayranlıkla doldurur."

Geleneksel dini yaklaşımlardakinin aksine, bu terimlerin kullanımları (hayret/hayranlık, alçakgönüllülük, zarafet) yönetilen pasif bir insanı çağrıştırmaz. Kişinin kendini "yaratıcı coşkuya, sevilen kişiye ya da dinsel inanca "teslim etmesi" toplumumuzda sıklıkla rastlanan yanlış bir kanıdır. Sanki insan bir tür çekim gücüyle aşka "kapılmakta", "cennetin av köpekleri" tarafından yakalanmakta ya da bir tür "kendinden geçme haliyle" müzik ve resim yapmaktadır. Hatalı olmalarına rağmen bu tür pasif düşünce yöntemlerinin kültürümüzde son derece yaygın olmaları çok şaşırtıcıdır. Herhangi bir sanatçı ya da müzisyen -sözümona "kendinden geçenler"- size yaratıcılık deneyimi esnasında farkındalıklarının arttığını ve yoğun bir faaliyet içine girdiklerini söyleyecektir. Bu durumu cinsel ilişkiye benzetecek olursak "kendini verme" durumu ereksiyon, hareket ve dolayısıyla herhangi bir ilişki olmadan cinsel ilişkiye girme şeklinde ifade edilebilir. Tepkisellik dahi canlı olmayı gerektirir. Bir Kreisler'ın[11] sesi sarhoş, kendi kibri içine kapanmış yahut başka şekillerde yozlaşmış kimseler için bir şey ifade etmez. Ve herhangi bir deneyimin zarafeti yahut verdiği keyif kişinin sözkonusu etkinliğe katılımıyla doğru orantılıdır. Terapi gören bir hasta bunu basit fakat son derece güzel bir şekilde ifade etti: "Tanrının inayeti değişebilme kapasitesidir."

Geleneğin yaratıcı kullanımına dair burada önerdiğimiz yaklaşım vicdana dair yeni bir yaklaşımı mümkün kılar.

---

11) Friedrich Kreisler, dünyanın en meşhur keman yapımcılarından. (çn)

Herkesin bildiği gibi vicdan genellikle geleneğin içimizde olumsuz ifadeler (Sina Dağı'ndaki Musa'dan bize ulaşan "yapmayacaksın" ifadeleri, toplumun yüzyıllardır insanlara öğrettiği yasakların sesi) sarf edip duran sesi şeklinde algılanır. Bu durumda vicdan kişinin faaliyetlerini kısıtlar.

Vicdanı bireye bazı şeyleri yapmamasını söyleyen bir ses olarak görme eğilimi öyle güçlüdür ki neredeyse otomatikman devreye girer. Bu konuyu bir üniversitedeki öğrencilerimle tartışırken öğrencilerden biri kişinin vicdanını olumlu kullanmasının mümkün olabileceğini ortaya attı. Bu ifadeye katıldığımı bildirip örnek vermesini istediğimde, "Sınıfa gitmek istemediğinizde vicdanınız gitmeniz gerektiğini söyler." dedi. Bunun aslında olumsuz bir cümle olduğuna dikkatini çektim. Bunun üzerine bir süre düşündü ve bir başka örnek verdi: "Çalışmak istemediğinizde vicdanınız sizi çalışmaya zorlar." Başlangıçta bunun da olumsuz bir örnek olduğunun farkında değildi. Her iki durumda da vicdan kişinin yapmayı "istediği" şeye karşı duruyordu ve bir tür bekçi ya da kırbaç görevi üstlenmişti. Buradaki asıl önemli nokta bu genç adamın vicdanı dersten alabileceğinin en fazlasını almasını sağlayacak bir rehber ya da öğrenip çalışma anlamında kendi amaç ve hedeflerinin yükselen sesi olarak görmeye hiç değinmemesidir.

Vicdan benliği kısıtlaması, onun canlılığına ve dürtülerine ket vurması için nesilden nesile aktarılan bir yasaklar dizisi değildir. Ne de kararların tümünün de novo[12] verildiğinin öne sürüldüğü liberal dönemde olduğu gibi gelenekten tamamen kopuk olduğu düşünülmelidir. Vicdan daha ziyade, gelenek ve anlık deneyimin birbiriyle çatışması değil, kişinin kendi içgörüsü, ahlaki hassasiyetleri ve farkındalıklarının derinliklerine erişebilme kapasitesidir. Etimolojik olarak bakıldığında bu ifadenin doğruluğu ortaya çıkmaktadır. "Bilmek" (scire) ve "birlikte" (cum) anlamına

---

12) "Sil baştan" anlamına gelen Latince bir ifade. (çn)

gelen iki kelimenin birleşmesiyle ortaya çıkan vicdan[13]aslında bilinç[14] kelimesine çok yakındır. Hatta Brezilya gibi bazı ülkelerde hem "vicdan" hem de "bilinç" için aynı terim ("consciencia") kullanılır. Fromm vicdan için "insanın içinde var olan ses"[15] ifadesini kullandığında bu ses tarihsel geleneğe değil, geleneğin otoriter kullanımlarına karşı durmaktadır. Zira bireyin geleneğe katkıda bulunduğu bir seviye vardır ve bu seviyede gelenek, insana en anlamlı deneyimini bulması konusunda yardım eder.

Böylelikle vicdanın olumlu yönlerinin altını çizmek istiyoruz. Bireyin kendi içinde bulunan bilgelik ve içgörüye ulaşmasını sağlama yöntemi olarak vicdan, bir tür "açılma" ve artan deneyime uzanan yolda rehber görevi gören vicdan. Nietzsche'nin "iyilik ve kötülüğün ötesi" hakkında yazdığı metinde atıfta bulunduğu ve Tillich'in ahlak ötesi vicdan[16] kavramıyla anlatmaya çalıştığı şey budur. Bu bakış açısıyla artık "vicdan, böyle korkak ediyor hepimizi" ifadesi geçerliliğini yitirecektir. Vicdan, cesaretin kökü olacaktır.

İnsanın Değer Biçme Gücü

Toplumumuzdaki değerlerin kaybedildiğine dair yürüttüğümüz tartışma esnasında bazı okurlar yeni bir değerler dizisi oluşturmanın gerekli olduğunu düşünmüş olabilir. Bazılarıysa, "Geçmişten gelen aşk, eşitlik ve insanların kardeşliği gibi değerlerle ilgili herhangi bir sorun yok. Bizim yapmamız gereken bu değerleri hayatımıza geri kazandırmak." diye düşünmüş olabilir.

---

13) İngilizcede 'vicdan' kelimesinin karşılığı '*conscience*'dır. (çn)
14) İngilizcede 'bilinç' kelimesinin karşılığı '*consciousness*'dır. (çn)
15) Fromm'un *İtaatsizlik Üzerine Denemeler* başlıklı kitabından alıntı: "İnsanı vicdan, her insanın içinde var olan insani sestir." (çn)
16) Paul Tillich'in *Ahlak ve Ötesi* başlıklı kitabına gönderme. (çn)

Bu yaklaşımların ikisi de temel sorunu, yani modern insanın herhangi bir değeri olumlama ve ona inanma gücünü büyük ölçüde kaybetmiş olduğu gerçeğini es geçmektedir. Değerlerin içeriği ne kadar önemli yahut kâğıt üzerinde şu ya da bu değer ne kadar uygun olursa olsun bireyin asıl ihtiyacı olan şey daha öncel bir beceri, yani değer biçme gücüdür. Hitlerci faşizm gibi hareketlerde barbarlığın zafer kazanmasının nedeni insanların bir parolayı unutur gibi toplumun geleneklerini "unutmuş" olmaları değildir. Özgürlük ve en fazla sayıda insan için en çok fayda gibi hümanistik değerler, toplum ve yabancıları sevme gibi Yahudi-Hıristiyan değerleri hâlâ kitaplarda mevcuttu, hâlâ Pazar Okullarında öğretiliyordu ve bunları yüzeye çıkarmak için fazla derinlere inmeye gerek yoktu. İnsanlar -2. Bölüm'de üzerinde tartışılan nedenlerden ötürü- değer ve amaçların kendileri için gerçek ve güçlü olduklarını kabul etme iradelerini kaybetmiş durumdalar.

Ayrıca, yeni bir kaban seçermiş gibi bir tür değer "arayışına" çıkmanın yapmacık bir yanı vardır. Kendi içinde olmayan değerleri bulma çabaları bireyi genellikle grubun kendisinden beklentilerinin ne olduğu sorusuyla karşı karşıya getirir: Kabanlarda günümüz "tarzı" nedir? Ve bu da, daha önce gördüğümüz gibi, toplumumuzda boşluğa uzanan yolu açan eğilimlerden biriydi.

"Değerlerin tartışılması" ifadesinde bile bir sorun vardır. Kişi değerlere dair kanılarını entelektüel tartışmalardan almaz. Hayatta gerçekten değer verdiği şeylerin hepsini (çocukları, onlara duyduğu sevgi ve onların kendisine duydukları sevgi, tiyatroya gitmekten yahut müzik dinlemekten ya da golf oynamaktan aldığı keyif, son çalışması için duyduğu gurur) birer gerçeklik olarak kabul eder. Çocukları için duyduğu sevginin yahut müzikten aldığı keyfin sorgulandığı her tür teorik tartışmayı küstahça olmasa bile yersiz bulacaktır. Kendisini zorlarsanız, "Çocuklarımın sevgisine değer veriyorum, çünkü bunu gerçekten yaşıyorum." diyecektir ve onu biraz daha zorlayarak sinirlendirdiğinizde, "Eğer bunu bizzat yaşamadıysan sana açıklayabilmem imkânsız..." diyecektir. Gerçek hayattaki asıl değerler faaliyetlerimizin gerçekliğiyle ilintili olduğunu hissettiğimiz şeylerdir ve yürütülecek her türlü sözel tartışma ikinci planda kalır.

Değerlerin "psikolojileştirilmeleri" yahut kişinin o esnada meyilli olduğu her şeyin "iyi" ve "doğru" olarak kabul edilmesi gerektiğini kastetmiyoruz. Ne de felsefe ve din gibi insani bilimlerin değerlerin açığa kavuşturulmaları konusunda üstlendikleri rolü küçümsüyoruz. Aksine, modern insanın hayatını sürdürürken hangi değerlere uyması gerektiğinin belirlenebilmesi için tüm bu disiplinlerin katkılarının gerektiğine inanıyorum.

Ancak birey bu bahsi geçen değerleri onaylamadığı müddetçe, kendi dürtüleri ve etik farkındalığından başlamadığı müddetçe değerlere dair yürütülen tartışmaların herhangi bir farklılık yaratmayacağının da altını çizmek istiyoruz. Etik yargı ve karar bireyin kendi değerlendirme gücünden kaynaklanmalıdır. Birey ancak tüm benliğiyle onayladığı takdirde herhangi bir davranış biçimini kendi gerçekliğinin bir parçası yaparak hayatıyla ilişkilendirmeyi seçer; değerlerin ancak bu şekilde kendi hayatı için bir etkisi ve inandırıcılığı olacaktır. Zira kendi davranışları için sorumluluk alabileceği ve bunu yapmasını sağlayacak tek yöntem budur. Ve yaptıklarından öğrenerek bir dahaki sefere davranışını nasıl iyileştirebileceğini düşünmesini sağlayan tek yöntem budur, çünkü ezberden yahut kurallara uyarak hareket ettiğimizde nüanslara, yeni olasılıklara, her durumun bir diğerinden farklı oluşuna gözlerimizi kaparız. Bunun da ötesinde, kişi ancak yapacağı eylemi seçtiğinde, hedefini kendi farkındalığıyla onayladığında eyleminin bir inandırıcılığı ve gücü olacaktır, çünkü ancak o zaman kişi yaptığı şeye gerçekten inanacaktır.

Zerdüşt aslında insana "değer biçen" denmesi gerektiğini ifade etmiştir. "Kimse öncelikle değer biçmeden yaşayamaz; ancak bir grup insan hayatlarını idame ettireceklerse değer biçmeleri komşularından farklı olmalıdır. Değer biçmek yaratmaktır; dinleyin ey yaratanlar! Değer biçmenin kendisidir, tüm değer biçilmiş şeylerin değeri ve mücevheri. Ancak değer biçmek sayesinde vardır değer; değer biçmek olmasaydı, kof çıkardı varoluşun çekirdeği. Dinleyin, ey yaratanlar!"

İnsanın etik bir seçimi nasıl yaptığına daha yakından bakalım. Her eylemin kendi içinde sonsuz sayıda belirleyici unsuru vardır, fakat karar verme anında yalnızca bu koşullandırıcı güçlere tabi olmayan başka bir şey gerçekleşir.

Konuşmacı olarak çağrıldığı bir yere gitmek üzere yola çıkan bir adamın bineceği geminin önünde grev hattıyla karşılaştığını varsayalım. Bu grevde de, tıpkı yakın zamanda New York limanında yükleme işçilerinin iki farklı sendikası arasındaki tartışmalarda olduğu gibi adalet mevzuu biraz çapraşık olsun. Bu durumda adam etik anlamda zorlu bir seçimle karşı karşıya kalır: Grev hattını aşacak mıdır? Grevin adaletli olup olmadığını, yolculuğa çıkmasını gerektiren nedenleri yahut farklı ulaşım yollarını değerlendirmek için sayısız yönteme başvurabilir. Fakat gemiye binip binmeme kararını verme anında kendini toplar ve verdiği kararın getirisi olan riski kabullenir. Ne karar verirse versin bu risk mutlaka var olacaktır. Bu eylem kişinin kendisince ya tam anlamıyla yapılır ya da yapılmaz: tıpkı suya dalmak gibi. Elbette ki burada olması gereken ideal durumu ele alıyoruz; gerçekte çoğu insan doğru kabul ettikleri bir kurala göre ("Grev hatlarını asla geçmem" ya da "Grevcilerin canı cehenneme") hareket eder ve sorumluluktan şu ya da bu şekilde sıyrılır. Fakat kişi herhangi bir eylemde insani gücünü sonuna kadar kullanabildiği müddetçe -yani özfarkındalıkla seçim yaptığında- kararını bağıl bir bütün olarak verir. Bu bütünlük etmeni salt kişiselliğinin sürece dahil edilmesinden kaynaklanmaz. Tabii kişi olgunlaştıkça bu şekilde davranabilme becerisi de artacaktır. Daha ziyade, özfarkındalıkla seçilen herhangi bir eylemin kişiyi deyim yerindeyse "tehlikeye sokacağı"; bir yükümlülük içerdiği ve öyle ya da böyle bir "sıçrama" olduğu gerçeğinden kaynaklanır. Sanki kişi, "Halihazırdaki düşünceme göre yapmayı seçtiğim şey bu ama bu seçimi yarın yapsam daha farklı bir karar verebilirdim." der gibidir.

Kişinin seçim yapma eylemi olaya yepyeni bir boyut katar. Çok az da olsa yapı değişmiştir; biri ağırlığını o yana yahut diğer yana vermiştir. Karardaki yaratıcı ve dinamik etmen budur.

Herkesin bildiği gibi insanlar "bilinçdışı" güçler tarafından farklı şekillerde etkilenirler. Ancak bilinçli bir şekilde verilen kararlar sağlamsa ve alelacele yahut muhalif bir tutumla verilmediyse bilinçdışı güçlerin kişiyi sürüklemeye çalıştığı yönü değiştirebilir. Bu duruma verilebilecek en iyi örnek, terapi seansına devam eden ve diyelim ki evden ayrılıp kendine bir iş bulma kararı vermek için aylardır mücadele eden kişinin rüyalarıdır. Bu aylar boyunca sözkonusu kişinin rüyaları durumun olumlu ve olumsuz yanları düzeyindedir; bazı rüyalar onu evde kalması için uyarırken bazıları gitmesinin daha iyi olacağının işaretidir. En sonunda evden ayrılma kararını verir ve sanki verdiği bilinçli karar "bilinçaltında" yatan bir gücü açığa çıkarmış gibi bir anda yoğun şekilde olumlu rüyalar görmeye başlar.[17] Sanki içimizde bilinçli bir karar vermedikçe açığa çıkmayan sağlık potansiyelleri mevcut gibidir. Bireyin kararı mecazi bir ifadeyle İsraillilerin Sisera ordusuyla savaşma

17) Tabii bir tepki de olabilir - bu tepki yukarıda bahsettiğimiz önemli noktayı yalanlamayabilir. Ancak kişi karar vermekte acele ettiğinde, yani buna tam anlamıyla hazır olmadan karar verdiğinde tepki şiddetli olabilir.

kararından farksızdır: "yıldızlar bile yörüngelerinde Sisera'yla savaştı" ama ancak İsrailliler savaşma kararı aldıktan sonra.

O halde etik bir eylem onu gerçekleştirecek kişi tarafından seçilip onaylanan, kendi içsel amaç ve tavırlarının ifadesi olan bir eylem olmalıdır. Rüyalarının yanı sıra uyanıkken zihninden geçen düşüncelerle de onaylandığı müddetçe dürüst ve özgündür. Yani etik kişi bilinçaltında nefret ettiği bir kişiye bilinçli olarak sevgi dolu davranamaz. Elbette ki hiçbir bütünlük mükemmel değildir; insana dair tüm eylemlerde bir tür duygusal karmaşa vardır. Etik eylem, kişinin tamamen birleşik -hiç şüphe duymayan- bir insan olması anlamına gelmiyor, aksi takdirde insan hiç eyleme geçemezdi. Kişi daima mücadele edecek, şüphe duyacak, çatışma yaşayacaktır. Bu durum kişinin kendi "merkez"ine olabildiğince yaklaşarak eyleme geçmeye çabaladığını, saiklerinin tam anlamıyla açık olmadığını ve bilgisi arttıkça gelecekte bunları açıklığa kavuşturma sorumluluğu üstlenmeyi kabullendiğini göstermektedir.

Ahlaki eylemlerdeki içsel güdüler konusunda modern psikoterapi bulguları ve İsa'nın etik öğretileri paralellik göstermektedir. Zira İsa'nın etiğindeki temel odak On Emir'in dışsal kurallarından alıp içsel kurallara yöneltmesidir. "Yaşam yürekten kaynaklanır."[18] Hayata dair etik konuların "öldürmeyeceksin" emrinin çok ötesine geçerek daha ziyade başka insanlara karşı içsel tavırlar (öfke, kin, istismarcı "şehvet" "sövgüler", "kıskançlıklar" vs.) olduğunu savunur. "Yüreği temiz olanlar" ifadesiyle kastedilen, dışarıya dönük eylemleri içsel güdüleriyle uyum içinde olan insanın bütünlüğüdür. Dolayısıyla Kierkegaard, *Purity of Heart Is to Will One Thing* başlıklı kitabını, "Ey kararsızlar, yüreklerinizi paklayın!" şeklinde çevirdiği İncil alıntısının tartışmasına ayırır.

---

18) İncil'den alıntı, "Süleyman'ın Özdeyişleri" 4:23.

Böyle bir içedönüklük etiğinin özgürlüğünden korkan ve insanın verdiği kararlara yüklenen sorumluluk nedeniyle endişeye kapılanlar olacaktır. Bu kişiler bizi, Büyük Engizisyoncu'nun ifadesiyle, "özgür seçimin korkutucu yükünden" kurtaran "katı ve kadim kanunlar", değişmez doğrular ve "kurallara" özlem duyabilir. Ve böylesi bir kural özlemindeki kişi itiraz edebilir: "İçsel güdüler ve kişisel karar etiğinizin sonu anarşidir; o zaman herkes ne isterse yapabilir!" Fakat özgürlük böyle bir polemikle engellenemez. Zira herhangi biri için "dürüst" ve "doğru" olan şey başka birinin doğrularından tamamen farklı değildir. Dr. Tillich, "Evreni oluşturan ilkeleri insanın içinde aramalı" demiştir ve bunun tersi de doğrudur, yani insanın deneyimledikleri bir yere kadar evrendeki doğruların yansımasıdır.

Bu durum sanat yoluyla açık bir şekilde gösterilebilir. Bir resim dürüst olmadığı müddetçe asla güzel değildir ve dürüst olduğu, yani sanatçının anlık, derin ve özgün algılarıyla deneyimlerini yansıtabildiği ölçüde en azından güzelliğe uzanan yolun başlangıcına ulaşmış demektir. Çocuklar kendi basit ve dürüst hislerini ifade edebildiklerinde yarattıkları sanat eserlerinin her zaman çok güzel olmasının nedeni budur: özgür, spontan bir insan olarak çizilen her çizgi içinde zarafet ve ritmi barındıracaktır. Yıldızlar ve atomların hareketleriyle güzellik kavramına dair algımızın altında evrenin ilkeleri olan uyum, denge ve ritim yatar; benzer şekilde beden ve benliğin farklı yönlerinin ritim ve dengesinin uyumunda da mevcutturlar. Fakat çocuk kopyalamaya, yetişkinlerden övgü almak için çizmeye ya da kurallara uymaya çalıştığında çizgileri katılaşır, kısıtlanır ve zarafet kaybolur.

Din tarihinde yeri olan "içimizdeki ışık" geleneğinin altında yatan gerçek herkesin daima önce kendisiyle başlamasının gerekliliğidir. "Kendini bilmeden Tanrı'yı bulan olmamıştır." der Meister Eckhart: "Ruhunuza, o En Yüce'nin gizil yerine ulaşın." Bu gerçeği Sokrates'le ilişkilendiren Kierkegaard şöyle yazar: "Sokrates'in bakış açısına göre her birey kendi merkezini oluşturur ve dünyanın geri kalanı onu merkez alır, çünkü kendine dair sahip olduğu bilgi aynı zamanda Tanrı bilgisidir." Etik ve iyi bir hayatın bütün hikâyesi bu değildir, ancak bir yerden başlamazsak hiçbir yere ulaşamayacağımız da aşikârdır.

7

Cesaret, Olgunluğun Erdemi

Cesaret her dönemde insanoğlunun bebeklikten kişiliğini kazanmanın olgunluğuna uzanan zorlu yolu katedebilmesi için gereken en temel erdem olmuştur. Fakat endişe ve sürü ahlakıyla kişisel tecrit çağında cesaret tam anlamıyla bir sine qua non[1] halini almıştır. Toplumdaki örf ve adetlerin şimdiye kıyasla daha tutarlı bir kılavuz olduğu dönemlerde birey içine düştüğü gelişme krizinde daha güvendeydi; fakat içinde bulunduğumuz döneme benzeyen geçiş evrelerinde birey çok daha erken bir yaşta ve çok daha uzun bir süre boyunca kendi başına bırakılır.

Cesarete başlı başına bir bölüm ayırmak size tuhaf gelebilir, zira geçmiş yıllarda bu konudaki eğilimimiz genellikle cesareti şövalyelikle birlikte tozlanmış raflara kaldırmak ya da ergenler için sporda, askerler içinse savaşta gerekliliğini kabul etmekten ibaretti. Ancak cesareti es geçebilmemizin tek nedeni hayatı gereğinden fazla basitleştirmemizdi: ölüme dair farkındalığımızı baskılıyor, kendi kendimize mutluluk ve özgürlüğe önünde sonunda otomatikman ulaşacağımızı yineliyor ve yalnızlık, endişe ve korkunun nevrotik duygular olduklarını, içinde bulunduğumuz duruma daha iyi ayak uydurarak bunların üstesinden gelebileceğimizi varsayıyorduk. Nevrotik endişe ve

1) Latincede "Olmazsa olmaz!" anlamına gelen bir ifade. (çn)

yalnızlığın üstesinden gelinebileceği ve gelinmesi gerektiği doğrudur: asıl cesaret bu duygularla başa çıkabilmek profesyonel yardım almak için gerekli adımları atmaktır. Ama geriye hâlâ gelişmekte olan herkesin yüzleştiği normal endişe deneyimi kalmakta ve işte cesaret, asıl bu duygulardan kaçmak yerine onlarla yüzleşmek için gerekiyor. Kişi büyümeye, ilerlemeye devam ettiği müddetçe cesaret herkes için gerekli en temel erdem ve Ellen Glasgow'un deyişiyle, "tek sonsuz erdem"dir.

Burada salt savaş ya da hidrojen bombası gibi dış tehditlerle yüzleşmek için gereken cesareti kastetmiyoruz. Cesaret kelimesini daha ziyade içsel bir özellik, kişinin kendi benliği ve olasılıklarıyla ilişki kurabilme yolu olarak kullanıyoruz. Kişi kendisiyle uğraşma cesareti edindiğinde, her tür dışsal durumun getirisi olan tehditlerle çok daha sakin bir şekilde yüzleşebilir.

Kendi Olma Cesareti

Cesaret, kişi özgürlüğe eriştikçe ortaya çıkan endişeyle yüzleşebilme kapasitesidir. Farklılaşma, ebeveyn bağımlılığının koruyucu ortamından çıkarak yeni özgürlük ve bütünleşme seviyelerine geçmeye karşı duyulan istektir. Cesarete yalnızca ebeveynlerin korumasından çıkıldığı anlarda (özfarkındalığın ortaya çıkışı, okula gitmek, ergenlik, aşk sancıları, evlilik ve nihai ölümle yüzleşmek gibi) değil, kişinin tanıdık çevresinden çıkıp sınırları aşarak bilinmeyene doğru ilerlerken attığı her adımda ihtiyaç duyulur. Nörobiyolog Dr. Kurt Goldstein'in deyişiyle, "Son tahlilde cesaret, kişinin kendi doğasını hayata geçirebilmesi için aşılması gereken varoluş şoklarına verilen etkili bir yanıttan başka bir şey değildir".

Cesaretin zıddı korkaklıktan ziyade cesaret eksikliğidir. Herhangi bir kişiyi korkak olarak nitelendirmek onun tembel olduğunu söylemekten daha fazla anlam taşımaz: bize basit bir şekilde önemli bir potansiyelin ortaya çıkarılamadığını ya da bloke edildiğini gösterir. Yaşadığımız çağın sorununu anlamaya çabalarken cesaretin karşıtı robotsu uymacılıktır.

Kişinin kendi olma cesareti günümüzde nadiren takdir görmekte. Sorunlardan biri de insanların bu tür bir cesareti hâlâ on dokuzuncu yüzyılın sonlarına doğru kendi kendilerini var eden insanların kibirli tavırları yahut "Invictus" gibi bir şiirde yer alan ve ne kadar samimi olursa olsun yine de kulağa komik gelen, "Kaderimin-efendisi-benim" düşüncesiyle özdeşleştirmeleridir. Günümüzde çoğu insanın tek başına ayakta durmaya dair görüşleri, "Elini taşın altına koymak" gibi deyimlerle açığa çıkmaktadır. Bu savunmasız duruşun ileri sürdüğü temel iddia oradan geçmekte olan herhangi birinin sözkonusu taşın üzerine basarak o eli koparabileceğidir. Benzer şekilde insanlar zaman zaman "kolu kanadı kırılmak" ifadesini de kullanırlar. Ne ifade ama! Kişi böyle bir durumda ancak ya sürünüp geri dönerek iyileşmeyi bekledikten sonra yeniden deneyerek Ikarus'unki gibi azizlere yaraşır fakat faydasız bir düşüş yaşayabilir ya da bir Hindu "ağaç-oturanları" gibi öylece durarak dal kendi ağırlığıyla kırılıncaya dek ağaçta oturmayı hoş karşılamayan bir topluluğun alay konusu olabilir.

Her iki ifade de gruptan ayrılmanın, "çıkıntılık" yapmanın, çoğunluğa uymamanın korkutucu yanlarının altını çizmektedir. İnsanların cesaretten yoksun olmalarının nedeni yalnız kalmak ya da "sosyal tecride", yani alaylara, kahkahalara veya dışlanmaya maruz bırakılmaktır. Ve bu şekilde dışlanmak küçümsenecek bir tehdit değildir. Dr. Walter Cannon, "voodoo ölüm" üzerine yürüttüğü çalışmada ilkel insanların topluluklarından psikolojik anlamda dışlanmaları sonucunda ölebileceklerini göstermiştir. Toplumsal olarak dışlanan ve kabile üyelerince yokmuş gibi davranılan insanların sonunda öldükleri durumlar gözlenmiştir. William James bize sosyal bir "kesilip atılmak" ifadesinde gerçeklik payının şiirsellikten fazla olduğunu hatırlatmıştır. Dolayısıyla insanların mensubu oldukları gruptan feragat etme pahasına kendi doğrularını savunmaktan ölesiye korkmaları nevrotik imgelemin bir oyunu değildir.

Günümüzde eksik olan şey Sokrates ya da Spinoza'nın dostane, sıcak, kişisel, özgün, yapıcı cesaretine dair bir anlayıştır. Cesaretin olumlu yanları -büyümenin içsel yanı olarak cesaret, "kendi benliğine güç vermek"ten de önce gelen "kendi benliğini bulma"nın yapıcı bir yolu olarak cesaret- hakkındaki anlayışlarımızı geri kazanmalıyız. Böylelikle, bu bölümde kendi inançlarımızın üzerinde durmanın önemini belirtirken bir tür ayrılık boşluğunda yaşamayı kastetmiyoruz; aslında tüm yaratıcı ilişkilerin temelinde cesaret yatar. Sevgideki cinsellikten bir örneği inceleyecek olursak: erkeklerde görülen iktidarsızlık sorunlarının anne korkusu, penislerinin vajina tarafından yutulup yok edileceğine dair bir korku, kadının hâkimiyetine ya da kadına bağımlı olma olasılığına, yani genel anlamda bir kadın korkusundan kaynaklandığını daha önce görmüştük. Terapide bu sorunların kökenine inerek özel bir çalışma yapmak gerekir. Fakat bu çalışma tamamlandığında ve nevrotik endişe alt edildiğinde cesaret ilişki kurma kapasitesiyle desteklenmelidir ve yine cinsellik örneğinden gidecek olursak, bu cesaret hem düz hem de sembolik anlamıyla aktif cinsel birleşme için gereken ereksiyon ve ısrarda görülebilir. Cinsellik örneği hayattaki daha farklı ilişkiler için de geçerlidir: cesaret yalnızca kendi benliğini göstermek adına onu verebilmek için de gereklidir.

Prometheus'un kadim hikâyesinden bu yana, yaratmanın cesaret gerektirdiği bilinir. Bu gerçeği kendi deneyimlerinden ötürü çok iyi bilen Balzac bahsi geçen cesareti son derece açık bir şekilde betimlediğinden şimdi bırakalım da bizim adımıza o konuşsun:

> Sanatın övgüyü en fazla hak eden niteliği (ki burada zihnin tüm yaratılarını sanata dahil etmemiz gerekir) cesarettir; sıradan zihinlerin algılayamadığı ve belki de ilk kez burada tanımlanacak türde bir cesaret. ... Elbette ki güzel çalışmalar planlamak, bunların hayalini kurup tasarlamak hoş bir uğraştır. ...ama üretmek, doğurmak, onu büyütmek için uğraş vermek, karnını doyurup yatırmak, her sabah sonu gelmez bir annelik sevgisiyle onu yataktan almak, temizlemek, defalarca kez üzerinden yırtıp attığı güzel kıyafetleri bıkmadan giydirmek; bu çılgın hayatın tuhaflıklarının cesaretini kırmasına izin vermemek ve eğer bir heykelse tüm gözlere, bir kitapsa tüm zihinlere, bir resimse tüm anılara ve bir şarkıysa tüm kalplere ulaşabilecek bir başyapıt haline getirmek - işte hayata geçirmek budur. Ve zihnin yaratıcı anları peş peşe gelmez. ... Ve bu tür bir çalışma en iyi ve güçlülerin dahi belini bükebilecek yorucu bir çabadır. ... Sanatçı kendini eserine tıpkı taarruza geçen bir asker gibi hiç düşünmeden atmıyorsa ve atladığı bu boşluğu kayaların altında sıkışıp kalan bir madenci gibi kazmıyorsa... o eser asla tamamlanmaz; olduğu haliyle kalır, üretimi imkânsız bir hal alır ve sanatçı ona her baktığında kendi becerisinin intiharını görür. ... Ve büyuk generallere verilen nişanların, ödüllerin, övgülerin büyük şairlere de verilmesi bundandır.[2]

Balzac'ın aksine, psikanaliz alanındaki çalışmalar sayesinde artık yaratıcı faaliyetin bu denli cesaret gerektirmesinin nedeninin yaratma eyleminin çocukluk dönemiyle bağlarımızdan kopmak ve yeni bir düzen yaratabilmek için eski düzeni yerle bir etmek anlamına gelmesi olduğunu biliyoruz. Zira ister sanatta, ister iş dünyasında ya da başka

---

2) Honore de Balzac, *Bette Abla.*

alanlarda olsun herhangi bir şey yaratmak ve kişinin kendi benliğini yaratması -yani kendi becerilerini geliştirmek, daha özgür ve daha sorumlu olmak- aynı sürecin iki farklı yönüdür. Her özgün yaratıcılık eylemi daha yüksek bir öz-farkındalık düzeyi ve kişisel özgürlüğe erişmek anlamına gelir ki bu da hem Prometheus hem de Âdem efsanelerinde olduğu gibi yoğun bir içsel çatışmadan geçmeyi gerektirebilir.

Temel sorunu kendini aşırı sahiplenici bir anneden kurtarmak olan bir manzara ressamı yıllarca hep portre çizmek istemiş ancak buna bir türlü cesaret edememişti. En sonunda cesaretini toplayıp işe balıklama "dalarak" üç gün içinde birkaç portre çalışması tamamladı. Hepsi mükemmeldi. Fakat tuhaf bir şekilde hissettiği muazzam neşeye içten içe yoğun bir endişe duygusu da eşlik ediyordu. Üçüncü günün gecesinde, annesinin ona intihar etmesi gerektiğini söylediği ve sonrasında korkunç bir yalnızlık hissiyle vedalaşmak üzere arkadaşlarını aradığı bir rüya gördü. Bu rüya aslında şunu ifade ediyordu: "Yaratmaya devam edersen bildik alandan çıkacak, yalnız kalacak ve öleceksin; en iyisi yaratmadan o bildik alanda kalmaya devam etmek." Bilinçaltından gelen bu son derece güçlü tehdidin doğasını görebildiğimizde sözkonusu ressamın bu rüyayı gördükten sonra bir ay boyunca -ta ki rüyadaki endişenin üstesinden gelinceye dek- portre çizememesi son derece önemlidir.

Balzac'ın son derece güzel ifadesinde karşı çıkacağımız bir nokta vardır ki o da, "ortak zihinlerin" bu cesarete dair bir "kavrayışı" olmamasıdır. Bu hata, cesareti bir askerin taarruzu ya da Michelangelo'nun Sistine Şapeli'nin tavanındaki resimleri tamamlamak için verdiği mücadele gibi çarpıcı eylemlerle ilişkilendirmekten kaynaklanır. Zihnin bilinçdışı çalışmasına dair halihazırdaki bilgimiz dahilinde hemen herkesin rüyasında bir askerin taarruz esnasında gösterdiğine eşdeğer cesaret gerektiren mücadeleler gördüğünü ve zorlu kararların derin çelişkileri de beraberinde getirdiğini biliyoruz. Cesareti salt "kahraman" ve sanatçılara ayırmak, insanoğlunun içsel gelişimine dair ne kadar az şey bildiğimizi gösterir. İnsanın kalabalıktan -yahut sembolik olarak ana rahminden- sıyrılmasından kendi başına bir birey oluncaya dek attığı her adım cesaret gerektirir; sanki her adımda kendi doğumunun sancısını yeniden yaşar. Cesaret, ister ölümü göze alan askerinki ister okula giden çocuğunki olsun, tanıdık ve güvenli olan bırakabilme gücü demektir. Cesaret yalnızca kişi zaman zaman kendi özgürlüğüne dair kararlar verirken değil, özgür ve sorumlu bir birey haline gelebilmek için benliğini inşa ederken verdiği tüm kararlarda da gereklidir.

Dolayısıyla burada kahramanlardan bahsetmiyoruz. Gerçekten de gözü karalık gibi kahramanca davranışlar çoğu zaman cesaretten çok daha farklı şeylerin sonucudur: yaşanan son savaşta cesurca risk alan "gözüpek" pilotların çoğu üstesinden gelemedikleri içsel endişelerini aşabilmek için ihtiyatsız davranışlarda bulunan kişilerdi. Cesaret içsel bir durum olarak değerlendirilmelidir; aksi takdirde dışarıdan görünen davranışlar son derece yanıltıcı olabilir. Dışarıdan bakıldığında Galileo, Engizisyon'un karşısında düşüncelerinden ödün vererek dünyanın güneşin etrafında döndüğüne dair ortaya attığı fikrini değiştirmeyı kabul etti. Fakat burada asıl önemli olan, içsel anlamda özgür kalmaya devam ettiğidir ki bu durum efsaneye göre kendi kendine mırıldandığı şu sözlerden de anlaşılabilir: "Yine de Güneş'in etrafında dönüyor." Galileo, çalışmalarına devam edebildi...ve dışarıdan bakan kimse bir başkası adına hangi kararların özgürlüğünden vazgeçmesine neden olduğunu, hangilerininse özgürlüğünü korumasını sağladığını söyleyemez. Galileo'nun da içten içe özgürlükten kaçmanın cezbedici sesini duyduğunu hayal edebiliriz: "Reddet uzlaşmayı, bir aziz gibi öl ve yeni bilimsel keşifler yapmaya devam etmek zorunda kalmamanın rahatlığını yaşa!"

Ne de olsa içsel özgürlüğü korumak ve içimizde yeni yerler keşfetmek üzere çıkılan yolculuğa devam etmek, dışsal özgürlük için muhalif bir duruş sergilemekten daha fazla cesaret gerektirir. Şehit rolü üstlenmek ya da savaş esnasında gözü pek davranmak genellikle daha kolaydır. Kulağa ne denli tuhaf gelirse gelsin, özgürlük yolunda sağlam ve sabırlı bir şekilde ilerlemek muhtemelen üstesinden gelinmesi gereken en zor ve en fazla cesaret gerektiren görevdir. Dolayısıyla bu tartışmada "kahraman" kelimesi kullanılacaksa üstün insanların sıra dışı davranışlarına değil, her insanın içindeki kahramanlık cevherine atıfta bulunmalıdır.

Cesaretin her türü temelde ahlaki cesaret değil midir? Fiziksel cesaret, yani fiziksel acıya katlanma kapasitesi de yalnızca fiziksel hassasiyetlerdeki bir farklılıktan kaynaklanıyor olabilir. Çocuklar ya da ergenlerin savaşma cesaretlerinin olup olmamasının sözkonusu acıyla bağlantısı çok azdır. Daha ziyade çocuğun ebeveynlerinin onaylamadığı bir şeyi yapmaya cesareti olup olmaması, düşman edinmenin getirisi olan ilave yalnızlığa katlanıp katlanamayacak oluşu ya da güvenliğini sağlayabilmek adına kendisi için bilinçsizce üstlendiği rolün kendi çıkarlarını korumak mı yoksa itaatkâr bir şekilde "zayıfı oynayarak" herkesçe sevilmek mi olduğuna bağlıdır. Hiçbir içsel çatışma yaşamadan cansiperane bir şekilde savaşabilen insanlar genellikle çatışmadan alınan zevkin fiziksel acıyı bastırdığını belirtmişlerdir. Hem zaten ölümü göze almak gibi fiziksel bir cesaret örneği aslında ahlaki bir cesaret -yani kendi varlığından daha yüce bir değere adanmışlık ve bununla birlikte gelen gerektiğinde hayatından vazgeçebilme cesareti- değil midir?

Kendi klinik deneyimlerimde gördüğüm kadarıyla kişinin cesaretini geliştirme sürecindeki en büyük engel kendi içinde sahip olduğu güçlerden kaynaklanmayan bir hayatı benimseme zorunluluğudur. Bu durumu homoseksüel eğilimler, yoğun endişe ve yalnızlık duygusuyla birlikte çalışmasına sıklıkla engel olan isyankâr eğilimler nedeniyle terapiye gelen genç bir erkek vakasında görebiliriz. Çocukken hanım evladı olarak nitelendirilirmiş ve neredeyse her gün okul arkadaşlarının saldırısına maruz kalmasına rağmen bir türlü karşılık veremezmiş. Altı çocuklu bir ailenin en küçük çocuğuymuş ve kendisinden büyük dört abisiyle bir de ablası varmış. Ablası çocukken ölmüş ve dört erkekten sonra tutkuyla kız çocuk sahibi olmak isteyen anne teselli edilemeyecek bir hale gelmiş. Sonrasında bu en küçük oğluna yakınlaşarak onu bir kız çocuğu gibi giydirmeye başlamış. Dolayısıyla bu çocuk için dişil ilgi alanlarının olması, diğer erkek çocuklarıyla birlikte spor yapmaması, abileri tarafından para ödülü teklif edilmesine rağmen kavgaya karışmak istememesi oldukça mantıklı gelişmelermiş: annesiyle arasındaki ilişkiyi riske atması mümkün değildi. Ne de olsa kabul görüp onaylanması için kendisine dayatılan kız çocuğu rolünü üstlenmesi gerektiği açıkmış - peki ama beşinci oğul olarak durumu ne olacaktı? Annesi onu gerçekte bir kız çocuğu olmadığı için bilinçaltında zaten reddediyordu; bir oğlan çocuğu gibi davranmaya başladığında annesi kız çocuğu olmadığını ve küçük kızının öldüğünü hatırlattığı için ondan bir sembol olarak da nefret etmeye başlayacaktı. İçsel eril eğilimleriyle ciddi çelişki yaratan bu durum da büyük bir öfke, nefret ve sonrasında isyana neden olmuş - ki bunların hiçbirini annesine ifade etme cesareti bulamamış. Bir erkek olarak cesaret duygusunu geliştirmesi için gerekli olan temel elinden alınmış. Şimdiyse bir yetişkin olarak toplumsal anlamda isyankâr eylemlerde büyük bir cesaret örneği sergiliyordu; erkek egemenliğine karşı bir isyan sözkonusu olduğunda başı çekiyordu. Ama terapiye başladığımız dönemde annesi artık hayatta olmadığından herhangi bir yaşlı kadına

-yani anne yerine geçebilecek herhangi birine- karşı durması gerektiğinde dehşete kapılıyordu. Zihnindeki anne imgesinin nihai hoşnutsuzluğunu ve ondan soyutlanmayı bir türlü göze alamıyordu.

Dolayısıyla hayatları boyunca ebeveynlerinin gözündeki -içlerinde taşıyıp devam ettirdikleri- rollerini üstlenmiş olan insanlar bırakın uğruna mücadele etmeyi, neye inandıklarını yahut kendi güçlerinin ne olduğunu dahi bilmezler. Kendi içlerinde bir dayanağı olmadığından, gösterdikleri cesaret bir boşluktan ibarettir.

Normalde çocuklar ebeveynlerinden farklılaşma, kendi benliklerine ulaşma yolundaki adımları dayanılmaz bir endişe duymadan atabilirler. Nasıl ki defalarca düşmenin yarattığı acı ve hayal kırıklığına rağmen merdiven çıkmayı öğrenip en sonunda bunu başarabildiği için neşeyle gülebiliyorsa, kendi psikolojik bağımsızlığına da benzer şekilde adım adım ulaşabilir. Ebeveynlerinin ona olan sevgisinin ve toyluğuyla orantılı güvencenin varlığının farkında olarak anne babasıyla ara sıra yaşadığı çatışmaları, okula gitmek gibi krizleri aşabilir ve büyüme cesareti kırılmaz. Hazır olmadığından daha fazla tek başına kalması gerekmez. Ancak yukarıdaki örnekte olduğu gibi ebeveynler çocuğu bir rolü üstlenmeye zorlar ya da çocuğun üzerinde hâkimiyet kurmaya çalışır ya da kendi endişelerinden ötürü çocuğa karşı aşırı korumacı yaklaşırlarsa çocuğun işi daha da zorlaşır.

Kendi güçlerine dair içsel ve çoğu zaman bilinçaltında yatan bazı şüpheleri olan ebeveynler çocuklarının özellikle cesur, bağımsız ve agresif olmalarını isteme eğilimi gösterirler; oğullarına boks eldivenleri alabilir, daha erken yaştan başlayarak onları mücadelenin yoğun olduğu grupların içine girmeye ve farklı biçimlerde çocuğu aslında içsel anlamda hissetmediği "kişi" olmaya zorlayabilirler. Çocuklarını bu şekilde zorlayan ebeveynler de tıpkı aşırı korumacı olanlar gibi aslında ona itimat etmediklerini çarpıcı bir şekilde göstermektedirler. Ama nasıl ki aşırı korunan bir çocuk cesaret duygusunu geliştiremiyorsa aynı şey zorlanan çocuklar için de geçerlidir. Hırçınlık yahut zorbalık eğilimleri gösterebilir. Cesareti, sahip bulunduğu güçleriyle bir insan olarak kendine has özelliklerine olan ve genellikle dillendirilmeyen güveniyle birlikte gelişir. Bu güvenin temeli ebeveynlerinin ona duyduğu sevgi ve onun potansiyeline olan inançlarından kaynaklanır. Ne aşırı korunmaya ne de öne sürülmeye, sadece kendi güçlerini geliştirip kullanabilmesine yardım edilmesine ve hepsinden önemlisi de ebeveynlerinin onu bir birey olarak görüp sahip olduğu değer ve özellikler için sevmelerine ihtiyacı vardır.

Elbette ki ebeveynlerin çocuklarından karşı cins rolünü üstlenmesini istemelerine çok nadiren rastlanır. Genellikle beklentiler çocukların ebeveynlerin sosyal çevresinin gereklerini yerine getirmeleri, iyi notlar alıp üniversitede farklı kulüplere seçilmeleri, her anlamda "normal" olarak herhangi bir dedikoduya mahal vermemeleri, uygun bir eş bulup evlenerek babalarının işini devam ettirmeleri yönündedir. Ve oğul ya da kız bu beklentilere, diyelim ki hiç inanmamasına rağmen, uyduğunda eylemlerini haklı göstermek için genellikle ebeveynlerinin maddi yahut manevi desteklerine ihtiyaçları olduğunu söylerler. Fakat daha derine inildiğinde cesaret sorunuyla çok daha yakından alakalı bir başka sebep vardır. Yani ebeveynlerin beklentilerine göre yaşamak onlardan kabul görüp yüceltilmenin ve onların "gözbebeği" olmaya devam etmenin bir yoludur. Dolayısıyla kendini beğenmişlik ve narsisizm cesaretin düşmanlarıdır.

Kendini beğenmişlik ve narsisizmi övülmek ve beğenilmek için duyulan kompulsif ihtiyaç olarak tanımlıyoruz: insanlar bu yüzden cesaretlerinden vazgeçiyorlar. Kendini beğenmiş ve narsist insanın dışarıdan bakıldığında kendini aşırı derecede koruması ve herhangi bir risk almayıp bir korkak gibi davranmasının nedeni kendine fazla değer vermesidir. Aslında durum tam tersidir. İhtiyaç duyduğu övgü ve yüceltilmeye erişebilmek için bir meta olarak kendini korumak zorundadır, çünkü anne yahut babasının övgüleri olmadığında kendini değersiz hisseder. Cesaret kişinin haysiyetiyle özgüveninden kaynaklanır ve kendini küçük gören kimseler cesur değildir. Başkalarının sürekli olarak "çok iyi biri" ya da "çok zeki ve çok güzel" demesine ihtiyaç duyanlar kendilerini sevdikleri için değil, güzel yüz ya da zeki beyin ya da kibar davranışlar ebeveyn onayını almalarını sağladığı için böyle davranırlar. Bu da kişide kendi benliğine karşı bir küçümseme duygusu uyandırır: halkın gözünde yüceltilen çoğu yetenekli insan terapinin güvenli ortamında kendilerini üçkâğıtçı gibi hissettiklerini itiraf eder.

Kendini beğenmişlik ve narsisizm -yani övülmek ve beğenilmek için duyulan kompulsif ihtiyaç- kişinin cesaretini baltalar, zira bu durumda kişi mücadeleye kendisinin değil bir başkasının görüşü için devam eder. Japon filmi Rashomon'da dövüşmek kendi seçimleri olduğunda adam ve hırsız neredeyse kendilerini kaybederek dövüşürler. Oysa başka bir sahnede adamın eşi onlarla alay ettiğinde ve bu kez kadının onlardan beklentisini karşılayabilmek için dövüşmeye başladıklarında doğru dürüst çaba göstermezler: aynı vuruşları yaparlar fakat sanki görünmez bir ip onları kollarından çekiyordur.

Bunun da ötesinde kişi, eylemi başka birinin övgüsünü kazanmak için yaptığında, eylemin kendisi zayıflık ve değersizlik hislerinin canlı bir göstergesi halini alır: yoksa davranışlarımızın layığının verilmemesine gerek olmazdı. Bu durum çoğu zaman "korkaklık" hissi uyandırır ki bu da en acı aşağılamalardan biridir: kendi yenilgine bilerek destek olmanın yarattığı aşağılama. Düşman güçlü olduğu için yenilmek, hatta savaşmayı reddederek yenilmek bu kadar kötü değildir; fakat korkakça davranarak kendi gücünü galip gelecek olan tarafa sattığını bilmek; işte en acısı kişinin kendi benliğinin bu ihanetidir.

Kültürümüzde aynı zamanda başkalarını memnun etme uğraşının cesareti neden baltaladığına dair bazı özel nedenler vardır. Zira bu tür bir uğraş, en azından erkekler için, çoğu zaman güvensiz, agresif olmayan, "centilmen" biri gibi davranmayı gerektirir ki insan güvensiz davranırken nasıl olup da gücünü ve cinsel iktidarını geliştirebilir? Kadınlar sözkonusu olduğunda da buna benzer takdir toplama yöntemleri kendilerine has özelliklerin gelişmesine ket vurur, zira potansiyellerini hayata geçirmeyi bırakın onları öne çıkarma şansları dahi olmaz.

İçinde bulunduğumuz konformizm çağında cesaretin ayırıcı özelliği kendi görüşlerinin arkasında durabilmektir. İnatla yahut küstahça (bunlar cesaretin değil savunuculuğun tanımlarıdır) yahut bir tür misilleme edasıyla değil de gerçekten inandığımız için. Sanki kişi davranışlarıyla şöyle demektedir: "Bu benim, benim varlığım." Cesaret, "Başka çarem yok!" diye düşünerek verilen bir karar değil olumlayıcı bir seçimdir; zira başka çare yoksa cesaret nerede devreye girebilir? Elbette ki insan zaman zaman cesaretiyle kazandığı bir konumu korumak için mücadele etmek zorundadır. Terapi esnasında yeni bir ilerleme kaydedildiğinde ve kişi hem kendi içinden yükselen endişenin karşı saldırısına hem de değişmeyip aynı kalsa kendilerini çok daha rahat hissedecek olan aile bireylerine dayanmak zorunda kaldığında buna benzer durumlara sıklıkla rastlanır. En iyi koşulda savunmaya geçilecektir; fakat kişi savunmaya değecek bir şey elde etmişse onu olumsuzlukla değil de neşeyle savunur.

Kişinin gelişim cesareti ortaya çıkmaya başladığında - yani sözkonusu kişi hayatını başkalarının takdirini kazanmaya adama döngüsünden kurtulabildiğinde- genellikle bir ara adım vardır. Bu adımdaki kişiler kendilerinden emin olabilmek adına bazı bireysel karşı çıkışlarda bulunurlar, elbette ki memnun etmeye çalıştıkları insanlar tarafından yazılan kanunlarla yürütülen mahkemelerde bu davranışlarını savunmak durumunda kalırlar. Sanki özgür olma hakkı talep etmişlerdir de kendilerini devrim öncesi Amerikalı koloniciler gibi hissederler ve aktarmak istedikleri konuyu hak talep ettikleri kişilerce yazılan kanunlar uyarınca savunmak zorundadırlar. Terapide bu aşamaya gelen kimseler genellikle ebeveynlerini amaçlarının "adaletine" ve kendi olma "haklarına" ikna etmeye çalıştıkları rüyalar görürler. Çoğu insan özgürlük ve sorumluluğa doğru gerçekleştirdikleri gelişim sürecinde bu aşamanın ötesine geçemez.

Ancak son tahlilde bu iki arada bir derede kalmışlık duygusu kişiyi umutsuz bir ikilemde bırakır: zira ebeveynlerine yahut ebeveynlerinin yerine koyduğu otoriteye kanun koyma gücünü verip kendini onların mahkemelerinde savunarak hâkimiyetlerini baştan kabul etmiş olur. Bu da özgür olmadığını muştular ve özgürlüğünü talep ettiğinde suçluluk duygusuna kapılmasına neden olur. Bu ikilemin aynısını Kafka'nın Dava adlı romanında, kendini suçlayanların otoritesini kabul ederek savunmasını yapmaya çalışan başkahramanın içine düştüğü durumda daha önce görmüştük. Son derece sinir bozucu bir durumdaydı ve yüzleştiği otoriteye deyim yerindeyse yalnızca yalvarabilecek bir hale düşmüştü. Sokrates'in savunmasını onu suçlayan Atinalıların varsayımları ve kanunlarına göre yaptığını bir düşünsenize. Az önce değindiğimiz üzere davranışlarının rehberini kendi iç merkezinde arayan Sokrates için şu önkabul her şeyi değiştiriyor: "Atinalılar, sizden ziyade Tanrı'ya itaat edeceğim."

En fazla cesaret gerektiren zorlu adımsa bizden beklentileri olan ve yanlarında kanun koyma hakkına sahip olduğumuz kişileri inkâr etmektir. Ve bu aynı zamanda en korkutucu adımdır. Kişinin ne kadar sınırlı ve kusurlu olduğunu bilmesine rağmen kendi standart ve yargılarına dair sorumluluğu kabullenmesi anlamına gelir. Paul Tillich, "sonluluğunu kabullenme cesareti" (ki ona göre bu her insanın sahip olması gereken en temel cesarettir) derken bunu kastetmektedir. Sonlu olduğu gerçeğine rağmen kişinin kendisi olma ve benliğine güvenme cesaretidir; nihai yanıtları bilmediği ve pekâlâ yanılıyor olabileceği farkındalığına karşın eyleme geçmek, sevmek, düşünmek ve yaratmak anlamına gelir. Ancak kişi -kesinlikten ne kadar uzak olsalar da- sahip olduğu güçleri "sonluluğu" cesur bir şekilde kabullenip sorumlu davrandığında geliştirmeye başlayabilir. Bunu yapabilmek içinse kitabın önceki bölümlerinde bahsettiğimiz benlik bilincinin gelişimiyle alakalı özdisiplin, değer biçme gücü, yaratıcı vicdan ve geçmişin bilgeliğiyle yaratıcı bir ilişki kurabilme gibi beceriler gerekir. Elbette ki bu adım muazzam bir bütünleşme ve beraberinde olgunluğun cesaretini gerektirir.

Sevgiye Bir Önsöz

Sevgi konusunda fazla detaya girmeyeceğiz, çünkü bu konuya hem kitap boyunca defalarca kez değinildi hem de günümüz insanının asıl sorunu sevgiye hazırlık süreciyle, yani sevebilme yetisiyle ilgili. Olgun bir şekilde sevme ve sevilme yetisi gerçek anlamda gelişmiş bir kişiliğe dair elimizdeki en sağlam kriterlerden biridir. Fakat aynı sebepten ötürü kişinin öncesinde kendi hesabına başlı başına bir kişi olma koşulunu ne kadar başarabildiğiyle orantılı bir şekilde erişilen bir hedeftir. Dolayısıyla yalnızca bu bölüme değil tüm kitaba "sevgiye bir önsöz" adı verilebilir.

Öncelikle sevginin aslında toplumumuzda nispeten az rastlanan bir olay olduğu belirtilmelidir. Herkesin bildiği üzere adına sevgi denen milyonlarca ilişki vardır: "sevginin" duygusal güdülerin yanı sıra romantik şarkı ve filmlerde karşılaştığımız her tür ödipal ve "anneye dönüş" motifiyle karıştırıldığı durumları burada listelememize gerek yok. Sevgi kelimesinden daha fazla anlamı karşılayan hiçbir kelime yoktur ve bu anlamların çoğu dürüst değildir, yani ilişkinin altında yatan gerçek nedenlerin üzerini örterler. Fakat adına sevgi denen çok daha sağlam ve dürüst bazı ilişkiler de vardır. Ebeveynlerle çocukların birbirlerine duydukları karşılıklı sevgi ya da cinsel tutku ya da yalnızlığın paylaşılması ve her zaman olduğu gibi bakışlarımızı yalnız ve konformist toplumumuzdaki bireylerin içlerine çevirdiğimizde keşfedilen çarpıcı gerçek, bu ilişkilerde bile sevgi etmeninin ne denli az bir rol üstlendiğidir.

Elbette ki insanların arasındaki çoğu ilişki farklı güdülerin karışımından dolayı ortaya çıkar ve farklı hislerin bir birleşimidir. Bir erkekle kadın arasındaki cinsel sevgi genellikle iki duygunun bir karışımıdır. Bunlardan biri "eros", yani ötekine duyulan ve bireyin kendini gerçekleştirmesini sağlayan etmenlerden biri olan cinsel istektir. Bundan iki bin beş yüz yıl önce Platon "eros"u her bireyin kendini tamamlayacak olanla birleşme güdüsü -yani hem erkek hem kadın olan mitolojik varlık "androjen"in diğer yarısını bulma güdüsü- olarak tanımladı. Erkekle kadın arasındaki olgun sevginin diğer bir etmeniyse karşımızdaki insanın değeri ve öneminin onaylanmasıdır ki bunu yukarıda verdiğimiz tanıma dahil etmiştik.

Ancak çeşitli güdü ve duyguların harmanlandığını ve sevginin basit bir konu olmadığı düşünüldüğünde daha baştan en önemli şey duygularımıza doğru isimleriyle hitap edebilmektir. Ve sevmeyi öğrenmeye başlamak için en yapıcı yol nasıl sevemediğimizi görmektir. Auden'in Endişe Çağı'ndaki genç adamın durumunu anladığımızda en azından bir başlangıç yapmış oluruz:

Ve sevmeyi öğrenirken, ona asıl öğretilen
Sevmeyi bilmediğidir.

Daha önce gördüğümüz üzere günümüz toplumu, başkalarının üzerinde güç uygulamanın baskın bir güdü olduğu dört yüz yıllık rekabetçi bireyciliğin varisidir; ve özellikle bizim neslimize endişe, yalnızlık ve kişisel boşluk miras kalmıştır. Bunların sevmeyi öğrenme hazırlığı anlamında pek de hoş olmadığı açıktır.

Konuya ulusal ilişkiler boyutunda baktığımızda da benzer sonuçlara ulaşırız. "Sevgi her şeyi çözecektir" gibi rahatlatıcı bir düşünceye kapılmak kolaydır. Elbette ki bu çivisi çıkmış dünyadaki politik ve sosyal sorunların empati, yaratıcı endişe, komşuya ve "yabancıya" duyulan sevgi gibi tavırlara ihtiyaç duyduğu su götürmez bir gerçektir. Başka bir metinde toplumumuzda eksik olan şeyin sosyal anlamda değer taşıyan iş ve sevgiye dayalı bir topluluk deneyimi olduğunu belirtmiştim - ve bu eksikliği onun nevrotik eşdeğeriyle, yani "kolektivizm nevrozuyla"[3] gidermeye çalışıyoruz. Fakat ipso facto[4] insanlara sevmeleri gerektiğini söylemek faydalı değildir. Bu yalnızca ikiyüzlülük ve sahteliği körükler ki zaten sözkonusu sevgi olduğunda bunlardan yeterince mustaribiz. Sevmeyi öğrenme konusunda sahtelik ve ikiyüzlülük apaçık düşmanlıktan daha caydırıcıdır, zira en azından dürüst bir şekilde gösterildiğinde düşmanlık üzerinde uğraş verilebilir. Basitçe insanlar birbirlerini sevebilselerdi dünyadaki düşmanlık ve nefretin üstesinden gelinirdi demek daha fazla ikiyüzlülüğe davetiye çıkarmaktan başka bir şey değildir; üstelik bunun da ötesinde, Rusya'yla olan ilişkilerimizden gücümüzle yol gösterici olmanın ve otoriter sadizmle doğrudan, gerçekçi bir şekilde yüzleşmenin ne denli önemli olduğunu öğrendik. Uluslararası ilişkilerde, Marshall Planı gibi diğer grupların değerleriyle ihtiyaçlarını olumlayan her yeni eylem coşkuyla karşılanmalıdır. En azından salt

3) Bkz. Rollo May, "The Meaning of Anxiety".
4) "Bu gerçekten ötürü" anlamına gelen Latince bir ifade. (çn)

kendi varlığımız için dahi olsa başka ulusların varlığını da kabul etmemiz gerektiğini sonunda öğreniyoruz. Fakat bunlar her ne kadar çok mühim dersler olsa da, ara sıra gerçekleştirilen bu tür eylemlerin -politik düzeyde- sevmeyi öğrendiğimiz anlamına gelmez. Yani yine her zaman olduğu gibi kendimizi birey olarak sevebilecek hale getirmeye çalışmamız komşularımızla yabancıların ilgiye muhtaç olduğu dünyamıza yapacağımız en faydalı katkı olacaktır. Lewis Mumford şöyle der: "Tıpkı barış için olduğu gibi, sevgi çığırtkanlığı yapanlar genelde sevgiyi en az gösterenlerdir. Bütünlüğe ulaşmanın başlıca sorunu, hatta kurtuluşun anahtarı kendimizi sevmeye ve sevilmeye açabilmektir."

Günümüzdeki sevgiye dair karmaşa öyle bir boyuta ulaştı ki sevginin tanımına ilişkin ortak bir kanıya dahi ulaşmak güç. Sevgiyi diğer kişinin varlığından keyif almak ve kendi değerimizle gelişim sürecimizi olduğu kadar onunkini de olumlamak şeklinde tanımlıyoruz. Dolayısıyla sevgiye dair daima iki etmen oluyor: öteki insanın değeri ve iyiliğiyle ilişkideki kişinin kendi neşesi ve mutluluğu.

Sevme becerisi özfarkındalığı gerektirir, çünkü sevmek diğer insanla empati kurabilmek, onu takdir edip potansiyelini olumlamak demektir. Sevgi aynı zamanda özgürlük de gerektirir; sevgi özgürce verilmediğinde gerçek anlamda sevgi değildir. Bir kimseyi, başka birini sevme özgürlüğünüz olmadığı yahut sözkonusu kişiyle doğuştan gelen tesadüfi bir kan bağınız olduğu için sevmek sevgi sayılamaz. Bunun da ötesinde, kişi birini sözkonusu insan olmadan yapamayacağı için "seviyorsa" o sevgi isteyerek verilmiyordur; çünkü kişi böyle bir durumda sevmemeyi seçemez. Bu tür özgür olmayan bir "sevgi"nin ayırıcı özelliği ayrım yapmamasıdır: "sevilen" kişinin özelliklerini yahut varlığını bir başkasınınkinden ayırmaz. Böyle bir ilişkide sizi sevdiğini iddia eden kişi tarafından gerçek anlamda "görülmezsiniz"; hatta başka biri dahi olabilirsiniz. Böyle ilişkilerde ne seven ne de sevilen kişi birey gibi davranır; seven kişi özgür değildir, sevilen kişiyse yalnızca sımsıkı tutunulacak bir nesne olarak önem taşır.

Toplumumuzda -içinde barındırdığı çeşit çeşit endişeli, yalnız ve boş insanıyla- sevgi kılığına bürünmüş çok farklı bağımlılık biçimleri vardır. Ortak yardımlaşma yahut arzuların karşılıklı olarak bastırılmasından (doğru tabirlerle ifade edildiğinde oldukça etkili olabilir) tutun da "profesyonel" kişisel ilişkiler ve asalak mazoşizme varıncaya dek farklılık gösterirler. Kendi başlarına yalnız ve boş hisseden iki insanın dillendirilmeyen bir tür anlaşmayla birbirlerini yalnızlık acısından kurtardıklarına sıkça rastlanır. Matthew Arnold bu durumu Dover Sahili'nde oldukça güzel bir şekilde anlatır:

Ah sevgilim, birbirimize içten olalım
Çünkü dünya hayaller ülkesi gibi önünde uzanır.
Öyle çeşitli, öyle güzel, öyle yeni...
Ama ne neşesi, ne sevgisi, ne ışığı gerçek
Ne bir huzur, ne bir kesinlik, ne acıya çare var
Büyüyen bir karanlık içinde
Karanlık bir ovadayız.

Ama yalnızlığın üstesinden gelme amacıyla "sevgiye" sarıldığımızda amacımıza ancak her iki taraf için de artan bir boşluk duygusu pahasına ulaşırız.

Daha önce de ifade ettiğimiz üzere, sevgi genellikle bağımlılıkla karıştırılır: fakat aslında ancak kendi bağımsız olma kapasitenizle orantılı bir şekilde sevebilirsiniz. Harry Stack Sullivan'ın çarpıcı ifadesine göre çocuklar "ergenlik öncesi yaşa gelinceye dek kimseyi sevmeyi öğrenemez. Aksini gösterecek şekilde konuşmalarını yahut sizi buna inandıracak şekilde davranmalarını sağlayabilirsiniz. Fakat gerçek bir dayanak yoktur ve eğer zorlarsanız tuhaf sonuçlar alırsınız ki bunların çoğu daha sonra nevroza neden olur."[5] Bir başka deyişle, bu yaşa kadar diğer insanlara dair ayrımsama ve olumlama becerisi sevebilmeye yetecek ölçüde olgunlaşmamıştır. Bir bebek ve çocuk olarak normal bir şekilde ebeveynlerine bağımlıdır ve hatta onlardan çok hoşlanıp onlarla vakit geçirmekten keyif alıyor olabilir. Bırakalım da ebeveynler ve çocuklar bu tür bir ilişkinin olanak sağladığı mutluluğun tadını çıkarsınlar. Ancak çocukların oyuncak ayı yahut oyuncak bebeğe ve daha sonraları kendi köpeğine insanlarla olan ilişkilerine kıyasla çok daha içten ve sıcak bir "ilgi" gösterdiklerini fark etmek, ebeveynlerin tanrı rolünü üstlenme ihtiyaçlarıyla birlikte çocuklarının hayatının doğal akışında kendilerine atfettikleri başat önemi azaltmaları bağlamında büyük önem taşımaktadır. Oyuncak ayı ya da bebeklerin onlardan talepleri yoktur; onlara her istediğini yansıtabilir ve ihtiyaçlarıyla empati kurmak için kendi olgunluk düzeyini aşmaya çalışmak durumunda kalmaz. Evcil köpekler cansız nesnelerden insanlara uzanan bir ara yoldur. Her adım -bağımlılıktan güvenirliğe ve sonrasında karşılıklı dayanışmaya- çocukların olgunlaşan sevme kapasitelerinin gelişim evresini temsil eder.

Toplumumuzda bizi sevmeyi öğrenmekten alıkoyan başlıca şeylerden biri de, Erich Fromm ve diğerlerinin işaret ettiği üzere, "piyasa yönelimidir". Sevgiyi almak ve satmak için kullanırız. Bu durumun örneklerinden biri de çoğu ebeveynin onlara baktıkları için çocuklarının kendilerini sevmesini beklemeleridir. Elbette ki ebeveynler ısrarcı davrandığında çocuklar yalancıktan da olsa bazı sevgi eylemlerini yapmayı öğrenirler; fakat bir şeyin karşılığı olarak talep edilen sevginin aslında sevgi olmadığı er ya da geç anlaşılır. Bu tür bir sevgi "sağlam bir temele oturmamıştır" ve çocukların erken yetişkinlik döneminde çatırdayarak yerlebir olur. Hem zaten çocukların ebeveynlerine

---

5) Dr. Sullivan'ın *Kültür ve Kişilik* başlıklı makalesinden alıntı.

olan sevgisiyle ebeveynlerin çocuklarını koruyup onlara destek olmaları, onları kampa ve sonrasında üniversiteye yollamaları arasında neden bir ilişki olsun ki? Benzer bir mantıkla çocuğun onu kamyonlardan koruyan köşe başındaki trafik polisini ya da askere gittiğinde ona yemek veren çavuşu da sevmesi beklenebilirdi.

Bu talebin daha derinleşmiş biçimi, çocukların ebeveynleri kendileri için fedakârlık yaptıklarından ötürü sevmeleri gerektiğinin düşünülmesidir. Oysa fedakârlık karşıdaki kişinin değerleriyle gelişiminin olumlaması değil de pazarlık yapmanın bir başka yöntemi olabilir.

Bize beslenen sevginin (çocuklarımız yahut başkaları tarafından) boyutu taleplerimiz, fedakârlıklarımız yahut ihtiyaçlarımızla değil, kendi sevme kapasitemizle orantılıdır. Ve sevme kapasitemiz de öncesinde edindiğimiz bağımsız bir şekilde birey olma kapasitemize bağlıdır. Özünde sevgi, vermek anlamına gelir; vermekse kendini hissetme olgunluğu gerektirir. Sevgi, daha önce Spinoza'dan yaptığımız ve Tanrı'yı gerçekten sevmenin, karşılığında onun tarafından sevilmeyi beklemekle ilgisi olmadığının ifade edildiği alıntıyla ortaya konmuştur. Bu, sanatçı Joseph Binder tarafından atıfta bulunulan tavırdır: "Sanat yapıtı üretebilmek için sanatçının sevebilmesi, yani ödüllendirilme düşüncesine kapılmadan verebilmesi gereklidir."

Burada sevmekten kastımız bir tür "vazgeçme"[6] yahut özveri değil. İnsan yalnızca verebileceği bir şeyi, kendi içinde güç alabileceği bir temeli varsa verici olabilir. Toplumumuzda sevgiyi saldırganlık ve rekabetçi zafer duygusundan arındırmak için zayıflıkla ilişkilendirmek zorunda kalmamız son derece talihsiz bir durum. Gerçekten de tutum o denli başarılı oldu ki artık insanlar ne kadar zayıfsa o kadar çok sevebilecekleri ve güçlü insanların sevmeye

---

6) Burada bir kelime oyunu yapılıyor. Verme fiili İngilizcede "to give" ile karşılanırken vazgeçmek fiili "to give *up*" ile karşılanır. (çn)

ihtiyaç duymadıkları yönünde ortak bir önyargı mevcut! Eksikliğinde sevginin bir türlü kabarmayan tatsız tuzsuz bir ekmeğe dönüştüğü şefkat mayasının genelde küçümsenmesine ve sevme deneyiminden ayrı tutulmasına şaşmamalı.

Şefkatin güçle el ele olduğu çoktan unutuldu: kişi güçlü olduğu kadar hassas da olabilir; aksi takdirde şefkat ve hassasiyet bağlılık için gereken sahte birer tavırdan öteye geçemez. Kullandığımız kelimelerin Latince kökenleri gerçeğe daha yakın. Sevgi bir erdemdir ve "erdem"[7] kelimesi aynı zamanda "iktidar" kelimesinin de türediği vir, yani "adam" (burada eril güç anlamında) kelimesinden türemiştir.

Burada bazı okurlar şu soruyu sorabilir: "Peki ama insan sevdiğinde kendini kaybetmiyor mu?" Elbette ki sevgide de tıpkı yaratıcı bilinç de olduğu gibi kişinin ötekiyle bütünleştiği doğrudur. Fakat bu "kendi benliğini kaybetme" olarak adlandırılmamalı; yine tıpkı yaratıcı bilinçte olduğu gibi bu, kişinin benliğinin ulaşabileceği en yüksek tamamlanmışlık halidir. Örneğin cinselliğe sevginin bir ifadesi olarak bakıldığında orgazm anında hissedilen duygu düşmanlık yahut zafer değil de karşımızdaki kişiyle birleşme duygusudur. Sevgideki kendinden geçme halinden bahseden şairler aslında doğruyu söylüyorlar. Bu tıpkı yaratıcı hazda olduğu gibi kişinin kendi benliğinin farkına vararak geçici bir süreyle de olsa kendi kimliğiyle bir diğerinin kimliği arasındaki engeli aşabildiği andır. Bu tür bir mest olma hali insan ilişkilerindeki en güçlü karşılıklı bağlılığı temsil eder ve yaratıcı bilinçtekine benzer bir paradoks burada da geçerlidir; kişi ancak kendi başına ayakta durabilme kapasitesine, bağımsız bir birey olabil-

7) İngilizcede erdem: virtue. Burada bahsi geçen "iktidar" kelimesinin İngilizce karşılığıysa "virility". Yani her iki kelime de *vir* kökünden türemiş. (çn)

me becerisine sahip olduğu müddetçe böyle bir kendinden geçme haline ulaşabilir.

Bu tartışmanın bir tür mükemmellik nasihatine dönüşmesini istemiyoruz. Benzer şekilde bunları ifade etmemizin amacı arkadaşlık (ebeveyn-çocuk ilişkilerinin önem taşıyan bir diğer yanı), kişilerin birbirlerine gösterdikleri farklı boyutlardaki sıcaklık, cinsel keyif ve tutkunun paylaşılması vb. diğer olumlu ilişkilerin değerini düşürmek değil. Toplumumuzda sıkça yapılan bir hataya düşüp ideal sevgiyi en önemli şey haline getirerek o "çok değerli inci"yi asla bulamadığımızı itiraf etmekten ya da hissettiğimiz tüm duyguların aslında "sevgi" olduğuna dair bir ikiyüzlülüğe kapılmaktan başka çaremizin kalmadığı bir duruma sokmayalım. Tekrarlamakta fayda var: duygulara doğru isimleriyle hitap etmeyi öneriyoruz. Kendimizi sevmenin kolay bir şey olduğuna dair ikna etmeye çalışmaktan vazgeçebildiğimizde ve eğer sevgiye sahip olmadığı halde sürekli sevgi hakkında konuşan bir toplumun sahte tavırlarından vazgeçebilecek kadar gerçekçiysek sevmeyi çok daha rahat bir şekilde öğrenebiliriz.

Gerçeği Görme Cesareti

Yepyeni bir dünyayı aydınlatan şimşeklerden farksız aforizmalarından birinde Nietzsche şöyle der: "Hata korkaklıktır!" Yani bir başka deyişle, gerçeği görmememizin nedeni yeterince kitap okumamış olmamız ya da yeterli akademik eğitime sahip olmamamız değil de yeterince cesur olmamamızdır.

Burada "gerçek" kelimesiyle yalnızca bilimsel gerçeklerden bahsetmiyoruz. Bilimsel gerçeklerle ilgili sorun kesinliktir. Rahatınızı kaçıran -yani inandığınız şeyin doğru olup olmadığını bulmak için durup düşünmek ve sorunu "evirip çevirmek" zorunda kaldığınız- son bir düzine sorunu anımsarsanız bunların çok azının bilimsel gerçeklerle kanıtlanabilen olaylarla ilgili olduğunu görürsünüz. Hangi işe gireceğiniz, âşık olup olmadığınız, çocuğunuza okulda yaşadığı sosyal bir sorunla ilgili nasıl yardım edeceğiniz yahut şu ya da bu konuyla ilgili his ve istekleriniz; işte kişiyi gün içinde meşgul eden ve hatta geceleri rüyalarına giren sorular bunlardır. Bu gibi konularda teknik kanıtların nadiren faydası olur. Kişi riski göze almalıdır ve en iyi yanıtı bulup bulamayacağı kişinin olgunluk ve cesaretiyle yakından alakalıdır. Kolomb'un dünyanın yuvarlak olduğunu kanıtlama girişimi ya da Freud'un ilk keşiflerinde olduğu gibi, bilimsel gerçeklerin kabul gören bir formül haline indirgenmeden önce ortaya çıkarılmaları araştırmacının içsel doğruluk ve cesaretine bağlıdır.

Filozof Schopenhauer'in Goethe'ye yazdığı mektup, bize sunulan gerçekliği görmek için gereken içsel mücadeleye dair çarpıcı bir örnektir. İlk ortaya çıkarılmalarından sonra düşüncelerini geliştirme süreci boyunca çektiği sıkıntılardan bahseden Schopenhauer mektubunda şöyle yazar: "... sonra insafsız bir yargıcın karşısında gergide yatan bir suçlu gibi ruhumun önünde durup daha fazla soracak bir şey kalmayıncaya dek yanıt vermeye zorluyorum. Şimdiye kadarki tüm doktrin ve felsefelerin hatalarıyla dillendirilemez ahmaklıklarının böylesi bir dürüstlüğün eksikliğinden kaynaklandığına inanıyorum. Gerçeğin bulunamamasının nedeni aranmamış olması değil de amacın daima önceden algılanmış bir fikir bulmak ya da en azından meşhur bir görüşe zarar gelmemesini sağlamaktı ve bu görüş nedeniyle hem diğer insanlara hem de asıl düşünen kişiye karşı birtakım dolaplar çevrildiği kanaatindeyim. Kişiyi filozof kılan şey her tür soru karşısında içini olabildiğince dökebilme cesaretine sahip olmasıdır. Korkunç kaderine dair bir tür aydınlanma arayışına girerek bulacağı yanıttaki dehşeti sezmesine rağmen yorulmak bilmeden sormaya devam eden Sofokles'in Oedipus'u gibi olmalıdır. Fakat çoğumuzun kalbinde Oedipus'a daha fazla sormaya devam etmemesi için Tanrı aşkına yalvaran bir Jocasta yatar ve biz de kendimizi ona bırakırız ve felsefe bu yüzden olduğu yerde sayar... Filozof kendini acımasızca sorguya çekmelidir. Ancak bu felsefi cesaret düşünceden türemez, bulunan çözümlerden çıkarılamaz; zihnin doğuştan gelen bir eğilimidir."

Gerçeği görmek için böylesi bir dürüstlüğe gerek olduğu ve bunun idrak kabiliyetiyle alakalı olmayıp özfarkındalığa dair doğuştan gelen bir kapasite olduğu konusunda Schopenhauer'e katılıyoruz; tıpkı bu mektuba atıfta bulunan psikanalist Ferenczi gibi. Ancak kişinin bu konuda hiçbir şey yapamayacağı "doğuştan gelen bir eğilim" olduğu düşüncesine katılmıyoruz. Böylesi bir dürüstlük etik bir tavırdır; cesaretin yanı sıra kişinin kendi benliğiyle olan ilişkisinin farklı boyutlarını gerektirir; belli bir aşamaya kadar geliştirilebilmekle kalmaz, kişi kendini birey olarak tamamlamak istiyorsa geliştirilmesi zorunludur.

Schopenhauer, gerçeği görebilmek için gerekli olan muazzam cesaret konusunda Kral Oedipus'a, gerçeği görmekten kaçınma isteği konusundaysa eş ve anne Jocasta'ya göndermede bulunuyor. Doğumunun etrafındaki korkunç gizem perdesini aralamaya kararlı olan Oedipus yıllar önce kendisini daha yeni doğmuş bir bebekken öldürmesi emredilen yaşlı çobanı yanına çağırır. Oedipus'un gerçekten annesiyle evlenip evlenmediği sorusunu yanıtlayabilecek tek insan bu çobandır. Sofokles'in yazdığı dramda Jocasta, Oedipus'u ikna etmeye çalışır:

En iyisi kadere razı olmak,
Biri bilebilir sanki
Hangi adam?
Sen onun dediğine bakma,
Böyle boş sözleri unutmaya çalış.

Oedipus ısrar edince haykırır,

Vazgeç bu araştırmadan!
Kim olduğunu hiç bilmesen iyi olur!

Fakat Oedipus onun bu histerik davranışlarından etkilenmez:

Koparsa kopsun!
Soyum ne kadar aşağılık olursa olsun
Bunu bilmek istiyorum!

Çoban şöyle der,

Korkuyorum şimdi konuşmaktan!

Ve Oedipus ona karşılık verir:

Ve ben de duymaktan. Ama duymalıyım yine de!

Oedipus aslında babasını öldürüp annesi olan Jocasta'yla evlendiğine dair korkunç gerçeği öğrendiğinde kendi gözlerini çıkarır. Bu sembolik eylem son derece önemlidir. Muazzam içsel çatışmalar yaşayan insanlar "kendilerini kör eder". Onları çevreleyen gerçeklikten kaçabilmek için kendilerini kör ederler. Oedipus'un da hayatının aslında bir aldatmacadan ibaret olduğunu öğrendiğinde bu eylemi gerçekleştirmesini insanın hem kendisi hem de kökenine ilişkin gerçekleri görmesindeki trajik güçlüğü, bu konudaki "sonluluğu" ve "körlüğüne" dair bir sembol olarak değerlendirebiliriz.

Oedipus'un durumu sıra dışı görünebilir, fakat onun gerçeği görme mücadelesiyle bizim gündelik hayattaki mücadelemiz benzerdir ve her ikisi de son derece zalimdir. Bu dram bize, kendimize dair gerçekleri ararken yaşanan içsel acı ve çelişkinin kadim ancak her daim yinelenen bir resmini sunmaktadır. Freud'un seçimini dâhiyane kılan şey Oedipus'un annesiyle yatmış olmasından ziyade dramın bu yönüdür. Zira gerçeği aramak daima nefret edilecek bir şeyle karşılaşmayı göze almak demektir. Kişinin benliğiyle ilişkisi ve sarsılmaz değerlerine olan güveni, inançlarıyla birlikte o ana dek doğru kabul ettiği gündelik değerlerin yerlebir edilme riskini göze alabilmesine izin vermelidir. O halde Pascal'ın, "İnsan hayatında gerçek bilgelik sevgisine nadiren rastlanır." demesi şaşırtıcı değildir.

İnsana özgü daha önce üzerinde tartıştığımız özelliklerde olduğu gibi gerçeği görmek de kişinin kendi benliğinin farkında olma becerisine bağlıdır. Böylelikle anlık durumları aşarak hayalinde "hayatı durmadan ve bir bütün olarak görmeyi" deneyebilir. Benlik bilinci sayesinde içini arayıp duymak isteyen her insana az ya da çok konuşan bilgeliğe ulaşabilir.

Platon'un ifadesine göre antik Yunanlılar gerçeğe "anılara dalarak", bir başka deyişle "anımsayarak", yani kendi deneyimlerimizi sezgisel bir şekilde deşeleyerek erişebileceğimize inanıyorlardı. Buna dair meşhur bir örnekte Sokrates, Meno adındaki eğitimsiz bir köleye sadece sorular sorarak Pisagor teorisini kanıtlatır. Platon'un mitolojik açıklamasını, yani her birimizin zihnimizde daha önce cennetteki varoluşumuzdan gelen birtakım "fikirler" bulunduğunu ve bilginin bu fikirlerin bir toplamı olduğu görüşünü kabul etmek ya da bu olayın son derece sık rastlanan bir deneyim olduğu ifadesine katılmak zorunda değiliz. Her birimiz hayatlarımız boyunca farkında olduğumuzdan çok daha fazlasını gözlemliyor, deneyimliyor, "öğreniyoruz" (özellikle de erken yaşlarda) ve ebeveynlerimizle, öğretmenlerimizle yahut sosyal normlarla uyumlu bir hayat sürebilmek adına tüm bunları bilinçaltı denen dolaba kilitlemek zorunda kalıyoruz. "Çocuklar ve deliler doğruyu söyler." denir ve ne yazık ki çocuklar çok geçmeden yalan söylemeyi öğrenirler. Zihnimiz yeterince açıldıkça ve yeterli hassasiyetle cesarete eriştikçe bu "unutulan" bilgelik deposuna erişebiliriz.

Dolayısıyla insanların araya benlikleri girdiğinden doğruyu görememelerine dair yapılan popüler açıklama yanlıştır. "Her şeyi aynadaki silik görüntü gibi" görmemize neden olan şey benlik değildir: daha ziyade nevrotik ihtiyaçlar, baskılar ve çatışmalardır. Bunlar kendi önyargı yahut beklentilerimizi başka insanlara ve çevremizdeki dünyaya "transfer" etmeye sevk eder. Dolayısıyla, yanlışa doğru dememize neden olan şey tam da özfarkındalık eksikliğidir. Kişinin özfarkındalık yetisi ne kadar eksikse, endişe ve nedensiz öfke ve kırgınlığa da o denli hedef haline gelir: ve öfke bizi gerçekliği hissetmeye dair sezgisel becerilerimizi kullanmaktan bazen alıkoysa da endişe bunu her daim yapar.

Benzer şekilde, kişi gerçeği görme uğraşında benliğini hiçe sayarsa, yani çıkardığı sonuçlara tıpkı her şeyi Olimpos Dağı'ndan izleyen bir yargıç gibi vardığını düşünürse daha büyük bir yanılgıya kapılmış demektir. Kendi doğrusunu asıl doğrunun dürüst bir kestirimi olarak görmek yerine kendi kişisel çıkarlarından etkilenmediğini varsayarak bu doğruları değişmez kabul ettiğinde tehlikeli bir dogmatist halini alır. Sözkonusu kişilerin arzu ve çabalarını anlık ihtiyaçlarından ayırmada yalnızca teknik konular doğru olabilir. Hatta doğruyu görmekten kaçınmanın en sık rastlanan yöntemlerinden biri (genelde entelektüellerin psikoterapi esnasında kullandığı "direniş" biçimi) sorundan soyut yahut mantıklı bir ilke çıkarmaktır ve yeterince zeki bir şekilde akıl süzgecinden geçirildiğinde kişi genelde oldukça çarpıcı bir sonuca ulaşabilir. Ne var ki sonrasında bu düşünme sürecinin sorunu gerçekte hiç çözmediğini, hatta aksine sorundan kaçınmanın bir yöntemi olduğunu anlarız.

Doğruyu görmek yalnızca zihnin değil insanın bütününün bir işlevidir: kişi düşünen-hisseden-harekete geçen bir varlık olarak ilerlediğinde gerçeği deneyimler. Gerçeğe dair bu yaklaşımda "zekâ daha az" fakat kişi daha büyük önem taşıyor. Berdyaev, "Hayatım boyunca öğrenmeye devam ettim." diye yazıyor otobiyografisinde: "Özgürlüğümü kullanarak içten gelen fakat evrensel bir doğru yaratıyorum ve bu doğruya dair bilgim doğruyla aramdaki ilişki oluyor."

Kitabın önceki bölümlerinden birinde Orestes'in ensest ilişki ve enfantil bağlardan koptukça Miken'in önyargılarından, her insanın kendisini yalnızca başkalarında ve kendi etrafındaki dünyada görebilme eğiliminden de kurtulduğunu ifade ettiğini görmüştük. Dolayısıyla doğruyu görmek duygusal ve etik olgunlukla ilgilidir. Kişi doğruyu bu şekilde görebildiğinde söylediklerine dair güveni artar. İnançlarına soyut ilkeler yahut başkalarının sözleriyle değil "kendi çabasıyla" erişmiştir. Ve aynı zamanda alçakgönüllülük göstermeyi öğrenir, çünkü daha önce gördükleri kısmen de olsa çarpık olduğundan bundan böyle görecekleri de kusurlu olacaktır. Bu tür bir alçakgönüllülük kişinin kendi inançlarına dair duruşunu zayıflatmaz, ama yeni doğruların öğrenilmesi yolunda kapıları açık tutar.

8

Zamanı Aşan İnsan

Bu noktada bazı okuyucular ortaya başka bir soru atabilir, "olgunluğun amaçlarını tartışmak iyi hoş ama vaktimiz azaldı" diyebilirler. "Dünya "yarı psikoz" durumundayken ve Üçüncü Dünya Savaşı'yla birlikte korkunç felaketler köşe başında bizi beklerken, insan nasıl olur da özgerçekleştirme için gerekli o uzun ve sürekli gelişim sürecinden bahsedebilir?"

Şimdi bu soruyu daha somut bir şekilde ifade edelim. Örnek olarak savaşta teğmenliğe yükselen ve halihazırda gazete editörlüğü yapan genç bir kocayı ele alalım. Dolayısıyla cesaret ve enerjisinin herhangi bir erkeğe kıyasla daha az olmayacağını varsayabiliriz. Denizaşırı yolculuğa çıkmadan önce çekici ve yetenekli bir kadınla evlenmişti. Fakat şu anda eşiyle arasında cıddi sorunlar olduğunu acı verici bir şekilde fark ediyor; öyle ki bu sorunları aşmak için aylar, hatta belki yıllar boyunca psikoterapi desteğiyle birlikte duygusal bir gelişim sürecinden geçmeleri gerekecek. "Bu çaba mücadeleye değer mi?" diye soruyor hem kendisine hem de terapistine: "Ne de olsa çok geçmeden yeniden askere alınacağım; sonrasını da kim bilebilir?" Belki evliliğimizin dağılmasına izin verip önümdeki belirsiz yıllar boyunca geçici ilişkilerle idare etmeliyim?"

Ya da bir başka örnek olarak üniversitede görev yapan genç ve mükemmel bir eğitmeni ele alabiliriz. Yazması beş yıl kadar sürecek olan ve çalıştığı alana önemli bir bilimsel katkı sağlayacak bir kitap kaleme almak istiyor. Üretebileceğinin en iyisini üretmesine mani olan engelleri aşmasına yardımcı olması için terapiye başlamış. "Peki ama kitabın yazım sürecinin dahi garantisi yokken insan nasıl kararlı bir şekilde yazmaya devam edebilir? Belki de bu süreç esnasında New York'a bir atom bombası düşecek! O halde başlamaya değer mi?" Dolayısıyla zaman sorunu (Ne kadar geç kaldık?) çoğu modern insan için en yoğun endişe kaynaklarından biridir.

Elbette ki her bireyin kendine özgü sorun ve endişeleri dünya üzerinde yeterince zamanımız kalmadığına dair duyulan kaygıyı etkiler. İçinde bulunduğumuz çağın güvensizliğini kendi nevrozumuzun nedeni olarak göstermenin ne kadar kolay olduğunu herkes bilir. Göğüs geçirip şöyle diyebiliriz: "Dünyanın çivisi çıktı" ve böylelikle kendimize dair bir çivi çıkıklığının sözkonusu olup olmadığını düşünmekten azat oluruz.

Ancak, nevrotik eğilimlerimizin "dünyanın yıkıcı durumundan" gibi dayatmacı bir ifadenin ardına gizlenmekten hoşlandığı gerçeğini bir kenara bırakacak olursak, bu soruyu yöneltenlerin ortaya attıkları konunun son derece gerçekçi ve geçerli olduğu geniş bir alan mevcut. Dünyamız uzunca bir süre daha endişe çağında kalacak: ve devekuşları gibi başını kuma gömmeyen herkesin bu gerçekle yüzleşip güvensizlik duygusuyla yaşamayı öğrenmesi gerekiyor. Sanatçı ve entelektüeller gibi bilgili çevrelerde, yukarıdaki konuşmayı yapan iki kişinin ifade ettiği kaygılar benzer şekilde şu söylemle dillendirilir: "Biz yanlış zamanda doğmuşuz." Bu tür tartışmalar esnasında er ya da geç Rönesans ya da antik dönem Atina'sında, ortaçağ Paris'inde veya bir başka dönemde yaşıyor olmayı tercih edebileceğini söyleyen biri çıkar.

Bu tür sorulardan kaçmak için, "Biz bu çağda doğduk ve bundan mümkün olan en iyi şekilde faydalanmalıyız."

gibi Stoacı yanıtlar vermenin faydası yoktur. Bunun yerine zamanı düşmandan ziyade dostumuz kılmaya yardımcı olacak birtakım anlayışlara erişip erişemeyeceğimizi görmek için insanın zamanla olan -son derece tuhaf- ilişkisine daha yakından bakalım.

İnsan Yalnızca Zamana Göre Yaşamaz

İnsana özgü niteliklerden birinin de içinde bulunduğu zamanın dışına çıkarak kendisini gelecek yahut geçmişte düşünebilmesi olduğuna daha önce değinmiştik. Bir hafta yahut bir ay sonraki taarruzu planlayan general belli bir yerden saldırdığı takdirde düşmanının nasıl bir karşılık vereceğine ya da top atışıyla bir başka alanı açtığında neler olacağına dair tahminler yürütür; ve böylelikle taarruzdan günler hatta haftalar önce savaşı zihninde canlandırarak ordusunu her türlü tehlikeye karşı mümkün olduğunca iyi bir şekilde hazırlayabilir.

Ya da önemli bir konuşma yapacak bir konuşmacı -eğer yeterince mantıklı düşünebiliyorsa- geçmişte benzer bir konuşma yaptığı zamanları düşünür. İzleyicilerin nasıl tepki verdiğini, konuşmasının hangi bölümlerinin başarılı, hangilerinin daha başarısız olduğunu, hangi hal ve tavırlarının etkili olduğunu gözden geçirir. Konuşmayı zihninde canlandırarak geçmişteki deneyimlerine dayanarak şimdi ki zamanla nasıl başa çıkabileceğini öğrenir.

İşte bu "önce ve sonraya bakabilme" gücü insanın kendine dair bilince sahip olma becerisinin bir parçasıdır. Bitkiler ve hayvanlar nicel zamana göre yaşar: bir saat, bir hafta ya da bir yıl geçer ve ağacın gövdesinde yeni bir halka oluşur. Semantik üzerine yaptığı çalışmada Alfred Korzybski, ısrarla insanı diğer canlı varlıklardan ayıran şeyin zamanı bağlama becerisi olduğunu belirtir. Korzybski bu ifadeyle, "Geçmiş çalışma ve deneyimlerin şimdiki gelişmeler için anlaksal yahut tinsel bir kaynak olarak kullanma kapasitesini...insanların hayatlarını gitgide artan edinilmiş bilgeliklerinin ışığında yaşama kapasitelerini; insanoğlunun aynı anda hem geçmiş çağların vârisi hem de gelecek neslin güvencesi olma kapasitesini"[1] kastettiğini belirtmiştir.

Psikolojik ve tinsel anlamda insan salt zamana göre yaşamaz. Onun zamanı daha ziyade olayın önemine bağlıdır. Dün genç bir adamın işine gidip gelirken metroda toplam iki saat, sıkıcı işinde sekiz saat, iş çıkışında âşık olduğu ve evlilik hayalleri kurduğu kızla konuşurken on dakika ve akşam katıldığı bir derste iki saat geçirdiğini varsayalım. Bugün metroda geçirdiği iki saate dair hiçbir şey hatırlamıyor. Bu tamamen bomboş bir deneyimdi ve o da tıpkı diğer pek çok insan gibi gözlerini kapayıp uyumaya çalışarak yolculuk bitinceye dek zamanı durdurmayı denemişti. İş yerinde geçirdiği sekiz saatin de onun üzerinde fazla bir etkisi olmadı; akşam katıldığı derse dair daha çok şey hatırlıyor. Fakat zihnini en çok meşgul eden şey sevdiği kızla geçirdiği on dakika. O gece dört rüya gördü: biri katıldığı dersle, üçüyse kızla ilgiliydi. Yani kızla geçirdiği on dakika, günün geri kalanındaki yirmi saatten daha çok "yer" kaplamakta. Psikolojik zaman salt zamanın geçişi değil de yaşanan deneyimin anlamı, yani kişinin umutları, endişeleri ve gelişimi için önem taşıyan şeylerdir.

Yahut otuz yaşındaki bir yetişkinin kendi çocukluğuna dair anılarını ele alalım. Beş yaşındayken başından binlerce olay geçmiştir. Ama şimdi otuz yaşında bunlardan yalnızca üç ya da dördünü anımsayabiliyordur: arkadaşıyla oynamaya gittiği ve arkadaşının onu bırakıp daha büyük bir çocukla oynadığı gün, Noel ağacının altında yeni üç tekerlekli bisikletini gördüğü an, babasının eve sarhoş gelip annesine tokat attığı gece ya da köpeğinin kaybolduğu gün. Beş yaşına dair anımsayabildikleri bunlardan

1) Alfred Korzybski, *İnsanlığın İnsanlığı.*

ibarettir, ancak ilginç bir şekilde sayıca bir elin parmağını geçmeyen bu anıları dün yaşadıklarının yüzde doksan beşinden daha net hatırlar.

Hafıza yalnızca geçen zamanın üzerimizde bıraktığı iz değildir; aynı zamanda en derin umut ve korkularımız için önem taşıyan şeylerin bekçisidir. Hal böyleyken hafıza, zamanla esnek ve yaratıcı bir ilişkimiz olduğuna ve bu ilişkiye dair yol gösterici ilkenin saatle değil de deneyimlerimizin nitel önemiyle şekillendiğine dair diğer bir kanıtıdır.

Bu durum nicel zamanın göz ardı edilebileceği anlamına gelmez: sadece basit bir şekilde salt böyle bir zamana göre yaşamadığımızı ortaya koymuş bulunmaktayız. İnsan daima doğal dünyanın bir parçasıdır ve hayatının her anında doğayla iç içedir; ne düşünürsek düşünelim çok azımız yetmiş ya da seksen yıldan daha uzun yaşayacak. Yaşlanıyoruz, ya da uzun süre boyunca çok çalıştığımızda yoruluyoruz ve saatlerle takvimler hakkında gerçekçi olma gerekliliğinden kaçışımız yok. İnsan da diğer tüm yaşam formları gibi ölür. Ama o bunu bilen ve ölümünü önceden görebilen bir hayvandır. Zamana dair farkındalığı sayesinde onu kontrol edip belli şekillerde kullanabilir.

Kişi hayatını bilinçli bir şekilde yönlendirebildiği ölçüde zamanı da yapıcı ve faydalı bir şekilde kullanabilir. Ancak çoğunluğa uyduğu, özgür olmadığı, diğerlerinden farklılaşmadığı, yani isteyerek değil de zorla çalıştığı ölçüde nicel zamanın bir nesnesi halini alır. Saate ya da zillere hizmet eder; her hafta belli sayıda derse girer ya da belli bir saat dilimi boyunca çalışır, günlerden pazartesi ya da cuma olup olmadığına yani iş haftasının başlayıp bitişine göre kendini kötü ya da iyi hisseder; onun için ödüller harcadığı zaman cinsinden ölçülür. Ne kadar konformist ve özgürlükten uzaksa hükmü de o denli artar. Yani tıpkı hapse girenler için kullanıldığı haliyle "gün sayar". Kişi daha az canlı oldukça (burada "canlı" kelimesi hayatına bilinçli olarak yön verme anlamında kullanılıyor) saatlerin geçişi olarak algılanan zaman da onun için o denli uzun olacaktır. Canlılığı arttığı ölçüde nitel zamanla yaşamaya başlar.

"Yoğun bir hayat süren insan gerçek anlamda yaşar." diyor E. E. Cummings. "Ama bir adamın 120 yaşına gelmesi onun gerçekten yaşadığı anlamına gelmez. 'O an bir ömür gibi geldi!' Klişeleşmiş olan bu ifade doğrudur ve benzer şekilde insan uzun bir tren yolculuğu yapar ve sıkıntıdan patlar. Zaman öldürmek için dedektif hikâyeleri okursun. Zaman keyifli geçiyor olsaydı onu öldürmek ister miydin?"

Günümüzdeki "zaman azalıyor" görüşündeki endişenin nedeni kaçınılmaz savaş ya da hidrojen bombası tehdidinden çok daha derinlerde yatmakta. Zira zamanın akışı insanı her çağda korkutabilir. Köpekler bir yıl daha geçti diye endişeye kapılmaz; ama bunu düşünen çoğu insan gafil avlanır. Azrail'in o korkutucu resmindeki gibi zamanın en büyük düşmanları olduğunu hissedebilirler; ya da "Zaman bizden yana" derken rahat bir nefes alabilirler. İnsanların zamandan korkmalarının en somut örneği yaşlanma korkusudur. Fakat bu tür bir korku, zamana dair bilinçlerinin onlara hiç durmadan gerçekten yaşayıp yaşamadıklarına, büyürken gelişip gelişmediklerine yahut sadece çürüyüp yok olmamaya mı çalıştıklarına dair sorular yöneltmesinin bir sembolüdür. Oldukça doğru bir gözlemde bulunarak insanların yaşlanmaktan şimdiki zamanı gerçek anlamda yaşamayacak kadar korktuklarını ifade eden kişi sanırım C.G. Jung'du. Dolayısıyla yaşlanma endişesiyle yüzleşmenin en iyi yolu her anın canlı bir şekilde yaşandığına emin olmaktır.

Fakat insanların zamandan korkmasının çok daha önemli nedenlerinden biri de boşluk ve o korkutucu "ıssızlık" düşüncesini diriltmesidir. Gündelik hayatta bu durum sıkıntı korkusuyla görülür. Erich Fromm'un ifadesiyle insan, "sıkılabilen tek hayvandır" ve bu kısacık cümle büyük önem taşır. Sıkıntı, insan olmanın "meslek hastalığıdır". Kişinin zamanın geçişine dair farkındalığı ona günlerle mevsimlerin gelip geçtiğini ama yine de hayatında saatlerin akışından başka bir şey olmadığını hissettiriyorsa kendisini duyarsızlaştırmalı ya da acı verici bir sıkıntı ve boşluk haline katlanmalıdır. Sıkıldığımızda uyuma eğilimi göstermemiz ilginçtir, yani bilinci kapatıp olabildiğince "ölü" bir hal alırız. Her insan belli bir düzeyde sıkılır; örneğin insanlar iş hayatlarının büyük bir bölümünü rutin işlerle geçirirler; fakat bu ancak özgürce seçilmediğinde yahut sözkonusu kişinin benliğince daha önemli bir amaca ulaşmak için gerekli görülmediğinde dayanılmaz bir hal alır.

Gündelik olmayan bir düzeydeyse boş geçen zaman insanlar için dehşet verici olabilir çünkü yapacak hiçbir şeyleri, herhangi bir randevuları ve planları yoksa belirsizlik yüzünden "çıldıracaklarını" hissederler. Macbeth örneğinde olduğu gibi suçluluk duygusu yahut endişe gibi özel sorunlar nedeniyle ya da günümüzdeki çoğu insanın yaşadığı gibi içsel boşluktan ötürü hayatın "anlamı kalmadığında" bu gerçeklik,

Yarın, yarından sonra bir yarın, bir yarın daha,
Sürüp gidiyor günden güne küçük adımlarla;
Geçmiş günlerimizse nice sersemlere ışık tutmuş,
Ölüm yolunda toz toprak olmadan önce...

Bu durumda kişinin tek isteği zamanı "ortadan kaldırmak" ya da Shakespeare'in ifadesiyle kendini buna alıştırmaktır. Bu çabalar sarhoşluk ve -daha aşırıya kaçıldığında- uyuşturucu bağımlılığı ya da nispeten sık rastlanan ve "çabucak geçmesi" için zamanı çeşitli şekillerde doldurmaya çalışma şeklinde ortaya çıkabilir. Fransızca ve Yunanca gibi bazı dillerde tatile çıkıldığı şu şekilde ifade edilir, "Şu kadar zaman geçirdim..." Ülkemizde çok daha nicel bir ifadeyle,

"Şu kadar zaman harcadım..." deriz. İnsanların zamana karşı duydukları korku tuhaf bir şekilde onları zamanın nasıl geçtiğinin farkına varmadıklarında "iyi vakit" geçirdiklerini düşünmeye sevk eder. Dolayısıyla "iyi vakit" sıkıntıdan kaçış şeklinde tanımlanır. Sanki amaç olabildiğince düşük bir canlılık seviyesine inmektir. Fred Allen'ın sivri dilli ifadesiyle hayat sanki "kutsanmış bir var olmama halini bozan faydasız bir olaydır".

Kişinin zamanın farkında olma kapasitesini nevrotik, yapıcı olmayan bir şekilde kullanmasına verilebilecek örneklerden biri de yaşamayı ertelemektir. Ağaçlar yahut hayvanların aksine insanlara şimdiki zamanın dışında durarak geçmiş veya geleceği bir tür kaçış yöntemi olarak kullanma becerisi "bahşedilmiştir". İçinde bulunulan zamandan kaçınarak gelecekte yaşamaya dair en sık verilen örnek elbette ki yapılan hataların cennette yoluna koyulacağına ve ödüllerle cezaların pay edileceğine dair inancın çarpıtılmış halidir. Çarlık Rusya'sı gibi tutucu dindar ortamlarda olduğu gibi, gelecekte elde edilecek ödül vaatleriyle insanların zihinlerini halihazırdaki sosyal ve ekonomik adaletsizliklerden uzaklaştırmaya çalışma eğilimleri Marx tarafından haklı olarak topa tutulmuştu. O halde din gerçekten de kitleleri uyuşturmaya yarayan bir tür ilaçtır.

Konuya daha gündelik bir düzeyden yaklaştığımızda, şimdiki zamanda hayatlarıyla ilgili bazı sorunlarla yüzleşen çoğu insanın kendilerini "evlendiğimde işler yoluna girecek" ya da "üniversiteden mezun olduğumda her şey düzelecek" ya da "yeni bir işe girdiğimde sorun kalmayacak" gibi düşüncelerle avuttuklarını görürüz. Gerçekten de pek çok insan mutsuzluk, sıkıntı ya da amaçsızlık gibi hislere otomatik tepkiler vererek, "Gelecekte beni bekleyen ne tür güzellikler var?" sorusuyla birlikte zihinlerini içinde bulundukları andan uzaklaştırmaya çalışıyor. Bu durumda geleceğe dair "umut" aslında şimdiki zamanı öldürüyor. Fakat umudun bu tür bir "uyuşturucu" şeklinde kullanılması gerekmiyor. Yaratıcı ve sağlıklı halinde umut -bu ister dinsel tamamlanma ya da mutlu bir evlilik ya da mesleki başarı umudu olsun- kişiye enerji veren bir tavır, kendimizi daha canlı hissedebilmek için gelecekte yaşanacak bir olaya dair mutluluğun sezgisel olarak şimdiki zamana taşınmasıdır ve böyle de olmalıdır.

Benzer şekilde geçmişi düşünmek de bir tür kaçış işlevi görebilir. İçinde bulunulan anda güç bir sorunla karşılaştığımızda, "En azından şu şu zamanda her şey çok daha iyiydi" diyebilir ve zihnimizi bahsi geçen anıya kaptırabiliriz. Gerçekten de uzak geçmiş ya da geleceği düşünerek teselli bulma eğilimi öyle güçlü ve evrenseldir ki neredeyse her kültürün mitolojisinde bu iki uca dair yinelenen efsaneler mevcuttur: Cennet Bahçesi, benzer şekilde çocukluğun masumiyetindeki mutlu günlere duyulan özlem ve gelecekte bizi bekleyen cennet efsanesi ya da daimi, otomatik ilerlemeye inananların dünyevi ütopyaları.

Nasıl ki geleceğe dair beslenen umutla yaşamak sıradan insanların sıklıkla başvurduğu bir kaçış yolu olarak görülüyorsa, geçmişte yaşamak da daha entelektüel kimselere özgü ortak bir kaçış yöntemi olarak nitelendirilebilir. Bu gruba mensup kişiler terapi esnasında gelecekte bir zaman ulaşılması beklenen cennetteki mükâfatlar hakkında konuşmanın hükmünü yitirdiğini bilirler fakat aynı zamanda geçmişe dair konuşmanın saygınlığının da farkındadırlar: ne de olsa insanın temel sorunlarının kökleri çocukluklarında gizli değil midir? Dolayısıyla bu gerçek derli toplu bir rasyonalizasyon olarak kullanılabilir. Böylece karısıyla tartıştıktan sonra terapiye gelen kimse çocukluğunda annesinin ona neler yaptığından ya da ilk kız arkadaşıyla aralarındaki ilişkiden bahsedebilir. Bunu yapmak tartışmanın nedenlerine ve karısıyla olan ilişkisine nasıl baktığına dair yöneltilecek sorularla yüzleşmekten daha kolaydır. Neyse ki terapistler genellikle karşılarındaki kimsenin geçmişini bir tür kaçış yöntemi olarak kullanıp kullanmadığını (ki bu durumda aynı konu hakkında konuşmaya devam etmek kişide psikolojik anlamda bir değişime sebep olmayacaktır) yahut bunun bir tür aydınlanma kaynağı ve şimdiki zaman için bir canlılık boşalması olup olmadığını anlayabilirler.

Şimdi de zamanın üstesinden gelmenin yapıcı yöntemlerine gelelim. Eminim ki bazı okurlar şöyle demeye başlamışlardır bile: "Ama insan yalnızca kendini bir tür uyuşukluk haline sokarak zamandan kaçtığı için değil, anı çok canlı bir şekilde yaşadığı için de zamanın akışının farkına varamayabilir." Doğru. Bahsi geçen ilk durumda zaman son derece yavaş ve acı verici bir şekilde aktığından bir saat bir hafta gibi gelecektir. İkinci durumdaysa (anı yaşamanın canlılığıyla birlikte zamanın geçişinin farkına varamama durumu) bir saat yine bir hafta gibi gelecektir ancak bu kez nedeni neşe ve mutluluktur.

Goethe'nin Faust adlı dramında zamanı aşma çabalarına dair mükemmel bir resim ortaya konur. Faust sıkıldığı, tatmin olamadığı, "bezdiği", şu ya da bu eylemden hoşnutsuz kaldığı, kalıcı bir kıymet hissi veren bir yaşama biçimi bulamadığı için Şeytan Mephistopheles'le anlaşmıştır. Gerçekten de, "boş duran eller şeytana hizmet eder" deyişi Goethe tarafından zaman "tekdüzelikten ibarettir" cümlesiyle Mephistopheles'e çok daha şiirsel bir şekilde ifade ettirilmiştir.

Bu sonsuz yaratımın bize faydası ne?
Olsa da aynı, olmasa da,
Yine de döner dolaşır ve tekrar eder durur ama:
Benim seçimim sonsuza dek Boşluktan yana.

Mephistopheles'in krallığının tekdüzelik ve boşluktan ibaret olduğu daha canlı bir şekilde ifade edilemezdi!

Hikâye ilerledikçe Faust'a arzuladığı her şey verilir: sevgilisi Margaret, daha sonra Truvalı Hellen, ardından bilgi, güç ve en nihayetinde kralın başmüşaviri olur. Daha sonraları yaşlılığında, pis kokan bataklıkların yerini yemyeşil tarlalar alsın diye denizi geri ittirecek setler inşa etmeye girişir. Böylelikle ülkesindeki insanlar toprağı sürüp sebze yetiştirebilecek ve onların sürüleri bu zengin topraklardan beslenerek semirebilecektir. Faust bu kültürel ve doğal yaratıcılık karşısında insanların yaşadığı neşeyi görünce aniden daha önce hiç yaşamadığı bir deneyim yaşayarak sonsuz anın mutluluğunu hisseder,

Kaçan An'ı yüceltmeye kalkıştım:
"Ah, biraz bekle — öyle güzelsin ki!
Dünyevi varlığımın izleri
Çağlar geçse de silinmez, — oradadırlar! —
Böyleşi bir hazzın mağrur önsezisiyle,
En yüce An'ın tadını çıkarıyorum, — şimdi!

Faust'un bu sözleri, yani bu eyleminde "dünyevi varlığının izleri"nin büyük bir önemi vardır ve bizi "şu kaçan an"ın anlamını nasıl bulabileceğimize dair soru sormaya yöneltir.

Kritik An

Zamanla yapıcı bir ilişki kurabilmek için öncelikle şimdi ki zamanın gerçekliği içinde yaşamayı öğrenmek gerekir. Zira psikolojik anlamda ifade edecek olursak, şimdiki zaman sahip olduğumuz tek şeydir. Geçmiş ve gelecek şimdiki zamanın bir parçası oldukları için anlam taşır: geçmiş bir olay şimdi vardır, çünkü o esnada siz bu olayı düşünüyorsunuzdur, ya da bu olay sizi etkileyerek değiştirmiştir. Gelecek zaman vardır, çünkü insan içinde bulunduğu anda istediği zaman gelecek hakkında düşünebilir. Geçmiş de bir zamanlar şimdiki andı ve ileriki bir dönemde gelecek de şimdiki zaman olacak. Geleceğin "sonrasında" ya da geçmişin "öncesinde" yaşamaya çalışmak daima bir yapaylığı, kişinin kendi benliğini gerçeklikten ayırmasını da beraberinde getirir; ne de olsa insan şimdiki anı yaşamaktadır. Geçmiş şimdiki zamanı aydınlatabildiği, gelecekse onu daha zengin ve yoğun kılabildiği müddetçe vardır.

İnsan dosdoğru kendi içine baktığında yalnızca şimdiki zamanın o belirli anındaki bilincinin farkına varır. İşte en gerçek olan ve asla kaçılmaması gereken şey de bu anlık bilinç halidir.

Geçmiş ve geleceğin psikolojik şimdide var olduğunu en ikna edici şekilde ortaya atan kişi terapist Dr. Otto Rank olmuştur. 1920'li yıllarda geleneksel psikanaliz, geçmişe uzanan gerçeklik ve devinimden yoksun yolculukların batağına saplanmış durumdaydı; Freud'un akademisyenlere karşı saldırıya geçmesine neden olan ve her ne kadar arkeolojik kazı çalışmaları kadar ilgi çekici olsa da kimsenin hayatında gerçek anlamda bir değişiklik yapacak gücü olmayan sıkıcı entelektüel alıştırmalara dönüşme tehlikesiyle karşı karşıyaydı. Rank, kişinin geçmişinde -mesela çocukluk çağı ilişkilerinde- önemli her ne varsa şimdiki zamana taşındığını göstererek psikoterapiyi gerçekliğe geri çekmeyi başardı. Kişinin erken yaşlarında anne ve babasıyla arasındaki ilişkiler şimdiki zamanda terapistle, eşiyle ve patronuyla arasındaki ilişkilerde de ortaya çıkar (Freud yerinde bir ifadeyle buna "aktarma" adını vermiştir). Terapi esnasında insanın geçmişinde kalan bu tür ilişkilerle ilgili sadece konuşması gerekmiyor. Terapi odasındayken hastanın terapistine karşı hissettiği öfke, bağımlılık, sevgi ya da diğer duygular sayesinde yaşadığı temel çatışmalar doğrudan ortaya çıkıyor; ancak hasta o esnada bunun farkında olmayabilir. Bu nedenle terapi esnasında "deneyimlemek" daima deneyimler hakkında konuşmaktan daha etkili ve sağaltıcıdır.

Şimdiki zamanı yaşamak kesinlikle düşünüldüğü kadar kolay değildir. Zira kişinin kendi benliğinin deneyimleyen bir "ben" olduğuna dair yüksek bir farkındalık gerektirir. Kişinin eyleme geçenin kendisi olduğuna dair bilinci ne denli az olursa, yani özgür değilse ve otomatik bir şekilde hareket ediyorsa, yaşadığı ana dair farkındalığı da o denli azalacaktır. Anlamsız ve sıkıcı bir işte çalışmanın yarattığı rahatsızlıktan kurtulmaya çalışan bir kişinin ifadesiyle, "Sanki ben, ben değilmişim de bir başkasıymışım gibi çalışıyorum". Bu gibi durumlarda yaptığımız işten "milyonlarca kilometre ötede" olduğumuzu, bir tür "şaşkınlığa" kapıldığımızı, rüyada veya "uykuyla uyanıklık arası bir yerde" durduğumuzu ya da sanki kendi benliğimizle şimdiki zaman arasında bir duvar olduğunu hissederiz.

Ama kişinin farkındalığı arttıkça -yani eyleme geçen, yaptıklarını kontrol eden kişinin kendisi olduğunu deneyimledikçe- daha canlı bir hal alacak ve içinde bulunduğu ana karşı daha hassas olacaktır. Tıpkı özfarkındalık gibi, şimdiki zamanın gerçekliğine dair bu deneyim geliştirilebilir. "Tam bu esnada ne hissediyorum?" ya da "Neredeyim, şu anda duygusal anlamda benim için en önemli olan şey nedir?" gibi sorular sormak faydalıdır.

Şimdiki zamanın gerçekliğiyle yüzleşmek çoğu zaman endişeye neden olur. Bu endişe en basit haliyle tuhaf bir "çıplaklık" hissidir; gözümüzü alamayacağımız ve kaçacak yahut saklanacak yerimizin olmadığı önemli bir gerçeklikle yüz yüze gelme duygusudur. Bu durum kişinin çok sevdiği ve saygı duyduğu biriyle aniden yüz yüze gelmesi halinde hissedeceklerinden farksızdır.

Şimdiki zamanla yüzleşmenin endişe yaratmasının daha bariz nedenlerinden biri de kararlar ve sorumluluğa dair sorular ortaya atmasıdır. İnsan geçmiş ve uzak geleceğiyle ilgili çok az şey yapabilir; bu yüzden onların hayalini kurmak ne keyiflidir ama! İnsan hem sıkıntıdan hem de hayatıyla ilgili ne yapması gerektiğine dair sıkıntı verici düşüncelerden uzaktır! Karısıyla tartışan adam rahat bir şekilde annesi hakkında konuşabilir, ama karısıyla aralarında geçen bu tartışmayı er ya da geç düşünecek oluşu bu konu hakkında ne yapacağı sorusunu da beraberinde getirir. "Evlendiğim zaman" diye başlayan cümleler kurarak hayallere kapılmak, "Neden hemen şimdi sosyal hayatıma dair bir şey yapmıyorum?" sorusuyla yüzleşmekten; ya da "üniversiteden mezun olunca gireceği iş" hakkında düşüncelere dalmak, kendi kendisine o esnada neden daha fazla çalışmadığını ve üniversiteye neden girdiğini sormaktan çok daha kolaydır.

Daha önce de belirttiğimiz gibi, geleceğin değerini garantilemenin en etkili yolu şimdiki zamanla cesur ve yapıcı bir şekilde yüzleşmektir. Çünkü gelecek şimdiki zamandan doğar. Gerçek, yukarıdaki satırlarda Faust'tan yapılan, "bu dünyevi varlığın izleri çağlar geçse de silinmez" alıntısında ifade ediliyor. Bir başka deyişle her yaratıcı eylemin sonsuzluğa uzanan bir yanı vardır. Bunun nedeni dini bir hüküm ya da "etkinin ölümsüzlüğü"nden" ziyade yukarıdaki bölümde gösterdiğimiz üzere insan bilincinin gerçekleştirdiği yaratıcı eylemin temel özelliklerinden birinin nicel zamanın sınırlamalarına tabi olmamasıdır. Bir resmin değeri o resmi yapmanın ne kadar sürdüğüne yahut ne kadar büyük olduğuna bağlı değildir: peki eylemlerimizi yargılarken başvurduğumuz standartlar resimleri değerlendirmek için kullandıklarımızdan daha mı yüzeysel olmalı?

Bu da bizi dini bir fikir olan "sonsuz hayat" düşüncesine getiriyor. "Sonsuz hayat" tabiri çoğunlukla sonsuz zaman anlamında kullanılır, sanki sonsuzluk herhangi bir sınır tanımadan yıllar boyunca hayatta kalmak anlamına geliyormuş gibi. Bu görüşü otoyol kenarlarındaki bina duvarlarına -kimbilir ne düşünerek- yazılan şu soruda görebiliriz: "Sonsuzluğu nasıl harcayacaksınız?" Aslında bu çok tuhaf bir soru. "Harcamak" belli bir niceliği anıştırır, paranızın yarısını harcarsanız geriye yalnızca diğer yarısı kalır; peki ama sonsuzluğun yarısı ya da üçte ikisi "harcanabilir mi"? Sonsuzluğa dair böyle bir görüş yalnızca psikolojik anlamda itici olmakla kalmıyor (yılları sonsuza dek birer birer harcamak ne kadar sıkıcı bir düşünce!) aynı zamanda mantıksal açıdan absürt ve dini olarak geçersiz. Sonsuzluk sunulan belli bir miktar zaman anlamına gelmez: zamanın ötesine geçer. Sonsuzluk zamanın niteliksel anlamıdır. Müzikteki -ya da aşkta veya kişinin içsel bütünlüğünden kaynaklanan herhangi bir eylemdeki- sonsuzluğun farkına varmak, "sonsuzluğun" bir dizi "yarının" ötesinde hayatla ilişki kurmanın bir yolu olduğunu anlamak için müzik dinleme deneyimini sonsuzluğun teolojik anlamıyla ilişkilendirmeye gerek yoktur.

İsa bu nedenle şöyle haykırmıştır: "Cennetin Krallığı içinizde!" Yani sonsuzluğa dair deneyiminiz size sunulan her anla kurduğunuz ilişkide saklıdır ya da yoktur. Faust'a, "böylesi bir hazzın önsezisi" ifadesini söyleten Goethe de aynı gerçekten bahsetmektedir: sonsuzluk şimdiki zamanda var olmanın bir özelliği olarak yansır.

"Sonsuz" teriminin çarpıtılmış kullanımları çoğu zeki insanın bu kelimeyi kullanmaktan kaçınmasına neden olmuştur. Ve bu durum insan olma deneyiminin önemli bir yönünü yok sayıp görüşlerimizi hem psikolojik hem de felsefi anlamda kısıtladığı için oldukça talihsizdir. "Zaman sorunu felsefenin temel sorunu olabilir." diye yazıyor Berdyaev. "Zamanın içindeki herhangi bir an" diye ekliyor: "sonsuzlukla arasındaki bağlantı kadar değer taşır ve -salt sonsuzluğun bir atomu olması hasebiyle- zamanın boşluğundan bir anlam çıkarır..."[2]

Dolayısıyla şimdiki zaman yelkovanın bir noktadan diğerine geçişiyle sınırlı değildir. Daima "kritiktir", açılmaya ve yeni şeylere yol açmaya daima hazırdır. Kişi, sözgelimi, herhangi bir rasgele fikrin peşine takılarak iç dünyasının

---

2) Nikolay Berdyaev, *Tin ve Gerçeklik.*

derinliklerine bakmayı denediğinde insan zihnindeki farkındalık anının zenginliğini, dört bir tarafın ilişkilendirmeler ve yeni fikirlerle dolu olduğunu görecektir. Ya da bir rüyayı ele alalım: Sabahleyin alarmınızın çalmaya başladığı anda zihninizde bir ışık çakması gibi görmüş olsanız da arkadaşınıza anlatmanız dakikalar sürebilir. Elbette ki insan eleyip seçim yapar. Kişi müzik bestelerken, bir psikanaliz seansındayken ya da herhangi bir çalışma için hayalinde bir plan kurarken hayal ve fantezilerini sonuna kadar yaşamaz. Ve o zaman bile asıl gerçekliğe açılan olasılıkların ilişkisine dair belirgin farkındalığını korur. Dolayısıyla ana dair yetişkin insanların asla unutmadığı ve, felsefi bir ifadeyle, "sonlu" bir yanı her zaman vardır. Ancak anın yeni olasılıklarla dolu sonsuz bir tarafı da vardır. İnsanoğlu için zaman bir koridor değil; sürekli bir dışarıya açılmadır.

"Sonsuzluğun Işığında"

Bizi sarsarak zamanın nicel rutininden çıkaran pek çok deneyim vardır, fakat içlerinde en önemlisi ölüm düşüncesidir. Modern dönem İngiliz yazarlarından biri nasıl yıllarca alışılagelmiş yöntemlerle yazmaya uğraştığını şöyle ifade ediyor: "Bir formüle bağlı kalarak yazabileceğimi düşünmüştüm." diyor ve bu süre boyunca ortalama bir düzeyde yazmaya devam etmiş. Ama savaş esnasında, diye devam ediyor, "yazdıklarımın şimdiye kadar neden yayımlanmadığını anladım... Hepimiz ertesi güne çıkamayabileceğimizi düşünüyorduk ve ben de canımın istediğini yazmaya karar verdim."

Sonrasında sözkonusu yazarın başarılı olduğunu belirttiğimizde kimileri bu örneği basmakalıp bir başarı düsturunun ifadesi şeklinde yorumlayabilir: "Başarılı olmak istiyorsan istediğini yaz." Ancak elbette ki bu tür bir ifade asıl noktayı tamamıyla atlıyor. Yazarın kendi yazma becerisi ve gücünü kullanmasına engel olan şey dışsal standart ve açığa vurulmayan amaçlar (bunlardan biri de başarı elde etmektir) doğrultusunda yazma ihtiyacıydı. Ve ölümle yüzleştiğinde vazgeçtiği şey de tam olarak bu ihtiyaçtı. Eğer insan yarın ölecekse neden şu standarda ya da bu formüle uymaya çalışsındı ki? Belirli bir formüle bağlı kalındığında başarı ve mükâfata ulaşılabileceği varsayıldığında bile -ki her koşulda bu tamamen belirsizdir- kişi elde ettiği başarıyı görebilecek kadar uzun yaşamayabilir; o halde neden kendi içsel bütünlüğüne göre yazarak anın tadını çıkarmasın?

Ölüm olasılığı çarpıcı bir şekilde sonsuza dek hayatta olmayacağımızı hatırlatarak bizi zaman çarkının tekdüzeliğinden çekip çıkarıverir. Bu durum yaşadığımız anı ciddiye almamızı sağlar; Türk atasözü "Yarın ola hayrola" artık bizi rahatlatıp geçerli bir mazeret sunmuyor; insan sonsuza dek bekleyemez. Halihazırda hayatta olduğumuz gerçeği günün birinde öleceğimizi yüzümüze çarpar: o halde neden bu zamanı en azından ilginç bir şeyler yaparak değerlendirmeyelim? Eski Ahit'in sözde kinik şairi Ecclesiastes bu konuda son derece gerçekçidir. Sürekli olarak "her şey beyhudedir" derken bir yandan da bilge kişinin gelecekteki ödül ya da cezaları beklemeyeceğini ifade eder. "Çalışmak için eline ne geçerse" diye devam eder Ecclesiastes, "Var gücünle çalış. Çünkü gitmekte olduğun ölüler diyarında iş, tasarı, bilgi ve bilgelik yoktur".

Spinoza insanın "sub specie aeternitatis" yani "ezeli-ebedi bir perspektif"ten bakarak eyleme geçmesi gerektiğini ifade etmişti. "Ezeli ve ebedi derken" diye yazmıştır: "Bizzat varoluşu anlıyorum. Çünkü böyle bir varoluş, tıpkı şeyin özü gibi, ezeli ve ebedi hakikat olarak anlaşılır... Ne süreyle ne de zamanla açıklanabilir!" Bir şeyin varlığının o şeyin özüne bağlı olduğunu ifade eder. Aslında ilk okuyuştaki kadar anlaşılması güç bir ifade değildir. Bunu kendine uygulamak isteyen kişi "sonsuzluğun bakış açısıyla" eyleme geçer; öyle ki, eylemleri kendi özünden çıkar. Yukarıdaki yazar örneğinde bu eylem dışsal ve sürekli olarak değişen genel hevese göre değil de yazarı bir birey kılan içsel ve eşsiz karakterini temel alarak yazmaya dair verilen karardı. Sonsuz anda yaşamak yalnızca yoğun yaşamak anlamına gelmez (tabii özfarkındalık kişinin deneyimine daima ilave bir yoğunluk katar): dinsel olsun yahut olmasın katı dogmalara ya da ahlaki yasalara göre yaşamak anlamına da gelmez. Daha ziyade kişinin özgürlük ve sorumlulukla özfarkındalık gösterip, birey olarak kendi biricik kişiliğine uygun bir şekilde karar verebilmesi anlamına gelir.

Hangi Çağda Olursak Olalım

Bu bölümdeki tartışma bizi şöyle bir sonuca ulaştırıyor: en derine inildiğinde hangi çağda yaşadığımızın önemi yoktur.

Temel soru, bireyin kendine ve yaşadığı döneme dair ayrımsamasıyla birlikte verdiği kararların nasıl özgür ve kendi içsel bütünlüğüne uygun bir hayat sürmesini sağladığıdır. İster Rönesans'ta, yahut on üçüncü yüzyıl Fransa'sında ya da Roma'nın çöküş devrinde yaşayalım, her yönden içinde bulunduğumuz çağın -savaşların, ekonomik çatışmaların, endişelerinin ve başarılarının- bir parçasıyızdır. Ama hayır, "iyi bütünleşmiş" bir toplum birey adına hareket edebilir ya da onu kendi benlik bilincine erişme ve kendi kararlarını sorumlu bir şekilde verme yükünden kurtarabilir. Ve dünyadaki hiçbir travmatik olay -sözkonusu olan şey kendi kaderini olumlaması dahi olsa- kişiyi nihai kararı kendine ilişkin bir şekilde verme ayrıcalığından alıkoyamaz. Daha başka bir çağda (Yunanistan'ın o "altın çağlarında" ya da özlemle anılan Rönesans döneminde) insanların "uyum sağlamaları" görünüşte daha kolay olabilirdi. Fakat hayal kurmanın ötesine geçerek o dönemlerde yaşamış olma isteği insanın zamanla olan ilişkisinin doğru anlaşılmadığını gösterir. O dönemlerde de bireylerin kendilerini bulup kendileri olmayı seçmeleri şimdikine kıyasla hiç kolay olmayabilir. Günümüzde insanın kendi benliğiyle yüzleşmesi çok daha önemli ve içinde bulunduğumuz tarihsel dönemin "anne şefkatine" yaslanma imkânımız çok daha az. Dolayısıyla, bu tür konular misafir odalarında tartışılıyor olsaydı insanın günümüz dünyasında kendini bulmayı öğrenmesinin daha iyi olacağı söylenmez miydi? Yüzeysel olarak bakıldığında her dönemin kendine özgü iyi ya da kötü yanları vardır. Daha derine inildiğindeyse her birey kendi farkındalığına ulaşmalıdır ve bunu ancak yaşadığı çağı aşan bir düzeye eriştiğinde gerçekleştirebilir.

Aynı şey kişinin kronolojik anlamdaki yaşı için de geçerlidir. Önemli olan insanın yirmi, kırk ya da altmış yaşında olması değildir: asıl önemli olan kişinin kendi gelişim düzeyindeki bilinçli karar verme kapasitesini tam anlamıyla kullanıp kullanamadığıdır. Sekiz yaşındaki sağlıklı bir çocuğun -herkesin bildiği üzere- otuz yaşındaki sinir hastası bir yetişkine kıyasla daha özgün bir birey olabilmesi buna bağlıdır. Çocuk kronolojik anlamda daha olgun değildir, bir yetişkin kadar çok şey yapamaz ve kendine bir yetişkin gibi iyi bakamaz ama olgunluğu duygulara dair dürüstlük, özgünlük ve gelişim çağına göre uygun kararlar verme becerisi olarak değerlendirdiğimizde çocuk daha olgundur. Yirmi yaşındayken, "Yaşamaya asıl otuz beş yaşıma gelince başlayacağım." diyen birinin bu ifadesi kırk ya da elli yaşındayken, "Gençliğim elden gittiği için doyasıya yaşayamıyorum." diyen birinin ifadesi kadar hatalıdır. Durum daha yakından incelendiğinde ilginç bir şekilde elli yaşında hayıflanan kişinin aslında yirmi yaşında hayatı erteleyenle aynı kişi olduğunu görüyoruz ki bu durum temas etmeye çalıştığımız noktayı daha isabetli bir şekilde ortaya koymakta.

Bu zamanı aşma bahsine yine Orestes'in dramında da değinilmiştir. Ensest ilişki çemberinden çıkmak için verdiği trajik mücadele esnasında 4. Bölüm'de Orestes'in "başkalarının gözünde yalnız kendini görme" eğiliminden bir ölçüde kurtulabildiğini ve böylelikle gerçeği az da olsa tarafsızca görüp "dışarıya dönük sevebilmeye" başladığını görmüştük. Tüm bunlar "sub specie aeternitatis" yaşamanın yöntemleridir; insanoğlunun verilen herhangi bir anı aşma kapasitesini gösterirler. Miken'i aşmayı ya da Orestes'in sembolik olarak ifade ettiği üzere, kentin sınırlarından dışarı çıkarak "insanlığa doğru" ilerlemeyi gerektirirler. Dramın Jeffers uyarlamasının sonunda Orestes, sahneyi terk ettiğinde, genç adamın önünde sonunda gerçekleşecek ölümüne dair son sözler ortaya attığımız görüşü ifade eder niteliktedir:

> ... Ama genç ya da yaşlı, birkaç yıl ya da çok, hiçbir anlamı
> Yok
> Zamanın ötesindeki kuleye tırmanan için, bilinçle...[3]

İnsanoğlunun görevi ve yapabileceği şey başlangıçtaki durumundan, yani gerek bir fetüs olarak geçmişte kalan kendi varlığından gerekse sembolik olarak konformist, robotlaşmış bir toplumun kendi adına düşünmeyen ve özgür olmayan bir parçası olma durumundan uzaklaşmak, özfarkındalığın doğuşuyla, büyüme süreci, iyi bilinen bir ortamdan yabancı bir ortama geçerken ortaya çıkan sancılar, seçenekler ve ilerlemelerle kendi benliğine dair günbegün artan bir bilinç ve dolayısıyla her geçen gün genişleyen özgürlük ve sorumluluk duygusuyla ana rahminden, ya da ana rahminden yalnızca bir adım ötedeki ensest halkasın-

3) "Tower Beyond Tragedy".

dan kurtularak özgürce seçilen sevgi ve yaratıcı çalışmayla gittikçe artan bir şekilde bütünleşmektir. Bu yolculukta attığı her adımla zamanın otomatik akışının kölesi olmayı reddederek zamanı aşan, yani hayata dair kendi seçimi olan anlama göre yaşayacaktır. Dolayısıyla otuz yaşında cesur bir şekilde ölebilen (kendi hayatından vazgeçme zorunluluğuyla cesurca yüzleşebilmesini sağlayan bir özgürlük ve farklılaşma seviyesine ulaşabilmiş) kimse, seksen yaşına gelip de ölüm döşeğinde hâlâ gerçeklerden korunmak için yalvaran kimseden daha olgundur.

Bunun pratikte etkisi insanların hayatlarının her anını özgür, dürüst ve sorumlu bir şekilde yaşamayı amaç edinmeleri olabilir. Böylelikle kişi soluk aldığı her an yapabildiği ölçüde kendi doğasını ortaya çıkarıp evrimsel görevini gerçekleştirmeye çalışır. Dolayısıyla insan kendi doğasının özüne ulaşıp bunu açığa çıkarabilmenin mutluluk ve hazzını yaşar. Genç eğitmenin kitabını önünde sonunda tamamlayıp tamamlayamayacağı sorusu ikinci planda kalır: asıl önemli olan onun yazdıklarını "başkasından övgü işitmek" için mi yoksa o andaki düşüncesine göre doğru olduğuna inandığı için mi kâğıda aktardığıdır. Nitekim genç koca beş yıl sonra karısıyla ilişkisinin ne durumda olacağını kestiremez: ama en muazzam tarihsel dönemlerde dahi insanların bir hafta ya da bir ay sonra hayatta olacaklarına dair bir garanti var mıydı? Çağımızın belirsizliği aslında bize en önemli dersi -yani nihai ölçütlerin herhangi bir ilişki anına dair dürüstlük, bütünlük, cesaret ve sevgi olduğunu- vermiyor mu? Zaten bu olmadığı takdirde geleceği inşa etmekten bahsedemeyiz; buna sahip olduğumuzdaysa geleceğe güvenip onu kendi akışına bırakabiliriz.

Özgürlük, sorumluluk, cesaret, sevgi ve içsel bütünlük asla kimse tarafından mükemmel bir şekilde hayata geçirilemeyen ideal özellikler olmalarının yanı sıra bütünlüğe uzanan yola çıkmamıza anlam katan psikolojik hedeflerdir... Sokrates, hayatı yaşamanın ideal yolundan ve ideal toplumdan bahsederken Glaukon araya girer: "Sokrates, dünya yüzeyinde anlattığına benzer bir 'Tanrı Kenti' olduğuna inanmıyorum." Sokrates şöyle yanıt verir: "Böyle bir kent ister yalnızca cennette isterse de günün birinde dünyada var olacak olsun fark etmez; diğer kentlerle işi olmayan bilge kişi bu kentin usullerine göre yaşar ve onu örnek alarak kendi hayatını düzene sokar."

Dizin

Psikoloji / Psikiyatri serisi kitapları:

Majör Depresif Bozukluk Hastalarının Tedavileri İçin Uygulama Kılavuzu, *Çev. Ayla Yazıcı*

Şiir ve Psikiyatri Kavşağında, *Yusuf Alper*

Duygudurum Bozukluklarında Atipik Antipsikotik Kullanımı, *Editör: Simavi Vahip*

Öteki Peygamberler, *Anthony Storr, Çev. Aslı Day*

Biz - Romantik Aşkın Psikolojisi, *Robert A. Johnson, Çev. Işılar Kür*

Buradan Böyle / Hayatın Psikososyopolitiği, *Erol Göka*

İç Bahçe, *Betül Yalçıner, Lütfü Hanoğlu*

Psikiyatri ve Sinema, *Krin O. Gabbard, Glen Gabbard, Çev. Yusuf Eradam, Hasan Satılmışloğlu*

Psikiyatri Tarihi, *Ali Babaoğlu*

Yaşlılık ve Depresyon, *Cem Mumcu, Çağrı Yazgan*

Kadın ve Depresyon, *Cem Mumcu, Suzan Saner, Peykan G. Gökalp*

Nöroloji ve Psikiyatrinin Örtüşen Yüzleri, *Betül Atabey Yalçıner, Lütfü Hanoğlu*

Âşiyan'daki Kâhin - Tevfik Fikret'in Melankolik Dünyası, *Serol Teber*

Aşk ve Kıskançlık, *Ayala Malach Pines, Çev. Canan Yonsel*

Kozmik Kahkaha, *Vamık D. Volkan, Çev. Banu Büyükkal*

Cesur Yeni Beyin, *Nancy C. Andreasen, Çev. Yıldırım B. Doğan*

Atlarla Yaşayan Kadın, *Vamık D. Volkan, Çev. Banu Büyükkal*

"Bilimsel Bir Peri Masalı" - Sigmund Freud'un "Aile-ve Tarihsel Romanı", *Serol Teber*

Kusursuz Kadının Peşinde, *Vamık D. Volkan, J. Christopher Fowler, Çev. Banu Büyükkal*

Şizofreni: Sesler, Yüzler, Öyküler, *Editör: Haldun Soygür*

Depresyon Atlası, *Andrew Solomon, Çev. Berna Çapçıoğlu, Gülderen Dedeağaç, Funda Tatar*

Şizofreni Hastalığı Anlamak ve Onunla Yaşamayı Öğrenmek, *Dr. Mustafa Yıldız*

Kış Bakışı, Bir Ruh Hekiminin İç Bahçesi, *Haldun Soygür*

Canavar ve Kurbanı, Çocuk Ruhunu Anlamak, *Türkay Demir*

İnsan ve Sembolleri, *C. G. Jung, Çev. Ali Nahit Babaoğlu*

Aşk ve İrade, *Rollo May, Çev. Yudit Namer*

Kim Bu Çılgın Türkler?, *Ali Nahit Babaoğlu*

Dinamik Psikiyatri, *Edwin R. Wallace, Çev. Hakan Atalay*

İnsanın Anlam Arayışı,
Viktor E. Frankl, Çev. Selçuk Budak

Uykusuz Çocuklar: Şizofreni Yazıları, *Haldun Soygür*

Obsesif Kompulsif Bozukluk ve Depresyon İlkbahar/1999,
Cem Mumcu, Oğuz Karamustafalıoğlu

Obsesif Kompulsif Bozukluk ve Depresyon Yaz/1999,
Cem Mumcu, Oğuz Karamustafalıoğlu

Obsesif Kompulsif Bozukluk ve Depresyon Kış/1999,
Cem Mumcu, Oğuz Karamustafalıoğlu

MSS ve Bağışıklık Sistemi 01, *E. Timuçin Oral*

MSS ve Tiroid 02, *Erhan Ata*

MSS ve Kronik Yaygın Ağrılar 03, *Arif Dönmez*

Sesler, Yüzler, Öyküler Şizofreni
Olgu Kitaplığı: 02, *Haldun Soygür*

Sesler, Yüzler, Öyküler Şizofreni
Olgu Kitaplığı: 03, *Haldun Soygür*

Depresyon ve Eşlik Eden Anksiyete,
E. Timuçin Oral

Panik Bozukluğu, *Şeref Özer*

Edebiyatta Demans, *Ali Babaoğlu, Cem Mumcu*

Kişi Olmaya Dair, *Carl R. Rogers, Çev. Selçuk Budak*

Özgürlük ve Kader, *Rollo May, Çev. Ali Babaoğlu*

Yaratma Savaşı, *Steven Pressfield, Çev. Erdem İlgi Akter*

Köpek Gibi Büyütülmüş Çocuk, *Bruce D. Perry, M. D., Ph. D. & Maia Szalavitz, Çev. Elif Söğüt*

Yalan Söylediğimi Nasıl Anladın?!, *Paul Ekman, Çev. Erdem İlgi Akter*

Ben OK'im - Sen OK'sin, *Thomas A. Harris, M. D. Çev. Uzm. Psk. Nilgün Sağlam, Psikolog Hanife Uğur, Dilara Akıncı*

Özerk Benlik, Kul Benlik, *Prof. Dr. M. Orhan Öztürk*

Yarının İnsanı, *Carl R. Rogers, Çev. F. Cihan Dansuk*

Varoluşun Keşfi, *Rollo May, Çev. Aysun Babacan*

Kusursuz Kadının Peşinde *(Genişletilmiş Baskı)*, *Vamık D. Volkan, J. Christopher Fowler, Çev. Banu Büyükkal*

Subliminal: Bilinçaltınız Davranışlarınızı Nasıl Yönetir?, *Leonard Mlodinov, Çev. Nuray Önoğlu*

İlginç Psikiyatrik Sendromlar, *David Enoch, Hadrian Ball, Çev. Banu Büyükkal*

Kendini Arayan İnsan, *Rollo May, Çev. Kerem Işık*

Var'olan Annenin Yok'luğu, *Jasmin Lee Cori, Çev. Erhan Akay*

Psiko 101, *Paul Kleinman, Çev. Hasan Kaplan*

A'dan Z'ye Kişiliğiniz, *Allen R. Miller, Çev. Sıla Alayunt*

Desen mi, Demesen mi?,
Cem Mumcu & Yıldırım B. Doğan

Anne Baba ve Çocuk Arasında,
Dr. Haim G. Ginott, Çev. Arzu Tüfekçi

Hayvan Katili,
Vamık D. Volkan, Çev. Cem Germaner

Zik Zak,
R. Keith Sawyer, Çev. Nalan Tümay

Psikanaliz ve Psikanalitik Terapiler,
Jeremy D. Safran, Çev. Gonca Akkaya

Kişilerarası Psikoterapi,
Ellen Frank, Jessica C. Levenson, Çev. Gonca Akkaya

Kutsal mı, Bilimsel mi? DUA,
M. Evren Hoşrik (Uzm. Psikolog)

"Tutunamayanlar"ın Politik Psikolojisi, *Serol Teber*

Birey Odaklı Psikoterapiler,
David J. Cain, Çev. Nergis Hamilton

Sanat Psikodrama,
P. Asena Yurtsever

Şiir Terapi
Nicholas Mazza, Çev: Ersun Çıplak

Maymun Aklı,
Daniel Smith, Çev: Phyllis Ann Soleau

İnsanın 8 Evresi,
Erik H. Erikson, Çev: Gonca Akkaya

Beden Asla Yalan Söylemez,
Alice Miller, Çev: Cihan Dansuk

Tanrılara Neden İnanırız?,
Dr. J. Anderson Thomson Jr., Çev: Kerem Işık

Varoluşçu-Hümanistik Terapi,
Kirk J. Schneider & Orah T. Krug, Çev: Gonca Akkaya

Gerçeklik Terapisi,
Robert E. Wubbolding, Çev: Elif Emir Öksüz

Cinselliğin Şafağı,
Christopher Ryan, Cacilda Jethá, Çev: Ebru Erbaş

Gölgene Sahip Çık,
Robert A. Johnson, Çev: Kemal Atakay

Yaşlanmayan Yaşlılar,
Prof. Dr. Özcan Köknel

Naratif Terapi,
Stephen Madigan, Çev: Gonca Akkaya

Kraliçe Arılar ve Taklitçiler,
Rosalind Wiseman, Çev: Nalan Tümay

Psikoterapist ve Mitlere Yolculuk,
Rollo May, Çev: Kerem Işık

EMDR, *Francine Saphiro,*
Çev: Murat Şaşzade, Işıl Sansoy

Psikoterapi Kuramları dizisi

Psikanaliz ve Psikanalitik Terapiler
Psychoanalysis and Psychoanalitic Therapies
Jeremy D. Safran

Kişilerarası Psikoterapi
Interpersonal Psychotherapy
Ellen Frank ve Jessica C. Levenson

Birey-Odaklı Psikoterapiler
Person-Centered Psychotherapies
David J. Cain

Sanat Psikodrama
P. Asena Yurtsever

Şiir Terapi
Poetry Therapy
Nicholas Mazza

Varoluşçu-Hümanistik Terapi
Existential Humanistic Therapy
Kirk J. Schneider ve Orah T. Krug

Bilişsel-Davranışçı Terapi
Cognitive-Behavioral Therapy,
Michelle G. Kraske

Aile Terapisi
Family Therapy
William J. Doherty ve Susan H. McDaniel

Feminist Terapi
Feminist Therapy
Laura S. Brown

Naratif Terapi
Narrative Therapy
Stephen Madigan

Akılcı Duygusal Davranış Terapisi
Rational Emotive Behavior Therapy
Albert Ellis ve Debbie Joffe Ellis

Gerçeklik Terapisi
Reality Therapy
Robert E. Wubbolding

İlişkisel-Kültürel Terapi
Relational-Cultural Therapy,
Judith V. Jordan

Bilişsel Terapi
Cognitive Therapy
Keith S. Dobson, PhD

Kabullenme ve Bağlılık Terapisi
Acceptance and Commitment Therapy
Steven C. Hayes, PhD & Jason Lillis, PhD